"十二五"国家重点图书出版规划项目

中国社会科学院创新工程学术出版资助项目

新版《列国志》编辑委员会

列国志

GUIDE TO
THE WORLD
NATIONS 新版

顾志红 | MOLDOVA

编著

摩尔多瓦

社会科学文献出版社
SOCIAL SCIENCES ACADEMIC PRESS (CHINA)

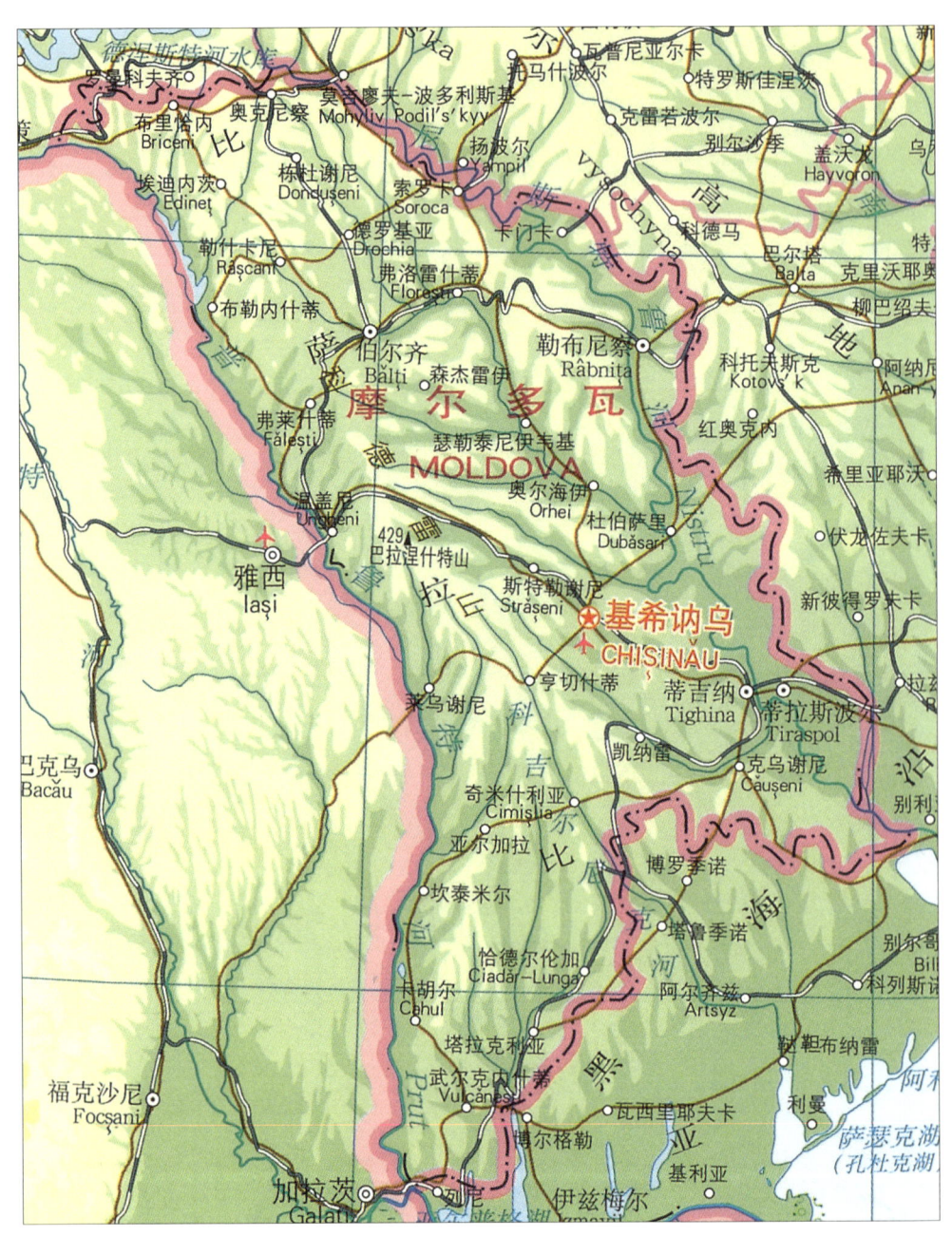

摩尔多瓦行政区划图

摩尔多瓦国旗

摩尔多瓦国徽

总统府

基希讷乌市政厅

基希讷乌"城市之门"

钟塔和圣诞大教堂

教堂（一）

教堂（二）

斯特凡大公塑像

普希金纪念碑

亚历山大·苏沃洛夫塑像

凯普里亚纳修道院

洞穴修道院

索罗基中世纪要塞遗址

钟楼

水塔

酒窖

米列什蒂·密茨酒庄内景

出版说明

　　《列国志》编撰出版工作自 1999 年正式启动，截至目前，已出版 144 卷，涵盖世界五大洲 163 个国家和国际组织，成为中国出版史上第一套百科全书式的大型国际知识参考书。该套丛书自出版以来，受到社会各界的广泛好评，被誉为"21 世纪的《海国图志》"，中国人了解外部世界的全景式"窗口"。

　　这项凝聚着近千学人、出版人心血与期盼的工程，前后历时十多年，作为此项工作的组织实施者，我们为这皇皇 144 卷《列国志》的出版深感欣慰。与此同时，我们也深刻认识到当今国际形势风云变幻，国家发展日新月异，人们了解世界各国最新动态的需要也更为迫切。鉴于此，为使《列国志》丛书能够不断补充最新资料，更好地服务于社会各界，我们决定启动新版《列国志》编撰出版工作。

　　与已出版的 144 卷《列国志》相比，新版《列国志》无论是形式还是内容都有新的调整。国际组织卷次将单独作为一个系列编撰出版，原来合并出版的国家将独立成书，而之前尚未出版的国家都将增补齐全。新版《列国志》的封面设计、版面设计更加新颖，力求带给读者更好的阅读享受。内容上的调整主要体现在数据的更新、最新情况的增补以及章节设置的变化等方面，目的在于进一步加强该套丛书将基础研究和应用对策研究相结合，将基础研究成果应用于实践的特色。例如，增加

了各国有关资源开发、环境治理的内容；特设"社会"一章，介绍各国的国民生活情况、社会管理经验以及存在的社会问题，等等；增设"大事纪年"，方便读者在短时间内熟悉各国的发展线索；增设"索引"，便于读者根据人名、地名、关键词查找所需相关信息。

顺应时代发展的要求，新版《列国志》将以纸质书为基础，全面整合国别国际问题研究资源，构建列国志数据库。这是《列国志》在新时期发展的一个重大突破，由此形成的国别国际问题研究资讯平台，必将更好地服务于中央和地方政府部门应对日益繁杂的国际事务的决策需要，促进国别国际问题研究领域的学术交流，拓宽中国民众的国际视野。

新版《列国志》的编撰出版工作得到了各方的支持：国家主管部门高度重视，将其列入"'十二五'国家重点图书出版规划项目"；中国社会科学院将其列为创新工程学术出版资助项目，王伟光院长亲自担任编辑委员会主任，指导相关工作的开展；国内各高校和研究机构鼎力相助，国别国际问题研究领域的知名学者相继加入编辑委员会，提供优质的学术咨询与指导。相信在各方的通力合作之下，新版《列国志》必将更上一层楼，以崭新的面貌呈现给读者，在中国改革开放的新征程中更好地发挥其作为"知识向导"、"资政参考"和"文化桥梁"的作用！

新版《列国志》编辑委员会
2013 年 9 月

前　言

　　自 1840 年前后中国被迫开关、步入世界以来，对外国舆地政情的了解即应时而起。还在第一次鸦片战争期间，受林则徐之托，1842 年魏源编辑刊刻了近代中国首部介绍当时世界主要国家舆地政情的大型志书《海国图志》。林、魏之目的是为长期生活在闭关锁国之中、对外部世界知之甚少的国人"睁眼看世界"，提供一部基本的参考资料，尤其是让当时中国的各级统治者知道"天朝上国"之外的天地，学习西方的科学技术，"师夷之长技以制夷"。这部著作，在当时乃至其后相当长一段时间内，产生过巨大影响，对国人了解外部世界起到了积极的作用。

　　自那时起中国认识世界、融入世界的步伐就再也没有停止过。中华人民共和国成立以后，尤其是 1978 年改革开放以来，中国更以主动的自信自强的积极姿态，加速融入世界的步伐。与之相适应，不同时期先后出版过相当数量的不同层次的有关国际问题、列国政情、异域风俗等方面的著作，数量之多，可谓汗牛充栋。它们对时人了解外部世界起到了积极的作用。

　　当今世界，资本与现代科技正以前所未有的速度与广度在国际间流动和传播，"全球化"浪潮席卷世界各地，极大地影响着世界历史进程，对中国的发展也产生极其深刻的影响。面临不同以往的"大变局"，中国已经并将继续以更开放的姿态、更快的步伐全面步入世界，迎接时代的挑战。不同的是，我们所

面临的已不是林则徐、魏源时代要不要"睁眼看世界"、要不要"开放"问题，而是在新的历史条件下，在新的世界发展大势下，如何更好地步入世界，如何在融入世界的进程中更好地维护民族国家的主权与独立，积极参与国际事务，为维护世界和平，促进世界与人类共同发展做出贡献。这就要求我们对外部世界有比以往更深切、全面的了解，我们只有更全面、更深入地了解世界，才能在更高的层次上融入世界，也才能在融入世界的进程中不迷失方向，保持自我。

与此时代要求相比，已有的种种有关介绍、论述各国舆地政情的著述，无论就规模还是内容来看，已远远不能适应我们了解外部世界的要求。人们期盼有更新、更系统、更权威的著作问世。

中国社会科学院作为国家哲学社会科学的最高研究机构和国际问题综合研究中心，有11个专门研究国际问题和外国问题的研究所，学科门类齐全，研究力量雄厚，有能力也有责任担当这一重任。早在20世纪90年代初，中国社会科学院的领导和中国社会科学出版社就提出编撰"简明国际百科全书"的设想。1993年3月11日，时任中国社会科学院院长胡绳先生在科研局的一份报告上批示："我想，国际片各所可考虑出一套列国志，体例类似几年前出的《简明中国百科全书》，以一国（美、日、英、法等）或几个国家（北欧各国、印支各国）为一册，请考虑可行否。"

中国社会科学院科研局根据胡绳院长的批示，在调查研究的基础上，于1994年2月28日发出《关于编纂〈简明国际百科全书〉和〈列国志〉立项的通报》。《列国志》和《简明国际百科全书》一起被列为中国社会科学院重点项目。按照当时的计划，首先编写《简明国际百科全书》，待这一项目完成后，再着手编写《列国志》。

1998 年，率先完成《简明国际百科全书》有关卷编写任务的研究所开始了《列国志》的编写工作。随后，其他研究所也陆续启动这一项目。为了保证《列国志》这套大型丛书的高质量，科研局和社会科学文献出版社于 1999 年 1 月 27 日召开国际学科片各研究所及世界历史研究所负责人会议，讨论了这套大型丛书的编写大纲及基本要求。根据会议精神，科研局随后印发了《关于〈列国志〉编写工作有关事项的通知》，陆续为启动项目拨付研究经费。

为了加强对《列国志》项目编撰出版工作的组织协调，根据时任中国社会科学院院长李铁映同志的提议，2002 年 8 月，成立了由分管国际学科片的陈佳贵副院长为主任的《列国志》编辑委员会。编委会成员包括国际片各研究所、科研局、研究生院及社会科学文献出版社等部门的主要领导及有关同志。科研局和社会科学文献出版社组成《列国志》项目工作组，社会科学文献出版社成立了《列国志》工作室。同年，《列国志》项目被批准为中国社会科学院重大课题，新闻出版总署将《列国志》项目列入国家重点图书出版计划。

在《列国志》编辑委员会的领导下，《列国志》各承担单位尤其是各位学者加快了编撰进度。作为一项大型研究项目和大型丛书，编委会对《列国志》提出的基本要求是：资料翔实、准确、最新，文笔流畅，学术性和可读性兼备。《列国志》之所以强调学术性，是因为这套丛书不是一般的"手册""概览"，而是在尽可能吸收前人成果的基础上，体现专家学者们的研究所得和个人见解。正因为如此，《列国志》在强调基本要求的同

时，本着文责自负的原则，没有对各卷的具体内容及学术观点强行统一。应当指出，参加这一浩繁工程的，除了中国社会科学院的专业科研人员以外，还有院外的一些在该领域颇有研究的专家学者。

现在凝聚着数百位专家学者心血，共计 141 卷，涵盖了当今世界 151 个国家和地区以及数十个主要国际组织的《列国志》丛书，将陆续出版与广大读者见面。我们希望这样一套大型丛书，能为各级干部了解、认识当代世界各国及主要国际组织的情况，了解世界发展趋势，把握时代发展脉络，提供有益的帮助；希望它能成为我国外交外事工作者、国际经贸企业及日渐增多的广大出国公民和旅游者走向世界的忠实"向导"，引领其步入更广阔的世界；希望它在帮助中国人民认识世界的同时，也能够架起世界各国人民认识中国的一座"桥梁"，一座中国走向世界、世界走向中国的"桥梁"。

《列国志》编辑委员会
2003 年 6 月

CONTENTS

目 录

CONTENTS

目 录

CONTENTS
目　录

CONTENTS
目 录

CONTENTS
目 录

CONTENTS
目 录

CONTENTS
目 录

CONTENTS
目 录

第一章

概　览

摩尔多瓦全国面积为 3.38 万平方公里，南北长 350 公里，东西宽 150 公里，形如倒挂的葡萄串，属欧洲小国，为议会制共和国。1924 年成立摩尔达维亚苏维埃社会主义自治共和国，1940 年成立摩尔达维亚苏维埃社会主义共和国。1990 年 6 月，摩尔达维亚最高苏维埃决定把国名按照摩尔多瓦语的发音恢复为摩尔多瓦苏维埃社会主义共和国。1991 年 5 月 23 日，改国名为摩尔多瓦共和国。1991 年 8 月 27 日宣布独立。

第一节　国土与人口

一　地理位置

摩尔多瓦位于欧洲巴尔干半岛东北部多瑙河下游，东欧平原的西南部边缘地区，绝大部分国土介于普鲁特河和德涅斯特河之间。摩尔多瓦没有出海口，由于摩尔多瓦拥有进入多瑙河的河口，在地理上可划入黑海沿岸国家之列。摩尔多瓦在东部、北部、南部与乌克兰接壤，西部与罗马尼亚毗邻，南部与黑海相望。

1. 地形

摩尔多瓦境内突出的地貌特点是丘陵和谷地纵横交错。境内有风景如画的丘陵、多岗平原、广袤草原和茂密森林。全国可以分为三个自然地理区域：森林区、森林草原区和草原区。高原、丘陵起伏的伯利兹平原、一望无际的摩尔多瓦南部草原和德涅斯特河下游低地像阶梯一样由北向南朝

多瑙河和黑海延伸。

摩尔多瓦平均海拔为 147 米。境内中部的科德雷地区地势最高，全国的最高点是位于科德雷尼斯波林的巴拉涅什特山，它的海拔是 429 米。从空中鸟瞰科德雷，有无数条狭长河流在高地上鬼斧神工般地刻画出梳状图案。这里有 4/5 的地方是峭壁陡坡。在科德雷，高度落差明显。流经此地的贝克河的上游谷地仅比海平面高出 50 ~ 60 米，而与之仅相隔 5 ~ 8 公里处的河岸却高出海平面近 400 米。这种状况造就了科德雷的"山国"地貌，风景十分迷人。科德雷地区的中部是森林区，周边是辽阔的草原。在高山脊上，成片的橡树林和榉树林翠绿澎湃，如惊涛击岸。原始林区只占该地区总面积的 20%，主要为橡树 – 榉树林区和橡树 – 榆树林区。高地上的天然梯地十分醒目。站在科德雷南坡，广袤的草原尽收眼底。草原上的河阶地覆盖着浓绿如黛的林木，森林草原的景观一览无余。该地区有"比萨拉比亚的瑞士"之称，是摩尔多瓦民歌、诗词、小说广泛赞誉的主题之一。科德雷地区贝克河和古累河两岸自然形成的众多天然景观，如半圆形露天剧场等，极具观赏价值。

摩尔多瓦有三个丘陵地区。其一是德涅斯特河右岸丘陵地区，最高点海拔为 335 米，平均海拔为 300 米。德涅斯特河右岸丘陵地区从索罗基伸展至列乌特河口。丘陵西部地区是漫无边际的坡地，东部的尽头是德涅斯特河沿岸峭壁。其二是季格丘陵地区。它的最高点海拔为 301 米，从雅尔科雷村与普鲁特河平行绵延至卡古尔市。其三是波多尔丘陵区，它宛如一条绿环凸现在德涅斯特河左岸。

摩尔多瓦北部地区是辽阔的伯利兹多岗平原，亦称摩尔多瓦北部平原，从西北向东南绵延，平均海拔为 147 米。平原四周是连绵不绝的山冈，其海拔一般在 200 米。

摩尔多瓦国土的 35% 是河流纵横的平原及坡度不超过 2°的河边阶地，这些土地是肥沃的良田。坡地（坡度在 2° ~ 6°）占国土面积的 37%，陡坡和峭壁（坡度超过 6°）占国土面积的 20%。河滩地占国土面积的 8%。

2. 地质结构

摩尔多瓦 3/4 的国土位于罗斯陆台，并以此为基础形成晶体岩层。在德涅斯特河沿岸，在索罗基以北地区均可以开采到许多古老的岩石：花岗岩、辉长岩、苏长岩，也可以开采到含沙黏土。在西南地区，这些矿石深藏在海洋生物沉积层下面 2000 米处。在基希讷乌附近，这些矿藏的厚度达 1000～5000 米。在南部城市科托夫斯克，岩层厚度达 2000 米。摩尔多瓦南方属于另一类地质结构。它的主要物质是古生代和中生代时期形成的褶皱岩层。岩层板块的对接处是侏罗纪盆地。在这些岩层的上面覆盖着新生的沉积岩——石灰岩、黏土、黏土质的页岩、沙土、砂石、硅藻土。在摩尔多瓦最南部地区还存在另一种地质结构——块状结晶蕴藏带。这里厚层沉积岩的蕴藏量有限。

摩尔多瓦地质构造复杂。一些区域隆起，另一些区域下陷。屡次发生的地震均是由位于罗马尼亚境内的喀尔巴阡山南部发生强烈地壳运动所致。摩尔多瓦首都基希讷乌和其他城市的建筑均采用可抗 7 级以上地震的抗震材料建设。

3. 气候

摩尔多瓦地处俄罗斯平原与喀尔巴阡山交界地带，属于温带大陆性气候。大西洋气旋给摩尔多瓦带来大量湿润、温暖的空气，但有时也会送来充满水汽的地中海热浪，以致生成摩尔多瓦的夏季暴雨。从东南方向吹来的大量干燥气流又常常会引起干旱，而能够造成早秋或晚秋寒流的北极冷空气很少入侵摩尔多瓦。这种气候给人的感觉是，炎热漫长的夏季、温暖持久的秋季和不太冷的少雪冬季。俄罗斯伟大的诗人普希金曾赋诗对摩尔多瓦的气候做了如下描述：大自然的草地，丘阜山冈，统统被慷慨的金光照亮，岩巍巍，拱顶凶险……摩尔多瓦日照充足，有"阳光之国"的美誉。持续日照时间北方为 2060 小时，南方为 2330 小时，植物生长期超过210 天。

摩尔多瓦冬季少雪，常常出现阴雨天气。只是在 1 月开始刮东北风时，天气才开始转冷、降雪。雪天一般持续 2～3 天，最长为 2～3 个星期。2 月，天气开始转暖，有时甚至会像 5 月天气一样温暖干燥，有时又会寒流肆虐。摩尔多瓦的春天天气变化无常，有时是骄阳似火，有时是冷雨沥沥。3 月，摩尔多瓦常常会降落冬季少有的大雪。4 月，树木挂绿。

5月，鲜花开放，空气中弥漫着醉人的芳香。摩尔多瓦的夏季无雨时天气干燥，烈日当空，万里长空没有一丝云彩。摩尔多瓦的秋季温暖怡人，这种天气可持续到11月初。

摩尔多瓦北方地区和南方地区的年平均气温明显不同：北方年平均气温为8℃，南方为10℃。1月平均气温北方为–5℃，南方为–3℃；7月平均气温北方为20℃，南方为25℃。年平均最低气温通常出现在12月至次年2月之间。

摩尔多瓦大部分国土处于雨量不充沛地区，年降水量为400～550毫米，丘陵地区年降水量为500～560毫米，平原地区为400～450毫米。雨量从西北向东南逐渐减少。摩尔多瓦的地形条件是造成这种雨量分布的主要原因。西部地区比东部地区的年降水量多50～100毫米。科德雷地区年降水量是500～550毫米。在夏季，全国各地都有可能发生暴雨（一昼夜的降水量超过100毫米），形成水灾。水灾在摩尔多瓦是常见的自然灾害之一。暴雨常常侵蚀土壤，冲刷出许多沟谷，造成水土流失。1948年6月10日和7月8日两场暴雨的降水量分别达到182毫米和219毫米。这两场暴雨过后，在科德雷地区出现了7条小河，这些河流在干旱年份也不会断流。摩尔多瓦每年的降水量很不均匀，有的年份可能超过平均年降水量，有的年份降水量只有平均年降水量的一半。近几年，干旱区从北部向南部和东南部扩展。据档案材料记载，摩尔多瓦从1890年至1996年，基本上是每6～7年发生一次干旱。历史上，1923～1925年曾发生持续三年的干旱。摩尔多瓦北部地区的供水紧张。

4. 河流、湖泊和水库

摩尔多瓦是贫水国家，水域面积仅占国土面积的1%。内河航线长120公里。虽然境内有大小河流3000多条，但仅有8条河流的长度超过100公里，年蓄水量为10亿立方米。摩尔多瓦的大部分内河自西向东南汇集，流入黑海。摩尔多瓦境内的第一大河德涅斯特河，贯穿摩尔多瓦东部地区，是摩尔多瓦和乌克兰的界河。它发源于喀尔巴阡山，有700公里流经乌克兰境内，650公里流经摩尔多瓦境内，流域面积占摩尔多瓦国土面积的56%。在摩尔多瓦境内的河段几乎全可通航。德涅斯特河的水流量极不稳定，在 5 月、6 月、7 月汛期，河水流量陡增，水流量可达 47 立方米/秒～60 立方米/秒。在枯水期，河水流量陡减，水流量只有 0.4 立方米/秒～0.6 立方米/秒。

德涅斯特河经常发洪水，春季是洪水的高发期，夏季暴雨也会造成洪灾。在一般年份，德涅斯特河于 12 月至次年 1 月期间封冻。3 月初，河水解冻。每隔 5～6 年，德涅斯特河会有一年不封冻。基希讷乌、蒂拉斯波尔、宾杰里地区的民用和工业用水多取自德涅斯特河。雷布尼察、杜博萨雷、斯洛博齐亚等地区的大片土地也受惠于德涅斯特河。

德涅斯特河的主要支流有列乌特河、贝克河和博特讷河。列乌特河是德涅斯特河最长的支流，流经摩尔多瓦高原、贝尔兹丘陵草原、德涅斯特高地，又形成 135 条支流。列乌特河的水流量占摩尔多瓦河水流量的 30%。

摩尔多瓦境内的第二大河是普鲁特河。它同样发源于喀尔巴阡山，流经摩尔多瓦的西部边境地区，是摩尔多瓦和罗马尼亚的界河。普鲁特河河水流量只有德涅斯特河河水流量的 1/4，但水流量比德涅斯特河稳定，基本在 5 立方米/秒～10 立方米/秒。

由于德涅斯特河和普鲁特河是界河，所以摩尔多瓦无权擅自开发利用这两条河的水资源。根据摩尔多瓦与乌克兰、罗马尼亚达成的协议，摩尔多瓦每年的用水量为 51 亿立方米，其中普鲁特河为 15 亿立方米，德涅斯特河为 36 亿立方米。

摩尔多瓦政府十分重视水利工程建设，全国建有 1600 个人工水库，其中 53 个水库的蓄水量超过 100 万立方米。摩尔多瓦境内最大的水库建在基希讷乌附近的贝克河上。

摩尔多瓦的地下水资源丰富，约有 2000 个天然泉，盛产各种类型的矿泉水。全国各地分布着 1400 个天然涌水孔，大大缓解了摩尔多瓦缺水的问题。

二　行政区划

摩尔多瓦独立时，全国划分为 40 个区、1 个自治区（加告兹特别法

律地位自治行政区）、21 个市（包括 4 个直辖市，即基希讷乌、蒂拉斯波尔、伯利兹、蒂吉讷）和 854 个村。

2001 年摩尔多瓦议会通过新版《国家行政区划法》，规定全国撤县建区（2002 年 1 月生效）。根据该法律和后来的修正案，现摩尔多瓦全国设立 32 个区、65 个市、3 个直辖市（基希讷乌、贝尔兹、蒂拉斯波尔）和 2 个地方行政区（加告兹自治行政区、德涅斯特河左岸行政区）。位于摩尔多瓦东南部的"德涅斯特河沿岸共和国"（2005 年成立）是未被国际社会承认的独立单位，通常被称为"德左"地区。

1994 年 12 月摩尔多瓦议会通过《加告兹特别法律地位法》，成立加告兹自治区。该地区在摩尔多瓦独立国家地位发生变化时，有权决定去留问题。1995 年加告兹自治区正式成立，行政中心设在科姆拉特。1995 年 6 月举行自治区首次选举，1998 年 6 月 6 日加告兹自治区基本法正式生效，2008 年 3 月通过选举产生由 35 名议员组成的加告兹立法机构——人民议会。

三　人口

根据摩尔多瓦国家统计局 2014 年公布的资料，2013 年摩尔多瓦（不含"德左"地区）的常住人口为 355.7 万人，其中城市人口为 150.3 万人，农村人口为 205.4 万人，农村居民占总人口的一半以上，女性占人口总数的 51.9%，男性占 48.1%。

在有劳动能力的人口中，青年人占 17.5%，中年人占 66.6%，老年人占 15.9%。同时，摩尔多瓦居民的年龄结构也逐年发生变化，出现了社会老龄化的趋势。近 10 年来，60 岁以上的老年人比例逐渐增加，0 ~ 14 岁未成年人的数量逐渐减少。

德涅斯特河沿岸地区人口稠密，为 150 人/平方公里；南方地区人口稀少，为 50 人/平方公里 ~ 70 人/平方公里。

四　语言文字

摩尔多瓦语属印欧语系罗曼语族东支，文字采用斯拉夫字母。摩尔多瓦语源于拉丁语。公元 2 世纪初，罗马帝国占领摩尔多瓦，传播了罗马文化和拉丁语。

14～15 世纪，摩尔多瓦人在使用古斯拉夫文字时，越来越多地使用本民族的语言，摩尔多瓦文开始出现在本国的法律文件中。到 16 世纪末，摩尔多瓦文已被正式运用到国家文件中。在民间，摩尔多瓦文广为传播。第一部翻译成摩尔多瓦文的宗教书籍由马拉穆列什于 16 世纪初传入摩尔多瓦。16 世纪 30 年代初，摩尔多瓦本土已有许多翻译成摩尔多瓦文的宗教书籍。标准的摩尔多瓦语形成于 16～17 世纪。最早使用摩尔多瓦文字撰写的著作是《沃罗涅兹法》（16 世纪初）。摩尔多瓦编年史的撰写人对发展摩尔多瓦书面语做出了创造性的贡献。一批作家，如阿列克塞、埃米涅斯库、克兰格、鲁索、涅格鲁兹等人的创作大大推动了摩尔多瓦文学语言的发展。

摩尔多瓦民间语言可以分为中部、西部、西北部、东部四种方言。这四种方言的词语有所不同，某些词的发音也有区别。目前，在文学语言的影响下，这四种方言之间的差别逐渐缩小。

1989 年 5 月，摩尔达维亚苏维埃社会主义共和国最高苏维埃通过语言法，确定摩尔多瓦语为官方语言，在官方场合限制使用俄语和其他少数民族语言。政府的决定引起了国内少数民族，尤其是俄语民族的不满和抵制，并导致流血事件。许多俄语居民因语言问题在求职、升学上受到歧视，移居国外。

在摩尔多瓦的实际生活中，俄语仍然是社会基层中广泛使用的语言。全国几乎没有人不会俄语。日常生活中，许多人习惯说俄语，知识分子讲起专业知识来，也只会用俄语表达。20 世纪 90 年代，全国有 1/3 的人认为俄语是母语，全国各地的图书馆藏书以俄文书籍为主，国家图书馆中摩文图书只占总藏书量的 17%。俄语具有广泛的社会基础，社会各阶层纷纷要求把俄语作为与摩语平等的法定"通用语"。

摩尔多瓦官方语言为摩尔多瓦语，加告兹自治区的官方语言为摩尔多瓦语、加告兹语和俄语，"德左"地区的官方语言为俄语、摩尔多瓦语、乌克兰语。摩尔多瓦政府实行灵活的政策，实行双语制，即摩尔多瓦人同时使用摩尔多瓦语和俄语。摩尔多瓦的官方文件、新闻媒体均以摩文为主，同时使用俄文，许多报纸是俄文和摩文两个版本。街头、许多商店的招牌也是用摩文和俄文两种文字书写。电视台、电台采访领导人，也是先说一遍摩语，然后再说一遍俄语。学校分为摩语学校和俄语学校，儿童基本上是双语混用。

五 民族

摩尔多瓦民族成分复杂。全国有 18 个民族，主体民族摩尔多瓦族约占全国人口的 75.8%。在 17 个少数民族中，乌克兰族占 8.4%，俄罗斯族占 5.9%，加告兹族占 4.4%，罗马尼亚族占 2.2%，保加利亚族占 1.9%，其他民族占 1.4%。

摩尔多瓦族 摩尔多瓦族是该国的主体民族，摩尔多瓦族人旧称"比萨拉比亚人"，部分住在乌克兰的切尔诺策州和外喀尔巴阡州、俄罗斯一些地区及哈萨克斯坦北部，少数散居在罗马尼亚，属欧罗巴人种中欧类型。摩尔多瓦族人的祖先与色雷斯人有族源关系。古代，在喀尔巴阡山地区居住着许多印欧氏族部落。古代史学家，特别是希腊的史学家称印欧部落的人是色雷斯人。公元前 2000 年初，色雷斯人的北支，史学界称其为哥特－达契亚人，是喀尔巴阡山地区的土著居民。公元前 1000 年，在德涅斯特河和普鲁特河之间的土地上居住着哥特－色雷斯北支部落。在公元前 70 年，哥特部落酋长布雷比斯塔取得了对达契亚诸部落，包括摩尔多瓦部落的统治权，建立了奴隶制的达契亚国，形成了拉铁尼文明。公元 2~3 世纪，罗马人占领了该地区，并向占领区大量移民。移民带来了先进的罗马文化，强烈影响着土著居民。他们和罗马人保持密切的接触，掌握了罗马文化、习俗、信仰、语言，不断罗马化，形成了操民间拉丁语的东罗马人（亦称达契亚－罗马人）。与此同时，在非罗马人占领区内，如摩尔多瓦北部生活着非罗马化的土著居民。

公元 6 世纪，斯拉夫人西进，到达喀尔巴阡山地区。他们从北向南沿普鲁特河和德涅斯特河河谷迁移，很多斯拉夫人把摩尔多瓦作为永久居住地而留了下来。东罗马人由于在数量上和物质文化方面都占优势，逐步将斯拉夫人同化，同时从斯拉夫人的文化中汲取了大量的养分。约在 9 世纪，喀尔巴阡山地区形成了说罗曼语，使用基里尔创造的斯拉夫字母书写的新的民族共同体——瓦拉赫。10～12 世纪，瓦拉赫人吸纳了各类罗马化的民族集团。12～13 世纪，居住在不同的区域、处于不同社会发展水平的瓦拉赫人发展为具有共同民族特征的摩尔多瓦族人。摩尔多瓦族人的文字记录最早出现在 1360 年。摩尔多瓦族人大多数（约 60%）从事农业，少数人（约 40%）是城市居民。摩尔多瓦族人分布在全国各地，但主要聚集在中部地区。

摩尔多瓦的乌克兰人和俄罗斯人 摩尔多瓦的乌克兰人人数居全国第二位，他们主要居住在北部地区。中部和南部地区的乌克兰人基本已被当地居民同化，他们的祖先在 18～19 世纪就已迁居摩尔多瓦。俄罗斯族人人数居第三位。在 17～18 世纪时，首批迁移到比萨拉比亚的俄罗斯人是从俄罗斯东正教会中分裂出来的古老信徒派。他们从俄罗斯的北方迁到比萨拉比亚北部。1774 年摩尔多瓦公国的居民登记显示，在德涅斯特河与普鲁特河之间即比萨拉比亚地区存在逃亡的俄罗斯人。在 1806～1812 年俄土战争期间，沙皇政府向该地区移民 2000 人，并有一部分人在摩尔多瓦首都定居。绝大多数俄罗斯人是城市居民。

加告兹人 加告兹人约占全国人口的 4.4%，为突厥语系民族，约有 23 万人。全世界 64% 的加告兹人居住在摩尔多瓦。实际上，加告兹人是土耳其人，因为他们不信奉伊斯兰教，所以于 18 世纪末至 19 世纪上半叶，被迫从土耳其迁移至比萨拉比亚。这部分人到摩尔多瓦后信奉东正教。在饮食结构上，他们同斯拉夫人一样食猪肉、牛肉和羊肉。绝大多数加告兹人居住在摩尔多瓦南部的 3 个县。其余的加告兹人散居在乌克兰、俄罗斯、哈萨克斯坦、土耳其、保加利亚和罗马尼亚。

摩尔多瓦宣告独立前夕，1990 年 8 月，加告兹人以他们的语言、文化和民族传统受到歧视为由宣布在摩尔多瓦南部成立"加告兹共和国"，并建立了武装力量。为解决加告兹地区的民族纷争，摩尔多瓦领导人做了大量的说服解释工作，贯彻民族和解政策，主张和平解决矛盾，不诉诸武

力，最终在1994年平息了该地区的不稳定因素。1994年12月，摩尔多瓦议会通过了《加告兹特别法律地位法》，其中规定：加告兹是摩尔多瓦的一部分，是具有特别地位的自治地区，加告兹可在其权限范围内解决政治、经济和文化问题，当摩尔多瓦独立地位发生变化时，加告兹人有权自治。之后，加族领导人在加告兹人聚居区进行了全民公决，决定解散"加告兹共和国"，成立"地区自治体"，由一名首席官和35名非脱产议员组成"人民议会"。"人民议会"可在不违反摩尔多瓦宪法的条件下通过本地区的有关法令。1995年6月，摩尔多瓦政府收缴了加族人的全部武器，并向该地区派驻了政府武装力量。加族领导人被任命为相当于副总理一级的政府官员。

六　国旗、国徽、国歌、国鸟

国旗　摩尔多瓦的国旗由三个竖长方形组成，从左至右颜色依次为蓝、黄、红三色。正面中间绘有国徽，背面无国徽。

国徽　摩尔多瓦国徽为一只叼着金色十字架的鹰。它左爪握橄榄枝，右爪握权杖。鹰胸前的盾面上红、下蓝，绘有一个黄色的公牛头。公牛头上两角间为一颗八角星，公牛头左右侧分别为一朵五瓣花和一弯新月。

国歌　歌名为《母语颂》（也译作《我们的语言》），歌词如下：

我们的语言是宝藏
自古老阴影来寻找
许多遍布古老土地
珍贵的一串串珠宝

我们的语言是火焰
在苏醒的人里燃烧
仿佛传说中的英雄
死灰无预警地复燃

我们的语言是绿叶
在常青树林中闪耀
德涅斯特轻轻涟漪
波动星光明亮照耀

我们的语言是超凡
颂歌字字句句古老
由老者在家园之中
不断歌唱不断飘泪

我们的宝藏将崛起
自古老阴影来寻找
许多遍布古老土地
珍贵的一串串珠宝

国鸟　摩尔多瓦国鸟为嘴里衔着一串葡萄的白鹳。传说很久以前，摩尔多瓦的一个城堡被土耳其人包围，守城的战士英勇抗击侵略者，直到弹尽粮绝，眼看侵略者就要攻克城堡了。在这千钧一发之际，铺天盖地的白鹳从天而降，刮起一股狂风，迫使敌人趴在地上，不敢抬头。数以百计的白鹳向城堡飞来，它们嘴里衔着葡萄送给保卫城堡的英雄。勇士们吃了神鸟送来的葡萄以后，情绪高涨，士气大增，击退了来犯的敌人。从此以后，白鹳就成为摩尔多瓦人心中的吉祥鸟，象征着幸福和健康。

第二节　民俗与宗教

摩尔多瓦是多民族国家，各民族在长期交往过程中相互融合，同时该地区曾长期处于罗马帝国的统治下，因此现在的民俗民风中多带有罗马帝国的遗风。

一 民俗

服饰 每逢节日,摩尔多瓦的男女老少都要穿上民族服装。几个世纪以来,摩尔多瓦民族发展了独具特色的民族服饰。成年男子穿白长衫和白裤子,外套呢制的西装背心,入冬穿皮坎肩或毛坎肩,着短羊皮袄,头戴小羊皮帽,脚穿自制皮靴,腰间束红色的、绿色的或是蓝色的宽腰带。腰带长度一般为3米。男用腰带不仅实用,而且具有极强的装饰性。妇女头扎大方巾,上身穿白底彩绣衣衫,外套过膝宽下摆裙,裙外扎毛料或亚麻布的围裙。摩尔多瓦妇女的裙子一般用深色的纯毛面料制成。裙子上面绣有五彩几何图案,裙子腰部配有窄腰带。冬季,男女均穿上自制的皮毛外套。现在,传统的民族服饰在农村的老年人中仍有保留,年轻人已很少穿着,大多在电影和舞台上使用,已逐渐成为摩尔多瓦民族的艺术象征。

饮食 摩尔多瓦人的主食是面包,他们喜食各种蔬菜、炸肉和奶制品。传统民族食品是热玉米面粥,佐以羊奶干酪、油炸洋葱、黄油、西红柿等。典型的食品是菜汤、熏鱼、腌肉、用葡萄叶卷肉做成的菜卷、洋葱末拌豌豆、蒜泥等。摩尔多瓦妇女擅长制作各种小菜和酿制葡萄酒。她们腌制的小菜品种繁多,味道鲜美;酿制的葡萄酒酸甜可口,酒香沁人心脾。过节时,主妇一定要为家人准备冻鸡肉和冻猪肉。特别值得一提的是葡萄。摩尔多瓦人的生活和葡萄、葡萄酒密不可分。在乡村,家家备有葡萄酒窖。人们把葡萄看作富裕的象征,主人在款待宾客时,会献上家酿的葡萄酒。在相互祝愿时,最爱说"愿我们的生活像深秋的葡萄藤一样硕果累累"。

民居 摩尔多瓦的民居依据地方特色可以划分为几个类型。最古老的一种类型是沿河岸形成的河边村落。这种村落的布局呈直线,民宅建在河边大道一边。德涅斯特河左岸地区的村落基本是这种格局。另一种是坡地村落。民居一般散建在丘陵的北坡和东坡上,呈无序状态。丘陵的南坡和西坡是菜地、葡萄园、牧场。摩尔多瓦中部地区的传统村落大多是这种布局。在18~20世纪出现了一种按街区规划的居民点。苏联时期,在大规模改造农村的过程中,众多的村落按这种模式进行重建。

　　摩尔多瓦民居的室内格局与乌克兰、白俄罗斯的民居室内格局有许多共同点，一般由三部分组成。房舍的入口处是厅，厅和厨房相连。厅的左、右两边是房间，其中一间房里放置着主人女儿的嫁妆、圣像、节日用的器皿。这间屋子只用于接待客人、节日家庭聚会和操办重大的家庭喜事。

　　典型的农家小院中还建有 2~3 个用来酿造葡萄酒的小作坊。酒窖则家家必备。在富裕农民的家庭作坊里还建有木柜，用于存放玉米。夏季，农民不在室内点火做饭，通常是把炉子放在院子中间做饭。贫穷农家的炉子露天摆放，富裕农家则要盖起一个棚子为火炉遮风挡雨。近年来，摩尔多瓦农居发生了很大的变化。过去的农居一般为麦秆屋顶和土墙房屋。新建的房屋，在保留民族风格的同时，更注重房屋的实用性和舒适性。室内陈设除保留着挂壁毯、铺地毯的传统外，日益城市化，室内已很少设面包烤炉和火坑。

　　北方居民比南方居民更注重居室的外装修。北方民居一般带有用玻璃封闭的阳台。中部和南部的民居四周是带有木柱或石柱的走廊。现在北方地区的玻璃封闭阳台已在南方流行。在室内装潢方面，过去曾广泛流行的黏土涂料墙现已被贴有各色壁纸的水泥石灰墙代替。

　　摩尔多瓦是农业国，家庭手工业发达。20 世纪初，每户农民家庭必备劳动工具、家具、织布机等。地毯织造是当地传统的民族工业。种类繁多的挂毯是居室必有的装饰品。

二　节日和礼仪

　　摩尔多瓦人能歌善舞。每逢重大节日，人们都要走上街头跳舞唱歌。"舞蹈是摩尔多瓦人的灵魂"，这一说法一点儿不为过。摩尔多瓦的民族舞蹈热情奔放，富有诗意，又略显忧郁，充分体现出了其民族性格。民族舞蹈"霍拉舞""若克舞"在国内外享有盛名。摩尔多瓦的民间诗歌内容丰富，具有浓郁的民族特色，抒情歌曲《多依那》是民间诗歌的精华，在全国广泛传唱。

　　摩尔多瓦民间的许多风俗和节日均与劳动活动和季节有关，如春季的植物节，秋季的收割节、葡萄藤节、牧人节等。在苏联时期，政府曾对民俗民风进行改造，带有浓厚宗教色彩的节日逐渐被取缔，如求雨祭祀等。同时对一些传统的民俗节日进行改良，并增加了一些新的大众节日。许多具有革命和纪念意义的日子已成为全国性的传统节日，如国庆节、劳动节等。

新年是摩尔多瓦人民最隆重的盛大节日。过新年的传统民俗依旧保留至今。新年前的夜晚，家家户户的房门都要留一条缝，人们企盼旧的岁月从门缝里悄悄溜走，新的希望随之而来。新年之夜，绝大部分人彻夜不眠，走上街头举行新年大联欢。小伙子们则要扛着祖传的犁挨门挨户祝贺节日，祝愿人人幸福如意，五谷丰登。这项活动一直要持续到第二天早上才结束。新年期间的另一重大活动是表演形式多样的民间新年剧。年轻人头戴面具，穿上剧装，扮演剧中的马、熊、羊等动物。经常上演的传统剧目有《玛朗卡》《布诺拉》《日亚那》《阿尔纳乌特人》《老人们》。新年诗歌演唱会在 20 世纪 40 ~ 50 年代一度中断，70 年代这一文化传统开始复兴，保留至今。

公历 1 月 19 日为洗礼节，这是摩尔多瓦东正教的重要节日。这一天往往举行入教仪式和新生儿的命名日受洗。主持人口诵经文，给受洗人额上或头上点水，有时也将受洗人全身浸于水中，然后给受洗人戴上十字架项链。新生儿接受洗礼时，父母不能在场，为受洗人选定的监护人称"教父""教母"。在洗礼节那天，人们除到教堂接受洗礼外，还要到江河里取"圣水"。健康人要跳到冰窟窿里洗一洗。洗礼节前一天（1 月 18 日），人们习惯占卜，特别是女孩子往往在这一天晚上占卜自己的终身大事。

另外，复活节和狂欢节是摩尔多瓦民间十分重视的宗教节日。复活节每年从 4 月底至 5 月初的第一个星期日开始，历时 7 天。复活节前的第 8 周是狂欢节，历时 7 天。

3 月 1 日是摩尔多瓦人迎接春天来临的节日，称三一节。这一天，人人都在胸前戴上用红、白绸线编织的小花。白色象征心灵美好、纯洁，能给人带来爱与和平，红色代表太阳和大自然的复活，带给人类健康和力量。

摩尔多瓦人最隆重的家庭活动是挖井、盖房和婚庆。摩尔多瓦人认为盖房、生子、种树、挖井是人生中最重要的几件大事。在摩尔多瓦至今流传着一句古话："不盖房、不生子、不栽树、不挖井者，枉度一生。"其中，挖水井和盖房又是重中之重。各家各户都视水井为家业兴旺发达的重要象征。尽管家家户户都有自来水，主人仍然要在庭院中挖水井。摩尔多瓦的水井设计十分讲究，水井被置于一间精致漂亮的铁制或木制的房子里。如今，水井已成为摩尔多瓦的一种文化象征。水井以挖井人的姓名命名，它可以作为礼物赠予他人，这被当地人看作最贵重的礼物。建房是摩尔多瓦人一生中的大事之一，也是必做的一件大事。摩尔多瓦人的习惯是一人建房，众人帮忙，这已成为民族的传统。新屋落成之日，全村人欢聚一堂，又唱又跳，向主人表示庆贺。这时，主人要在漂亮的客厅里设宴款待客人。客厅里展示着主人家族的历史，装饰着家织方巾的墙壁上挂满父母、儿孙的照片。在餐桌上，主人必须备有新鲜的烤羊肉、带馅的茄子以及青椒、白菜、西红柿和馅饼，象征和平、友谊、合家团聚的蛋糕更是不可缺少的。

婚礼同样是摩尔多瓦人家庭中的盛大仪式。持续数天的婚礼仪式内容丰富，独具一格。秋季是摩尔多瓦人举行婚礼的季节。举行婚礼前要进行求婚、订婚、答谢等仪式。婚礼通常在男女双方家同步举行，然后新郎携带礼物到女方家接新娘。新娘的父母向新人表示祝福以后，取出嫁妆，送新娘到婆家。新郎家须在自家的卡萨玛雷（意为家中最豪华的房间）举行非常隆重的酒宴。这时，一对新人手持蜡烛从"长明火"房中取来象征生命、光明和如意的"爱之火"，向双方父母行礼，以示感谢和尊敬。整个婚礼过程中人们朗诵诗歌、跳舞和歌唱。参加婚礼的亲朋好友尽情地狂欢，直到天明。黎明时，大家蹲坐片刻，让新娘抱上一个婴儿，以此祝福她多子，然后丈夫和妻子走向屋门。在新人跨过门槛之前，众人向他们头上、身上撒粮食，祝他们年年有余。

摩尔多瓦人非常好客，常用葡萄酒当饮料招待客人。在这种情况下，客人不应拒绝主人的盛情，而应与主人干杯，一饮而尽，以示对主人的友好和尊重。同桌进餐时，主人忌讳别人玩弄刀叉或磕碰餐具，端起盘子吃菜喝汤也是很不雅观的。应邀作客时，不经主人允许，不要擅自闯入主人的卧室或坐在床上，这是极不礼貌的行为。

摩尔多瓦人忌讳 13 这个数字，认为这是凶险和死亡的象征，相反却喜欢 7 这个数字，认为 7 能带来成功和幸福。

三　宗教

在摩尔多瓦居民中，90% 的人有宗教信仰，主要信奉东正教、天主教、犹太教、基督新教、伊斯兰教。

摩尔多瓦的绝大多数居民信奉东正教。早在摩尔多瓦公国时期，东正教的影响就已深入人心。当时，摩尔多瓦的东正教会隶属于君士坦丁堡（拜占庭）大牧首管辖的教区。最初，摩尔多瓦东正教界的神职人员均由相邻的斯拉夫国家派出。后来，摩尔多瓦公国的统治阶层为巩固自己对宗教事务的统治权，不顾东正教大牧首的反对，由彼得·穆沙特大公于 1387 年自立为摩尔多瓦公国东正教主教，这导致了摩尔多瓦教会与拜占庭教会之间的尖锐冲突。

1991 年，摩尔多瓦东正教会隶属于俄罗斯东正教区。1992 年 10 月 6 日，莫斯科教会决定将基希讷乌－摩尔多瓦教区改为摩尔多瓦都主教区，并享有独立权。

1992 年摩尔多瓦东正教会发生分裂，起因是 1992 年 12 月 19 日比萨拉比亚地区要成立隶属于罗马尼亚东正教会的自治教区。在国内民族主义派的压力下和欧洲人权法庭做出支持比萨拉比亚的裁决以后，2002 年 7 月 30 日摩尔多瓦议会修改法律，接受了比萨拉比亚地区的要求并予以登记注册。

天主教在摩尔多瓦的影响仅次于东正教。现在，摩尔多瓦的天主教徒大约有 2.5 万人。教徒主要是波兰人、德国人、乌克兰人、立陶宛人、斯洛伐克人，也有俄罗斯人和罗马尼亚人。天主教徒于 1906 年获准集资在摩尔多瓦境内修建教堂。1915 年竣工建成的圣·德米特里耶夫大教堂是摩尔多瓦天主教会的主教堂。天主教徒做礼拜时使用 5 种语言。1993 年，天主教开始在摩尔多瓦成立分教会。摩尔多瓦主教和梵蒂冈建立了密切的联系。

摩尔多瓦东正教和天主教之间保持着友好的关系。其他宗教组织有犹太教协会、黑间（指印度教中的第 8 个守护神）意识国际协会等。

第三节 特色资源

摩尔多瓦国家虽小，但保留着不少有数百年历史的物质文化遗产，形成了具有本国特色的历史文化资源。森林自然保护区、葡萄酒窖、古代军事要塞、天然岩洞成为摩尔多瓦吸引世界关注最重要和最独特的国家品牌。

一 名胜古迹

森林自然保护区 摩尔多瓦领土面积不大，是一个森林中的国度，森林覆盖面积占全国陆地面积的 40%。森林中近 2/3 的树种是橡树，另外还有白蜡树、枥树、榉树、椴树等。境内有 1700 多种花卉和蕨类植物组成的野生植物群。摩尔多瓦所拥有的植物属于古北区种类，绝大多数是喜温暖的欧洲植物群。世界级珍稀植物占全国植物总数的 17%，有绒毛橡树、鹅耳枥树、黄栌树、胡颓子类植物、矢车菊等，国家级保护植物有26 种。摩尔多瓦境内半数以上的野生植物有经济价值，约 130 种可以药用，另外还有许多蜜源植物，具有观赏和装饰价值的植物也为数不少。面积最大的森林区位于国家中部，这里有三个混合林带：橡树和榆树林、椴树和白蜡树林、橡树和榉树林。在北部丘陵的草原林区生长着遮天蔽日的阔叶橡树林，在北部生长着窄叶橡树林。在褐色森林土地带保留着独特的橡树和橡树 - 鹅耳枥树林的自然景观，这些森林一般生长在地势较高的地区。它们能够有效地防止水土流失，并起到保护水源、净化空气的作用。

为加强对森林资源的保护，摩尔多瓦全国建立了各种森林保护区，成为其重要的特色资源之一。据统计，全国共有 7 个历史悠久的国家公园，这些公园既是森林自然保护区，也是居民休闲度假的胜地。

摩尔多瓦北部的察奥公园是受到国家保护的国内第一大植物园。该公园始建于 20 世纪初，创建人是著名的观赏植物培植园艺家弗拉基斯拉夫斯基－巴达尔阔。察奥公园占地 50 公顷，园内风景如画，种植有 150 多种国内外林木，其中乔木和灌木种类仅次于基希讷乌植物园。公园里有高大的蓝色云杉、从北美移植来的灰蓝色黄杉、笔直的冷杉等。这里的松树种类繁多：北方松、山地松、黑松、刺松，人工栽培的西方针叶林带令游人流连忘返。公园里有不少珍贵树种——枝叶扶疏的高大栗树、槭树、桦树，还有玫瑰花坛。在普鲁特河河滩边生长着一棵古老的橡树，高 35 米。在这里还可以见到高达 24 米的杨树。

克里科瓦酒窖 葡萄酒是摩尔多瓦人民引以为傲的世界级的特色资源之一，经过数千年的发展，葡萄酒已经成为摩尔多瓦文化的重要组成部分，也是最具影响力的国家名片。摩尔多瓦的独特气候，充足的日照，优质的土壤（75% 以上的土地为适合葡萄种植的黑钙土），具备种植一流葡萄品种的所有条件。同时，摩尔多瓦的地理纬度与波尔多、勃艮第所处的地理纬度相似，冬季潮湿，夏季干燥，有利于酿造葡萄酒。摩尔多瓦人民长期种植葡萄和酿制葡萄酒，摩尔多瓦是国际葡萄酒组织创始国之一。

葡萄种植和葡萄酒酿造是摩尔多瓦的国家特色，在这方面摩尔多瓦历史悠久。摩尔多瓦拥有 5000 多年的酿酒历史，是世界上古老的葡萄种植和酿制葡萄酒的国家之一。公元前 3 世纪，希腊人在入侵摩尔多瓦的同时，带来了传统的葡萄酒酿造技术，葡萄种植与葡萄酒酿造技术开始在摩尔多瓦普及。在公元 1 世纪罗马帝国时期，葡萄酒业获得了长足的发展。在 14 世纪摩尔多瓦建立封建公国以后，葡萄酒业加速发展，摩尔多瓦开始向波兰、乌克兰、俄国出口葡萄酒。15 世纪，摩尔多瓦大量引进新的葡萄品种，并扩大了葡萄的种植面积，保证生产出高质量的葡萄酒。16 世纪，摩尔多瓦葡萄酒业陷入危机，直到 1812 年签署《布加勒斯特条约》以后，葡萄酒业才恢复发展。1812 年，摩尔多瓦并入俄国以后，成为俄国的葡萄种植和葡萄酒生产基地，其产量占到俄国全部葡萄酒产量的一半。19 世纪下半叶，法国葡萄酒生产商进入摩尔多瓦，并引进大量优质的葡萄品种，摩尔多瓦的葡萄酒获得了国际认可。摩尔多瓦葡萄酒业因此繁荣发展，1837 年产量达到 1000 万升。1878 年，摩尔多瓦酿造的葡萄酒还在巴黎世博会上获得金奖。

在两次世界大战期间，摩尔多瓦的葡萄酒业遭到严重破坏。20世纪50年代葡萄种植和葡萄酒酿造业恢复，到20世纪60年代初，葡萄种植面积达到22万公顷。苏联时期，摩尔多瓦的葡萄产量居苏联各加盟共和国之首。摩尔多瓦独立以后，许多葡萄园实现了私有化，欧洲的一些葡萄酒商进入摩尔多瓦，葡萄酒业进入了新的发展时期，现在葡萄酒已经成为摩尔多瓦的国家象征。葡萄酒业成为摩尔多瓦经济的优先发展部门。与发达的葡萄酒业相适应，摩尔多瓦发展了成熟的窖藏技术，建立了数量众多的地下酒窖，其中最具代表性的是克里科瓦酒窖。

克里科瓦酒窖是世界最大的地下酒窖，堪称摩尔多瓦葡萄酒业的一颗最璀璨的珍珠。克里科瓦距离基希讷乌15公里，被誉为名副其实的"地下酒城"，这是世界上最大的在天然温度下储存葡萄酒的酒窖，建于1952年，面积达64平方公里，深度为50～80米，酒窖内的温度常年保持在10℃～12℃，相对湿度保持在97%。克里科瓦酒窖除拥有两个生产近10种葡萄酒和4种香槟的酒厂外，还有一个酒博物馆。克里科瓦酒窖保存有3000万升精品葡萄酒，2013年已收藏了648种保存年限已超过半个世纪的各类名酒150万瓶，其中各种法国、意大利、西班牙葡萄酒超过100万瓶，年代最久远的是耶路撒冷1902年生产的一瓶红葡萄酒和捷克于同年生产的一瓶药酒。所有这些酒都按酒龄分类陈列在隧道两侧，形成长达120余公里的储酒长廊。

2014年，以克里科瓦酒窖为主体成立克里科瓦联合企业。除生产红葡萄酒和白葡萄酒外，还生产15个品牌的香槟酒。该企业是摩尔多瓦国内唯一使用法国传统方式生产香槟酒的厂家。克里科瓦酒窖的葡萄酒在国际评比会上获得了60多枚金银奖牌。

东欧地区唯一的军事要塞——索罗基要塞 这是摩尔多瓦境内唯一保持原貌的中世纪古建筑，位于基希讷乌以北160公里、德涅斯特河右岸。斯特凡大公为抵御土耳其人、鞑靼人和其他敌人的进攻，在1499年修建木结构要塞。在中世纪，索罗基要塞是摩尔多瓦公国防御系统的组成部分，该防御系统由德涅斯特河畔的4个要塞、多瑙河畔的3个要塞、公国

北部的 3 个要塞组成。索罗基要塞于 1543 ~ 1546 年重建，并采用石料修建成现在的规模和样子。整个要塞由等距离的 5 个塔楼（其中 4 个塔楼为圆形，1 个塔楼为方形入口楼）组成，每个塔楼的直径为 37.5 米。设计师完美地运用了"黄金分割"原理，因此索罗基要塞成为欧洲防御性建筑中的经典作品。

索罗基要塞的重要价值在于，它非常完整地保留着中世纪时的样子，完好地保持着原貌。墙体厚 3.5 米，高 15 ~ 20 米，各个射击位都保存完好。索罗基要塞是摩尔多瓦唯一完好保存下来的中世纪历史遗产。

"埃米尔·拉科维查"岩洞 "埃米尔·拉科维查"岩洞是摩尔多瓦境内规模大型的岩洞，也是世界上大型的岩洞之一，位于基希讷乌以北265 公里叶季涅兹的科里瓦村，于 1959 年被发现。就其面积来说，在世界石膏石岩洞中列第三位，在世界大型岩洞中居第八位。地下洞窟超过8.9 万平方米，分为数层。岩洞内有"灰姑娘厅""百米厅""达契亚人厅""农夫厅"等。岩洞内还有地下湖泊 20 多个，其中最著名的是"蓝湖""恐龙湖""鹦鹉螺湖"，矿泉水资源丰富。"埃米尔·拉科维查"岩洞的一大特点是各个洞窟的岩石表层覆盖着一层五颜六色的软石膏，煞是好看。洞内还有大量的绿色、蓝色、红色、黑色、白色黏土。

二 著名城市

基希讷乌 摩尔多瓦共和国的首都，人口为 73.20 万人（2014 年 1月统计）。基希讷乌位于德涅斯特河支流贝克河畔，面积约 120 平方公里，是全国的政治、经济、科学和文化中心，亦是全国最大的城市。从高空鸟瞰，基希讷乌市好似一朵盛开的白色石头花，城市建筑构成了石头花的 5 个花瓣。基希讷乌市区内的大多数建筑是用纯白色的花岗岩石料建成，基希讷乌因此获得"白色的城市，石雕的花"的美誉。

基希讷乌已有 500 多年的历史，其地名的含义是"源头"，表示这里是摩尔多瓦民族的发源地。早在 1466 年，摩尔多瓦斯特凡大公在对大贵族的封赏令中就曾提到基希讷乌，这时基希讷乌还只是一个村落。在封赏令中，大公确认了大贵族弗拉依库尔对基希讷乌的所有权。在很长一段时间里，基希讷乌是大贵族的世袭领地，它远离贸易通道，城市发展缓慢。从 1641 年开始，基希讷乌由修道院管辖。17 世纪下半叶，基希讷乌初具城市规模。1757 年，宗教界在离贝克河不远的山坡上建起玛扎尔基辅修道院，成为基希讷乌的政治中心。在 19 世纪初，基希讷乌发展壮大并成为摩尔多瓦的经济中心。1940 年，摩尔达维亚苏维埃社会主义共和国成立，基希讷乌成为首都，其地位延续至今。历史上，基希讷乌曾三次（1690 年、1773 年、1788 年）被鞑靼人和土耳其人烧毁，第二次世界大战期间又遭到法西斯的破坏。但是基希讷乌始终没有灭亡。

在基希讷乌市，新建的高层楼房随处可见，建筑造型各具特色，装饰材料五彩缤纷。议会大厦、文化音乐厅、形状各异的居民住宅楼，令人驻足观望，流连忘返。一些老建筑，如火车站、市政府大楼、圣诞大教堂和凯旋门等亦保存完好。市区街道平坦整洁，空气清新湿润，城市环境优美。河边和街道两旁长着茂密的树木，整座城市掩映在绿荫之中，即使是在骄阳似火的夏日，行人也绝不会感到烈日的烤晒。市区树木种类极多，杨、柳、松、柏、槐成行成片，板栗树、核桃树、杏树、樱桃树等果树随处可见。全市看不见裸露的土地，看见的只是草坪和玫瑰花，基希讷乌不愧享有欧洲最绿城市的美誉。

基希讷乌是全国的经济中心。全市工业企业生产的冶金加工产品和机器制造产品约占全国产量的一半，轻工业产品占全国产量的 1/3，建筑材料占全国产量的 1/5，食品工业产量占全国产量的 1/5。电机、农业机器制造业是该市的支柱产业，规模最大的企业是基希讷乌拖拉机厂，主要产品有农用收割机、林业采伐机、葡萄采摘机等。首都建立了东欧地区最大的生产各种用途泵的大型企业，另外基希讷乌的企业生产的示波器和保种仪表、洗衣机、冰箱、电视机销往全国各地。精密仪器仪表工业是该市的重要工业部门，电机厂、精密仪表厂、显微镜厂为主要生产企业。摩尔多瓦的葡萄酒蜚声海内外，首都的葡萄酒企业生产的威士忌、香槟和饮料销往国际市场，并多次获得国际大奖。轻工企业主要生产成衣、针织产品、鞋等。新兴的化工企业可以生产人造皮毛、人造纤维等。该市 50% 的产品出自私营企业和合资企业，服务行业和餐饮业全部由私人经营。

基希讷乌还是全国的文化中心，中世纪的建筑随处可见。19 世纪 20 年代，流亡中的普希金曾居住在基希讷乌，继续他的文学创作，并和十二月革命党人保持着密切的联系。列·托尔斯泰、弗·马雅可夫斯基、弗·柯罗连科、费·沙利亚平、谢·拉赫玛尼诺夫等文化名人均在不同时期访问过基希讷乌。摩尔多瓦科学院及下设的近 50 家研究所、摩尔多瓦电影制片厂、葡萄酒和园艺研究院、土壤和土壤化学研究院均设于此地。另外，基希讷乌大学、基希讷乌医学院、摩尔多瓦国立师范大学、摩尔多瓦农业大学、摩尔多瓦工程技术大学和摩尔多瓦艺术学院等高等院校建在基希讷乌，可同时容纳 4 万名大学生就读。全市有 16 所中等专业学校、140 所九年制义务教育学校，在校生 12 万人。

基希讷乌市民热爱戏剧和音乐。该市的歌剧和芭蕾舞剧院、普希金音乐和话剧院、契诃夫话剧院、管风琴音乐厅、少年儿童剧院、国家音乐厅等的演出每场座无虚席。现在，市区保留有许多名人故居和名人纪念馆，其中有为纪念杰出将领格·伊·科托夫斯基和谢·拉佐及列宁墓的设计者阿·休谢夫建立的纪念馆。首都的艺术博物馆内收藏了新老艺术家们的大量油画作品。普希金曾在基希讷乌住过 3 年的小屋（普希金在这里创作了上百首诗歌，著名的《叶甫根尼·奥涅金》也是在该市开始创作的）已被政府列入永久保护项目名单。

基希讷乌具有可歌可泣的革命传统。在 19 世纪 20 年代，基希讷乌的民众积极支持希腊爱国者的秘密组织发动武装起义反对土耳其对巴尔干的统治，他们帮助希腊募捐，建立秘密弹药枪支库。反对土耳其统治的保加利亚革命领导人赫里斯托·鲍捷夫也选择在基希讷乌策划起义，并在这里组建保加利亚团，参加反对土耳其统治的解放斗争。为纪念这位革命领导人，基希讷乌至今仍然保留着以他的名字命名的街道。在推翻沙皇的革命斗争中，基希讷乌的市民表现出了高度的积极性。1905 年 8 月 22 日，基希讷乌爆发了有 5000 多人参加的大规模政治集会。1917 年春季，全市建立工人和士兵代表苏维埃。1918 年 1 月 1 日，市政权归苏维埃所有。

第二次世界大战期间，基希讷乌遭到严重破坏，法西斯烧毁了该市 76% 的住宅，摧毁了工业企业、机关、医院、学校的设施，物资损失达

16 亿卢布。战后，城市开始重建工作，仅在第 10 个五年计划期间，基希讷乌就竣工 15 座工业、交通、通信设施，对 28 个企业进行技术改造，新建 33 所幼儿园、12 所学校、8 个图书馆、9 座医院，其中包括全国规模最大的国家医院。

市区的主要交通工具是公共汽车、无轨电车和出租车。市民愿意选择走固定线路的公共汽车作为出行交通工具，这种交通方式成为基希讷乌市民的一种出行时尚。与此同时，出租车也较多，随处可以招手搭乘，收费不高。全市有两座火车站，一座设在市中心，紧靠中心农贸市场。另一座火车站建在市区南郊，该站的火车主要发往南方和卡托夫斯克。火车站为方便旅客建有综合服务设施，如餐厅、商店、通信中心。首都最早的航空线于 1947 年开通，2000 年改建后的基希讷乌国际机场投入使用，可以直达俄罗斯、奥地利、希腊、西班牙、拉脱维亚、葡萄牙等国家。

宾杰里　摩尔多瓦东部的一座古城，位于德涅斯特河中游。宾杰里是土耳其语的音译，意为"坚固的港湾"。考古学家认为，公元前 2 世纪，宾杰里就已成为一个居民点。宾杰里的城市建设始于 14 世纪，城市建设发展迅速。1818 年，宾杰里成为周边地区的中心，到 19 世纪下半叶，该市已是知名的贸易中心。得益于其优越的地理位置和温和的气候，几百年来许多古老部族都曾居住在宾杰里，如西徐亚人、萨尔马特人、哥特人、匈奴人、佩彻涅格人、波洛伏奇人、斯拉夫人、瓦洛赫人、鞑靼人、土耳其人。瑞典国王卡尔拉十二世曾到访宾杰里要塞，而乌克兰的盖特曼伊万·马泽帕也在此辞世。这座古老的城市与许多伟人的名字相关，他们是伟大的俄罗斯诗人普希金、库图佐夫元帅、帕宁伯爵、剧作家科特利亚罗夫斯基、农民起义领袖布加乔夫。1876 年，杰出的地理学家别尔特出生在这座城市。科学院院士别尔加、土壤胶态化学理论的奠基人格德罗伊查、苏联英雄费多罗夫都出生在宾杰里。

宾杰里是德涅斯特河沿岸的第二大城市，2014 年常住人口为 13.5 万人。同时宾杰里也是德涅斯特河沿岸的文化和工业中心，是摩尔多瓦的轻工业、食品工业、电子工业、河运港口中心和铁路枢纽。宾杰里丝绸联合企业生产的丝绸、罐头厂生产的水果罐头、服装厂生产的女装等产品都深

受消费者喜爱。宾杰里有一处摩尔多瓦全国历史最悠久的地方志博物馆，馆内藏有许多价值很高的文物和历史资料。

奥尔格耶夫 摩尔多瓦的老城之一，13世纪末在列乌特河边出现，曾被称作旧奥尔。历史上，这里是手工业和贸易中心。在17世纪中期，这里形成了规模很大的贸易中心。目前，奥尔格耶夫建有家具厂、纺织厂、地毯厂和罐头厂，它们生产的地毯、啤酒、奶制品和建筑材料行销全国。

该市建有学前机构、师范学校、医学和职业技术学校、体育学校和音乐学校。该市还有少年宫、博物馆、设施齐全的体育场馆、医疗机构、文化休闲公园等。

在最近20年内，城市人口增加了近1倍，生产行业呈多样化发展。生物化学工业和罐头加工业为该市的主导产业，该市建有大型的肉制品加工厂和奶类加工厂。如今，奥尔格耶夫正在向现代化的旅游城市发展，旅游业日益成为拉动城市经济发展的重要行业。

伯利兹 一座位于列乌特河边的老城，15世纪初，这里就已有人居住。历史上曾是牲畜、粮食、蔬菜、水果的贸易中心。过去，伯利兹市又脏又乱，难怪它的城市之名取"沼泽"之意。1818年，伯利兹发展为城市。1894年，该市建成两条铁路并通火车，加强了与外界的交往。第二次世界大战以后，伯利兹城市发展迅速，工业生产总值增加12倍，近40家大型企业每年的产值达5亿卢布。现在全市人口约13.5万人，是摩尔多瓦北部的工业和文化中心。该市的主要工业产品有电动装料机、灯具、皮毛制品、名牌葡萄酒、家具、钢筋水泥等。伯利兹食品加工业闻名全国，这里有全国最大的肉类加工企业、食用油加工厂、糖厂、葡萄酒厂和奶制品厂。轻工业中的知名产品有裘皮、针织品和成衣。农业机械和电器制造业是该市的新兴产业，该市也是全国北部的重要铁路交通枢纽。

伯利兹市内设有育种、种子和田间作物管理技术科学研究所，伯利兹师范学校、伯利兹医学院和伯利兹音乐学校闻名全国。全市最大的图书馆藏书量超过一百万册。现在，伯利兹市已步入服务设施齐全、交通发达、环境优美的现代化城市行列。

雷布尼察 一座坐落在德涅斯特河左岸的城市。据史料记载，在1657 年时，雷布尼察是一座小要塞。1898 年，雷布尼察建立了第一座糖厂。在苏联时期，雷布尼察是摩尔多瓦的一个重要经济中心。该市建有全国最大的水泥厂、水泵厂、纺织厂、糖厂、食用油厂和酒厂，摩尔多瓦的第一座冶金工厂也建在该市。

顺德涅斯特河而下，距雷布尼察不远处是考古学界知名的维赫瓦京齐村，这里发现了摩尔多瓦境内早期、大约生活在 10 万年前石器时代的人类遗址。1829 年，世界级的伟大作曲家和指挥家鲁宾斯坦出生在维赫瓦京齐村。鲁宾斯坦的音乐明显地受到摩尔多瓦"多依那"合唱歌曲曲调的影响。他创作的芭蕾舞曲《葡萄藤》，即取材于家乡的音乐旋律。为实现鲁宾斯坦生前在家乡开办音乐学校的愿望，1901 年，维赫瓦京齐村开设了两年制的走读音乐学校。苏联时期，该校被授名为"鲁宾斯坦 9 年制义务教育学校"。20 世纪 60 年代，该校改为音乐专业学校，该校设有鲁宾斯坦纪念室。现在，以鲁宾斯坦的名字命名的音乐学校运营良好。

索罗基 位于德涅斯特河右岸河畔，是摩尔多瓦东北部一座风景秀丽的古老城市。据史料记载，1499 年，斯特凡大公开始在这里建要塞抵抗波兰和匈牙利的入侵。此后，要塞逐渐发展成一座城市，18 世纪定名为索罗基市。在彼得鲁·拉列沙执政时期，索罗基已经发展成为一个行政商业中心。1711 年彼得一世为对抗普鲁士，派主力驻守索罗基并以此作为俄军的基地。1738 年，索罗基被俄军占领，根据 1812 年《布加勒斯特条约》，索罗基归属俄国。

从 17 世纪开始，索罗基已不再具有军事防御意义。现在，这里仍然保留着原有的城市风貌，当年所建的要塞至今仍完好如初，是著名的中世纪筑城艺术样板。城市附近有风景绮丽的石灰岩和泥灰岩峡谷——贝基洛夫雅尔峡谷，建在峡谷中的古老洞穴修道院，是著名景点之一。夏季是索罗基最美丽的季节，在宽阔的德涅斯特河河边和掩映在绿树花丛中的街道上散步十分惬意。老百姓称此地是"摩尔多瓦的瑞士"。每年都有大批的游客到此度假、避暑，在市中心和德涅斯特河岸边建有设施齐全的度假基地。

第二次世界大战结束以后，索罗基市成为摩尔多瓦重要的工业和文化中心。这里先后建起冶金厂、汽车配件厂、面包厂、奶制品厂。索罗基市的师范中专、文化中专、贸易学校、农机和电器中专、电影器材中专等为国民经济的各个部门源源不断地输送所需人才。1999年9月28日，索罗基市民隆重庆祝建城500周年。

卡古尔 位于普鲁特河左岸，早在1452年以前就已经形成了一定规模的居住区，曾先后被称作"什克亚"和"弗鲁莫阿萨"，后为纪念俄军1770年在卡古尔河血战中战胜土耳其军队，1835年12月该市更名为卡古尔并正式建市。在卡古尔不多的历史文化遗产中，建于1850年的圣·阿尔汉格尔·米哈伊尔教堂和加夫里尔教堂具有特殊的地位。2002年7月揭幕的纪念卡古尔建市500周年纪念碑重现了1849年的惨烈战争，成为该市著名的地标性建筑。普希金和高尔基都到访过卡古尔市，他们在作品中都对卡古尔市进行过描述。第二次世界大战结束以后，卡古尔市成为摩尔多瓦南部地区的经济、文化中心。该市建有罐头厂、黄油奶酪厂、啤酒厂、钢筋水泥厂、面包生产联合企业等。市区内设有师范、医学和艺术院校。

蒂拉斯波尔 摩尔多瓦的第二大城市，也是德涅斯特河左岸的重要城市（蒂拉斯波尔是德涅斯特河的古代名称，"波"是城市之意）和摩尔多瓦东部最重要的政治、经济和文化中心。蒂拉斯波尔的奠基人是阿·苏沃洛夫。18世纪末，沙皇政府决定在德涅斯特河岸建立要塞，1795年，该要塞成为周边地区的中心，定名为蒂拉斯波尔。19世纪，蒂拉斯波尔发展成为工业中心，城市经济伴随着拉兹杰利纳亚—基希讷乌铁路的开通而迅速发展。

蒂拉斯波尔是一座具有革命传统的城市。格·卡托夫斯基曾居住在这里，他在1920年领导城市解放斗争。1929年，蒂拉斯波尔成为摩尔达维亚苏维埃社会主义自治共和国的首府。1941年8月10日～1944年4月12日蒂拉斯波尔被罗马尼亚占领，后被第三乌克兰阵线37军解放。

第二次世界大战以后，蒂拉斯波尔的经济迅速发展。在苏联解体前20年内，蒂拉斯波尔的工业产值增长了4.5倍。这期间，政府对罐头厂、酒厂、面包厂、木材加工厂进行了大规模的设备更新，建立了一批新工厂，如铸造机厂、化工厂、电器厂等。全国大型食品加工厂、机器制造企业等 30 多家企业都集中在蒂拉斯波尔。全国知名的厂家有铸造机厂、电器厂、葡萄酒厂和成衣厂。基洛夫工厂生产的流水线设备和金刚石磨床闻名国内外，电机联合企业生产的安全马达是名牌产品。该市建有苏联时期规模最大的葡萄酒厂和白兰地酒厂。在世界评酒赛中，它的产品荣获数十枚金、银奖牌。蒂拉斯波尔生产的电机和汽车配件供应全国。

根据 2004 年 11 月进行的人口普查数据，该市常住人口为 15.9 万人。人口增长促进了城市住宅建设，蒂拉斯波尔一批批住宅小区拔地而起。该市设有多所全日制学校、音乐学校、体育学校和技校。每 4 个居民中就有一名大学生或中专生。舍甫琴科师范大学是摩尔多瓦建的第一所高等学府，能容纳 8000 名学生就读。夏季是蒂拉斯波尔的旅游旺季，众多的浴场和良好的沙滩吸引着成千上万的游客。

德涅斯特罗夫斯克 1963 年建设摩尔多瓦国营地方发电站后形成的重要城镇。该电站是摩尔多瓦大型发电中心之一，摩尔多瓦的工业和民用电主要依靠该发电站输送。德涅斯特罗夫斯克还建有水泥厂、建筑安装中心和文化娱乐设施。

阿尔汉 摩尔多瓦重要的经济、交通和文化中心。市内有金属加工企业、机器制造企业、轻工企业和食品、烟草、木材加工企业。阿尔汉市的服装生产联合企业的产品受到消费者的欢迎。在苏联时期，该市罐头厂的年生产能力为 3600 万听。该市的主要出口产品是番茄酱、浓缩果汁、婴儿食品。现在，阿尔汉和意大利、土耳其等国家有贸易联系。阿尔汉生产的地毯以其精湛的工艺和精美的设计在国际市场上获得好评，拥有一定的消费群体。

三 建筑艺术

摩尔多瓦的建筑艺术大致可分为摩尔多瓦公国、比萨拉比亚、苏联、摩尔多瓦独立以后四个时期。在这四个时期中，摩尔多瓦的建筑艺术在保留本民族数百年以来的建筑传统的基础上，吸收了其他邻近民族的艺术表

现形式。

在摩尔多瓦境内可以找到乌克兰特利波里耶文化（从新石器时代至青铜器时代的文化）和色雷斯人文化（公元前9世纪~公元1世纪）的遗迹，以及切尔尼亚霍夫文化（公元2~4世纪）、斯拉夫部落（公元6世纪）遗址及斯拉夫风格（公元10~11世纪）城市土木和砖土防御工事。

从14世纪中叶开始，摩尔多瓦公国的建立推动了建筑业的蓬勃发展。在斯特凡大公统治时期，城市一般由城堡和修道院组成，城市四周建有城墙，土木结构的城堡改建为砖木结构。16世纪，索罗基和宾杰里建起了带有高大瞭望塔和拱门入口的城堡。这一时期的建筑艺术主要体现在教堂的建设方面。这时期，摩尔多瓦的斯卢伊、雅西、赫尔勒乌、多罗霍伊、皮亚特拉－尼亚姆茨宫廷教堂和普特纳修道院是具有"摩尔多瓦风格"的建筑艺术的代表。这些教堂一般分为三部分：入口、中央大厅和半圆形壁龛，或者是由三个半圆形壁龛形成三叶形建筑。

15~16世纪，教堂院墙内开始设立少量墓地，独特的"摩尔多瓦风格"建筑被改建成带圆鼓状屋顶的两层拱门。教堂的外部装饰着平面壁龛和拱弧带。18世纪的木结构教堂常常呈直角三角形，或者是圆锥形。14~15世纪的民居楼房一般是木结构，或者是用土坯盖成，砖木结构的民居出现稍晚。在奥尔格耶夫，至今仍保存着14~15世纪用砖石建造的拱顶遗迹。18世纪末，民居建筑中形成了山岳风格和村落风格，俄罗斯的古典建筑风格逐渐渗透到摩尔多瓦建筑中。15~18世纪，土耳其的统治者毁灭了摩尔多瓦的许多建筑，只有16~17世纪的洞穴修道院（建在萨哈尔涅和扎勃克）和教堂保留至今。

17世纪下半叶至18世纪初，摩尔多瓦建筑艺术进入发展的黄金时期。这一时期，摩尔多瓦修建了圣母升天大教堂和德米特里大教堂。同时，原来的木结构的教堂得到了很好的保护。18世纪以后，比萨拉比亚并入俄国以后，巴洛克建筑风格开始在摩尔多瓦流行，摩尔多瓦城市建筑接受了俄国巴洛克建筑风格的影响。这一时期的经典作品有：建筑师 A. И. 麦尔尼科夫设计的基希讷乌教堂；纪念卡古尔血战纪念碑，该纪念碑于1845年由建筑设计师 Ф. K. 鲍弗设计完成；1846年修建的齐加涅什蒂修道院。20 世纪初，各城市中兴建起一批花园别墅，其中不少具有很高的建筑艺术水平。

　　在罗马尼亚统治时期（20 世纪 20～30 年代），比萨拉比亚建起了一批具有现代风格的别墅。摩尔多瓦的建筑艺术开始转向世俗化。

　　在摩尔达维亚苏维埃社会主义自治共和国时期，城市建筑基本体现了古典建筑风格。第二次世界大战期间，城市建筑被严重破坏。在战后恢复建设时期，城市布局基本按工业企业、社会文化机构、城市公共设施的发展需求进行规划。市内开始建设高层住宅，并广泛采用大理石建材。在 20 世纪 40 年代和 50 年代上半期，古典主义建筑风格中融入了陶艺、石雕等民族艺术的表现手法，摩尔多瓦的建筑造型更加丰富多彩。从 1955 年开始，城郊开始建设住宅小区，住宅大多用花岗岩和钢筋水泥建造。从 1960 年开始，建筑设计开始注重外部修饰的曲线美。农村中的传统砖木结构的三层民居逐渐被现代化的二层楼房替代。这一时期，摩尔多瓦政府建设了一批市政大楼和城市公共设施，其中包括政府大楼（1964 年）、国家宫（1978 年）、国家大剧院（1980 年）、友谊宫（1984 年）等。

　　摩尔多瓦独立以后，建筑业因各种原因一度停滞，但随着近年修复修道院、教堂、历史遗址等项目的开展，建筑业再次复兴。近几年新建了贸易中心、体育馆，扩建了街道，并对一些纪念碑进行了整修。摩尔多瓦建筑师联盟于 1945 年在基希讷乌成立。

第二章

历　史

摩尔多瓦经历了人类历史文明进程的各个阶段，虽然多次遭受外族侵略，但顽强地生存至今，摩尔多瓦人民书写了可歌可泣的历史长卷。

第一节　上古简史

摩尔多瓦的上古历史主要包括旧石器时代、中石器时代、新石器时代、青铜器时代。这一时期，摩尔多瓦人的祖先色雷斯人的部落从兴盛走向衰落，原始社会开始解体。

一　旧石器时代和中石器时代

在摩尔多瓦境内，人类活动的踪迹可以追溯到旧石器时代初期。在德涅斯特河中游和普鲁特河流域，考古学家均发现了人类早期（大约30万年前）活动的遗迹。考古学家在摩尔多瓦北部和普鲁特河附近发现了用石片制成的工具。雷什坎区的杜鲁尤托雷遗址、雷布尼察区的维赫瓦京齐遗址、格洛江斯克遗址的发现均说明，森林苔原地区的古人类已经知道利用动物的洞穴来保护自己。在德涅斯特石器时代中期（大约10万年~4万年前）的村落遗址中，考古学家发现了建在平原上的居所和用兽骨制成的工具。这一时期，人类已经掌握了人工取火的方法，并学会用火取暖和加工食品，开始告别洞穴生活。根据村落遗址中保留下的兽骨种类，可以断定摩尔多瓦境内的人类主要以猎捕野马、长毛犀牛、鹿、狐狸、熊等动物为生，同时也采集一些植物果实。该地区的渔猎活动开始得稍晚。这时期的古人类已经学会制作和使用一些石制和木制的工具从事日常的生产活动。到旧石器时代中期，石制劳动工具已发展到相当成熟的水平。考古学家在摩尔多瓦叶大涅茨区的布兹杜扎纳村、特林克村、勃雷恩泽纳村，卡缅区的拉什科沃村和雷什坎区的科斯捷什塔村的遗址中均发现了各种石制工具，如尖刃石器、燧石刮刀、石片、石制刮削器、石斧、石针等。

在旧石器时代中期，人们开始形成更密切的劳动合作关系和生活群体，逐渐向具有血缘关系的母系氏族社会过渡。在摩尔多瓦列乌特河边（弗洛列什区的丘图列什塔村），考古学家发现了由数十个篝火、石砌的炉灶、许多燧石工具和兽骨组成的旧石器时代后期的氏族部落遗址。这一时期，各个氏族部落之间已建立了经常性的交往，并由此产生了土著文化。

大约在旧石器时代和新石器时代交替之际，德涅斯特河 – 喀尔巴阡山地区的气候开始变暖，许多大型的耐寒动物开始向北方迁移。摩尔多瓦境内的野兽减少，人们开始捕猎小动物，并发明了弓箭。由于每次捕到的动物较少，无法满足许多人的需要，早期具有血缘关系的氏族部落开始分化为以婚姻关系为基础的群体。同时，具有血缘关系的各个群体仍然保持着密切的交往。

二 新石器时代

大约在公元前 6000 年～前 4000 年时，德涅斯特河 – 喀尔巴阡山地区处于新石器时代。在新石器时代，德涅斯特河 – 喀尔巴阡山地区的气候和现在的气候已相差无几。人们一般在河边林地开垦土地、狩猎、捕鱼，学会了驯养野兽和种植农作物。位于德涅斯特河沿岸的索罗基市保存有该时期人类活动的遗迹。

在数千年的生产活动中，人们从采集植物果实、狩猎、捕鱼的实践活动中学会了栽培作物和驯化动物，掌握了原始的农耕业和畜牧业，从而由食物的采集者转变为食物的生产者。这一时期，小麦、大麦和黍麦的种植技术已从巴尔干地区传入德涅斯特河 – 喀尔巴阡山地区，在德涅斯特河沿岸形成了布戈 – 德涅斯特罗夫斯克新石器时代文化，在普鲁特河以西地区形成与布戈文化发展水平相当的克里什文化。大约在公元前 5000 年下半期，中欧地区绘有线条图案的陶器传入了布戈和克里什部落。这些文化交流为迎接青铜器时代的到来奠定了基础。在从新石器时代向青铜器时代的过渡时期，大约在公元前 4000 年～前 3000 年，起源于乌克兰特利波里耶村的母权制氏族公社文化在喀尔巴阡山地区广泛传播。在德涅斯特河和普鲁特河之间的地域，考古学家发现了特利波里耶文化遗址。当时，每个村落的面积约为 10～12 公顷，由几十间或者上百间房屋组成。数个氏族村落联合成规模更大的部落组织。特利波里耶人的主要劳动工具仍然由石头、兽角、骨头和木材制成。人们运用刀耕火种的方法获取更多的耕地，开垦出的土地大多用于种植小麦、燕麦、黍麦、大麦、豌豆和大豆。锄头是主要的生产工具。除了从事耕种以外，人们开始圈养牛、羊。种植业和畜牧业逐渐代替了狩猎、捕鱼和采摘。特利波里耶人可以制作出造型优美、图案丰富的陶制器皿。特利波里耶文化是摩尔多瓦最古老的农业文明。与此同时，起源于罗马尼亚的古梅尔尼察文化在摩尔多瓦南方具有一定的影响。

三 青铜器时代

在公元前 3000 年～前 2000 年，德涅斯特河－喀尔巴阡山地区处于青铜器时代。在公元前 3000 年末期，欧洲的游牧民族大量涌入德涅斯特河－喀尔巴阡山地区，并和土著居民交往密切，从而形成了新的农牧民族文化部落——诺瓦，这种文化形态主要存在于德涅斯特河和普鲁特河之间的北部地区。在两河之间的南部地区以萨巴季诺夫卡文化为主。

在青铜器时代，德涅斯特河－喀尔巴阡山地区的主要经济成就是形成了喀尔巴阡青铜冶炼中心。在它的影响下，金属制品在居民中获得广泛使用，居民日常生活中使用的青铜制品有斧子、刀具、镰刀、器皿和乐器，还有一些青铜装饰品。在摩尔多瓦勃里昌区、索罗基、叶大涅茨区均出土过大量的青铜制品，而且以兵器居多。这一时期，居住在欧洲东南部的色雷斯人，即摩尔多瓦人的远古直系祖先形成了以农业、畜牧业和冶炼业为主要经济活动的哈尔希塔特文化。古老的色雷斯文化逐渐在德涅斯特河－喀尔巴阡山地区占据优势地位。

四 原始社会解体时的色雷斯人

摩尔多瓦人的祖先色雷斯人是欧洲东南部最古老的一个民族。在公元前 900 年～前 700 年时，德涅斯特河－喀尔巴阡山地区的色雷斯人开始在经济活动中使用铁器，并逐渐取代了青铜器。最初，古色雷斯人的居留地周围不设防护栏，住宅一般是面积为 70～80 平方米的土屋。约在公元前 600 年～前 500 年时，色雷斯人开始建造土木结构的围墙来保护本部落居民的居住安全。色雷斯人的主要经济活动是种植作物和畜牧。散居在多瑙河以北至喀尔巴阡山支脉一带的古代北色雷斯部落集团由哥特人部落和达契亚人部落组成，达契亚人和哥特人操同样的语言。史学家们认为达契亚人和哥特人实际上是同一宗。他们以从事农业经济为主，广泛养猪、马、羊、牛。达契亚－哥特人是拉铁尼文化的创造者和代表，他们和黑海沿岸的希腊城邦保持着密切的贸易往来。活跃的贸易活动给色雷斯人带来了财富，也带来了希腊文明。希腊先进的生产技术和文化成就对色雷斯人的生活产生了重大的影响。色雷斯社会中出现了专业手工业者，如独立制陶人等，希腊人使用的石料、砖等建筑材料在色雷斯人的建筑中被广泛采用。在公元前 400 年～前 300 年，希腊货币开始在德涅斯特河－喀尔巴阡山地区的集市上流通。

公元前 100 年～公元 2 世纪时，北色雷斯部落进入全盛时期，他们在农业生产中广泛使用铁制工具，实行土地翻耕法，手工业早已发展为独立的经济部门，铜、铁、金、银的冶炼加工趋于专业化，马匹是色雷斯人的日常交通工具。北色雷斯人的社会组织形式在喀尔巴阡山－多瑙河地区占主导地位。

这时，北色雷斯人的部落里还没有出现明显的阶级社会特征。虽然部落的大部分物质财富、氏族和部落的权力已经集中在氏族部落的首领手中，而且绝大部分人必须服从选举产生的部落首领的意志，但是部落内尚未形成一个被剥削的奴隶群体。公元前 70 年，哥特部落酋长布雷比斯塔完成了哥特部落和达契亚部落的统一大业，并在喀尔巴阡山－多瑙河地区建立起第一个奴隶社会。布雷比斯塔是达契亚国第一个知名的国王。他于公元前 82 年即位，统治至公元前 44 年。布雷比斯塔的统治区从喀尔巴阡山扩张到黑海沿岸。后来，布雷比斯塔在上层的争权夺利中被部落首领阴谋杀害，北色雷斯部落随之走向衰落。

第二节　中古简史

公元 2 ~ 18 世纪，摩尔多瓦人先后与罗马人和斯拉夫人融合，建立了摩尔多瓦公国，顽强地反抗外族侵略，这是摩尔多瓦历史上最为波澜壮阔的历史阶段。

一　摩尔多瓦人的起源

摩尔多瓦人的前身——瓦洛赫人是由罗马人和斯拉夫人混血形成的民族。"瓦洛赫"一词来源于日耳曼语，是日耳曼人对具有罗马血统诸民族的统称。公元 2 世纪初（公元 101 ~ 105 年），罗马军队在罗马皇帝图拉真的统率下来到多瑙河下游地区，并且占领了这块盛产葡萄、谷物、羊毛、蜂蜜和兽皮的属于达契亚人的土地。罗马人在所占领土上建立起罗马达契亚省和下美西亚省。罗马帝国统治达契亚达 170 年之久。在这期间，罗马移民像潮水般涌进达契亚。他们带来了罗马帝国的奴隶制度，也带来了罗马人的风俗习惯、拉丁文字和文化。

达契亚省和下美西亚省的居民，包括哥特 - 达契亚人在先进的罗马物质文明和生活方式的影响下很快罗马化。罗马人的政治、经济、生活方式在达契亚省和下美西亚省广泛传播，并占据了主导地位。当地居民学会使用拉丁语和拉丁文字，接受了罗马风俗习惯和宗教信仰，在农业生产中推广使用罗马人的农耕工具，并向罗马人学习在城市之间修建公路。

在罗马帝国统治时期，罗马帝国的许多退役军人和居民大量迁移到达契亚省，他们和当地居民相互融合，逐渐形成了操民间拉丁语的达契亚 - 罗马人，亦称东罗马人。公元 2 ~ 3 世纪，拉丁语已不仅是达契亚省的正式官方语言，而且被当地居民当作日常交往的通用语言。公元 3 世纪，罗马帝国衰落。罗马奥列里亚努斯皇帝（270 ~ 275 年）下令罗马军队和行政机构撤离达契亚省。但是，大量罗马居民仍然留在当地。

公元6世纪，斯拉夫人从中欧和东欧经罗马统治区喀尔巴阡山－多瑙河地区向巴尔干迁移。在迁移途中，部分斯拉夫人定居在罗马统治区内。斯拉夫人和罗马化居民和睦相处，并不断地经过通婚与抵抗共同的敌人而与当地的土著居民融合。在现今的摩尔多瓦版图内，考古学家发掘了大约100个斯拉夫人的居住遗址。这些遗址主要分布在普鲁特河－德涅斯特河北部和中部的森林草原地区。德涅斯特河沿岸的斯拉夫人主要从事农业和畜牧业。9世纪末，该地区形成了具有自身社会经济制度和语言特征的民族文化团体——瓦洛赫。瓦洛赫人的语言属于罗曼语系，但在语音和词汇上借用了许多古斯拉夫语的发音和词汇。关于瓦洛赫人最早的文字记载可以在摩尔多瓦著名的古代历史著作《往年记事》中找到。瓦洛赫人居住在欧洲东南部——从喀尔巴阡山北部山口到南部的埃皮尔和费萨利亚的广阔地区内。这也正是当地居民偏重于畜牧业的主要原因。瓦洛赫人主要从事养羊业，种植业只是副业。瓦洛赫人的社会中保留着大族长制家庭和氏族关系。大约在10世纪，早期封建关系随着生产力的发展在瓦洛赫人中产生。

二 摩尔多瓦人和摩尔多瓦公国的建立

13世纪末，德涅斯特河－喀尔巴阡山地区的居民人数大幅度增加，一方面是因为自然人口增加较快，另一方面是因为各地居民向该地区迁移。瓦洛赫人的大量迁入是喀尔巴阡山北部和东部人口增加的主要原因。早在蒙古鞑靼人入侵之前的12世纪，瓦洛赫人就开始迁入喀尔巴阡山以东地区，这一行动持续到14世纪初。瓦洛赫人为逃避匈牙利王国的社会、民族和宗教压迫，从并入匈牙利王国的部分喀尔巴阡山地区向德涅斯特河－喀尔巴阡山地区迁移，使该地区已有的东罗马文化特征进一步强化。移民活动没有受到金帐汗王国和匈牙利王国的干扰，到14世纪中叶，喀尔巴阡山以东地区基本上被瓦洛赫人占据。在德涅斯特河－喀尔巴阡山地区大约建有800个居民点。这里的地理环境非常有利于林区畜牧业的发展，成为中世纪人口稠密的地区之一。

　　瓦洛赫人喜爱在林间坡地定居。这种地形有利于发展养殖业，但不利于种植业的发展。瓦洛赫人为解决对农产品的需求问题，和居住在该地区的东斯拉夫人保持着友好密切的贸易往来。12～14世纪，居住在喀尔巴阡山以东地区的瓦洛赫居民是形成摩尔多瓦民族的主体。瓦洛赫人迁居到人口密度小的新地区以后，基本上处于自然经济状态，政治条件也不同于留在喀尔巴阡山－多瑙河居住区的瓦洛赫人。这些新的条件，加上和东斯拉夫人的交往孕育发展出不同于传统瓦洛赫人的民族特征。新的地理条件和自然气候首先决定了这些居民的经济活动方式。畜牧业仍然是经济生活的主导，但是由于这里的瓦洛赫人大多居住在森林区，所以他们主要从事森林放牧业，种植业在经济生活中的比重很小。传统瓦洛赫人从事以牧羊为主的畜牧业，而德涅斯特河－喀尔巴阡山地区的瓦洛赫人偏爱用林中空地来饲养大型角类牲畜。经济生产方式的差异形成了新的文化。

　　在摩尔多瓦民族形成过程中，瓦洛赫人与古罗斯民族的融合起着重要的作用。在这一过程中，大部分斯拉夫人被瓦洛赫人同化。两个民族的交往最先开始于摩尔多瓦人的发源地——德涅斯特河－喀尔巴阡山的西北部。两个民族的密切交往创造出了一种新的通用语言，继而在这片土地上形成了摩尔多瓦人民的物质和精神文明，出现了新型的民居和极具特色的陶器。民居大多是用原木做墙的正三角形的土窑，在房屋的正面建有避风雨的回廊。民居室内布置的突出特点是摆放着一个用黏土砌成的直角三角形或者是椭圆形的炉子。另外，在民族服饰、音乐、婚礼、信仰、节日等诸多方面均出现了新的特点。

　　摩尔多瓦人的称谓来源于季列塔河的支流摩尔多瓦河，这里亦是摩尔多瓦公国的发祥地。关于基辅罗斯时期的史料中，曾提到一个位于连接多瑙河诸城与加利奇城商路上的一个政治形态。这里所说的政治形态即是摩尔多瓦公国的前身。公元9世纪，摩尔多瓦并入第一保加利亚王国。12～13世纪，摩尔多瓦成为基辅罗斯的一个组成部分。1241年该地区陷入鞑靼人的统治之下，成为金帐汗国的属地达百年之久。在反对金帐汗国统治的斗争中，喀尔巴阡山东部摩尔多瓦河各地区形成了一个规模不大的政治军事组织——总督辖区，其总督为奥拉哈公爵，摩尔多瓦公国初具规模。

在 1360 年的史料中上述地区已被称作"摩尔多瓦的土地",1402 年前的
史料中已使用"摩尔多瓦居民"这个概念。同时,瓦洛赫人的称谓仍然
沿用了很长一段时间,后来逐渐被新的民族称谓"摩尔多瓦人"代替。

14 世纪 40 年代,匈牙利王国军队赶走了鞑靼人以后,占领了喀尔巴
阡山东部,摩尔多瓦沦为匈牙利国王的封建统治领地。最初的领地区域包
括喀尔巴阡山东坡和与其毗连的苏恰瓦和比特里查的北部和南部地区。这
里是喀尔巴阡山东部人口最稠密的地区,摩尔多瓦处于该地区的中心。摩
尔多瓦对匈牙利的依附关系存续了不到 15 年。当地居民对匈牙利王国的
奴役政策极为不满,多次起义反抗匈牙利的统治。1359 年,该地区人民
在本民族军事统领博格丹的领导下摆脱了匈牙利封建主的统治,建立起独
立的摩尔多瓦公国。摩尔多瓦公国的版图包括德涅斯特河与普鲁特河之间
的地区、布哥维纳和现今罗马尼亚的东北部。与此同时,摩尔多瓦公国内
的封建关系开始形成。

三　摩尔多瓦公国经济与社会概况

摩尔多瓦公国的自然地理条件和气候条件适合居民生息并发展畜牧业
和种植业。优越的自然条件促进了当地人口的增长。摩尔多瓦是 15 世纪
东欧人口稠密的地区之一。根据历史文献记载,15 世纪摩尔多瓦全国有
1700 个村落,其中有 1112 个在当时的摩尔多瓦地图上标出。全国人口约
为 21.5 万人。

经济　农业是摩尔多瓦经济的基础。从 14 世纪开始,摩尔多瓦已形
成了以畜牧业为主、种植业为辅的农业结构框架。畜牧业产品不仅满足了
国内居民的生活需要,而且是国家出口的主要产品。这一时期,摩尔多瓦
的葡萄种植和葡萄酒酿造业已相当发达,其产品远销四方。养蜂业和渔业
是农业经济中的主要部门,同时是国家和教会增加收入的重要渠道。在国
内贸易集市上,鱼的销量一直很好,这同时促进了渔业的发展。村社是最
基层的生产单位,所有的耕地、树林、草场、牧场等均属村社所有。

14 世纪下半叶,摩尔多瓦经济快速发展,加速了农村和城市中的社
会劳动分工进程。手工业的劳动工具不断完善,提高了手工制品的工艺水

平，出现了新的手工业行业，奠定了城市生产的基础。摩尔多瓦公国的城镇经济形成于 14 世纪下半叶。在历史文献中可查到这一时期的主要城市有：别尔哥罗德、雅西、罗马诺夫托尔特、涅麦奇、苏恰瓦、季列塔、勃伊亚、霍亭。摩尔多瓦的城市四周一般不设防护城墙，只有少数城市在城郊修建石砌的城堡。每一座城市均设立了摩尔多瓦独有的霍塔尔，即市区居民住宅区内保留的耕地，市民仍然可以从事农业生产。这种半农业化的城市存在了相当长一段时间。这一时期，城市中的手工业分工已初具规模，形成了金属加工、武器制造、皮毛加工、纺织、建筑、手工艺品制作和食品加工等数十个部门。摩尔多瓦城市手工业发展迅速，但是手工业产品仍不能满足国内需求，一些手工业产品还要依赖进口。15 世纪，摩尔多瓦城乡之间的贸易活跃，城市既是手工业中心，又是贸易中心，城市中定期开办集市。

彼得·穆沙特大公执政时期（1368 年），摩尔多瓦发行了本国的第一批钱币——格罗希。在当时的自然经济条件下，易货贸易仍占很大比重。15 ~ 16 世纪，摩尔多瓦市场上还流通捷克、匈牙利、土耳其、意大利、波兰、立陶宛等国货币。摩尔多瓦公国位于国际贸易通道的交叉点，"摩尔多瓦之路"曾是连接东西方贸易的重要环节之一。这条贸易通道东起中东，经别尔哥罗德、基利亚、过摩尔多瓦到利沃夫，然后到达西欧。通往特兰西瓦尼亚、匈牙利等中欧国家的商路必须途经摩尔多瓦的苏恰瓦。有这么多条商路经过摩尔多瓦，摩尔多瓦自然成为国际贸易的货物中转站。摩尔多瓦公国中有相当一部分居民从事外贸活动。摩尔多瓦的城市里出现了从事对外贸易的商人阶层，他们在波兰、乌克兰、特兰西瓦尼亚、里海沿岸地区、土耳其、东地中海，专门从事贸易活动。贸易在国家经济生活中的地位日益提高。

社会结构 摩尔多瓦公国成立时，国内封建关系尚处于萌芽状态，公国的绝大部分土地是摩尔多瓦大公的领地。15 世纪上半叶，许多土地被封赏给贵族和教会以后，大公的领地面积逐渐缩小。15 世纪下半叶，全国 80% 的土地已属于封建地产，土地集中在少数人手里。全国 50% 的封建地产土地集中在 100 个大地主手里，同时全国 1000 多个小地主（各占有 1 个村社）只占有封建地产土地面积的 19%，约 300 个中地主（各占有 2~3 个村社）占有封建地产土地面积的 31%。摩尔多瓦的地主享有广泛支配个人土地的权利。土地权可以由子女和其他亲属继承，也可以赠予，或者转让给他人。

15 世纪，国家所有的土地还不到全国土地面积的 5%，而且大多是林地和山地。这一时期，封建制度基本形成。摩尔多瓦的统治阶级由大地主和教会上层人士组成。大地主主要来自两部分人，一部分是世袭领地的继承人，另一部分是得到大公封赏土地的新生地主。摩尔多瓦的封建地主等级为：大公、地主、农民。地主均由大公亲自加封。摩尔多瓦的地主是庄园和村子的主人，享有广泛的社会政治特权，有权向本庄园或本村农民征税；可以强迫村民进行若干天无偿劳动；拥有自己的武装。15 世纪，摩尔多瓦公国有地主 1500~2000 人，农民约 20 万人。

摩尔多瓦的农民分为依附农和自由农。依附农中又分为农奴、佃农、贫农和奴隶。农奴拥有自己的土地和家畜，并对土地拥有世袭占有权，对家畜和农具拥有完全所有权。佃农和贫农没有土地和家畜。奴隶是在封建地主家里从事佣作劳动的人。奴隶是摩尔多瓦社会中最卑微的阶层。他们没有任何权利，可以同其他动产和不动产一起出卖、交换和赠送。随着封建关系的确立，原来的公社贵族的社会作用已大为削弱。这部分人或是变为世袭领地主，或是沦落为贫民。同时，社会中形成了一个地主特权阶层。地主特权阶层的人员主要是地主和宗教界的上层人士，这部分人免予纳税。这一时期，现役军人也免予纳税，农民和市民属于纳税阶层。

国家管理体制　摩尔多瓦作为封建制国家，封建地主和僧侣上层居于国家统治地位。国家实行君主世袭制。大公是国家首脑和军队的统帅，其权力至高无上。大公和由大地主组成的"御前会议"共同商讨国家大事。有时，"御前会议"的意见起决定性作用。

"御前会议"设专职大臣。他们是：御前大臣，主管宫廷事务并统辖宫廷禁军，并可代君主主事；掌玺大臣，主管起草与加印颁发御前会议决议等文牍事务；度支大臣，管理国库和国家收支；监军，在庆典时执掌作为大公权力象征的御剑；御膳房总管和祝酒使，负责宫廷供应与君主膳食；苏恰瓦司阁，负责国都安全的城防司令。

摩尔多瓦公国的行政区划为"府"。16世纪，全国分为24个府。每个府的知府由大公任命。知府属国家高级官员，也是"御前会议"的成员，他们主持地方行政司法机构的工作。知府只是一种职务，没有大公的土地封赏。他们的收入来自百姓缴纳的税。国家的日常治理工作由大公和"御前会议"完成。如果要解决一些重大问题，如战争与和平的问题、批准国际条约、继位、赋税、社会问题等须召开由全国统治阶级代表参加的国家议会，与会者包括全国大小地主代表、僧侣代表、军队代表和全体贵族。有关摩尔多瓦国家议会的记载于1441年首次见诸史料。摩尔多瓦公国的社会关系由约定俗成的道德规范制约，公国没有书面的法典。对于破坏封建土地所有制的人轻则罚款，重则体罚或没收全部财产，甚至被处以极刑。

军队　15世纪，摩尔多瓦公国已是本地区的军事强国，曾多次打败异族的侵略。摩尔多瓦公国的军队由大公的御军、封建地主及地方官吏的"旗"组成，被称作"小部队"，人数约1万人。在战争期间，国家征召许多农民和市民入伍，并由大公统领，这支部队被称为"大部队"，也就是能拿起武器的全体国民。这样，摩尔多瓦公国的部队人数可达到4万人。一般来说，地主和贵族参加骑兵，以剑、矛和盾为武器。农民参加步兵，装备很差，使用斧子等农具作为武器。

摩尔多瓦进行的战争以防御战为主，所以边境城堡在战争中起着十分重要的作用。摩尔多瓦的边境城堡规模不大，但十分坚固，墙的厚度可达5米。在15世纪，这些城堡很难被敌军攻破，如苏恰瓦城堡有效地抵挡了土耳其军队（1485年）和波兰军队（1497年）的进攻。

四　抵御异族侵略的斗争

13世纪中叶，摩尔多瓦人的发源地德涅斯特河–喀尔巴阡山地区被金帐汗国占领。14世纪40年代，鞑靼人的地位削弱以后，匈牙利王国又侵占东喀尔巴阡山地区。直到1359年，摩尔多瓦独立以后，匈牙利的封建主们仍然试图恢复在该地区的统治地位，但是这一梦想一直未能实现。

14世纪上半叶，摩尔多瓦公国处于一个良好的国际环境之中。摩尔多瓦最危险的邻居金帐汗国已走向衰败，波匈帝国还无力攻占摩尔多瓦，摩尔多瓦南部的瓦拉几亚公国陷于国内事务无法自拔，不能对摩尔多瓦公国构成真正的威胁。但摩尔多瓦公国仍然是个小国，在国际关系中需要强有力的同盟国。1387年，彼得·穆沙特大公同意充当波兰的附属国，作为交换条件，波兰对摩尔多瓦公国提供保护。摩尔多瓦公国和波兰的附属关系持续了近100年。

1400年，善人亚历山德鲁在罗马尼亚君主米尔恰的支持下登上王位。善人亚历山德鲁执政以后，在国内建立起强大的中央集权制，在外部，首先解决了摩尔多瓦东正教会与拜占庭之间因任命摩尔多瓦教区主教一事引起的冲突。他说服君士坦丁堡教长承认摩尔多瓦人约瑟夫为摩尔多瓦教区主教。同时，他利用联姻，在不损害本国独立和主权的前提条件下，获得波兰的保护承诺。与邻国确定了边界走向，建立起稳固的边境防务。摩尔多瓦进入鼎盛时期。在亚历山德鲁王朝结束（1431年12月30日）时，他留给后人一个南至多瑙河和黑海、北到波库齐亚，受到邻国尊重的独立国家。

善人亚历山德鲁去世以后，他的两个儿子争权导致国家分裂，两人各占半壁江山。摩尔多瓦公国陷入了封建割据战争之中，内战持续了近25年。在这期间，摩尔多瓦先后有11个君王亲政。内战破坏了社会生产秩序，国力大减。内忧招来外患，波兰、匈牙利、瓦拉几亚等邻国纷纷插手摩尔多瓦事务。土耳其的军队推进到摩尔多瓦公国的南部边境，以瓦拉几亚为基地征讨摩尔多瓦。最终，摩尔多瓦的昏庸君主彼得·阿隆及贵族阶层同意成为土耳其苏丹的附庸。从1456年开始，摩尔多瓦公国每年向土耳其苏丹交纳2000枚金币。

1457年，斯特凡受命于国难之际，登上王位。他是中世纪摩尔多瓦大公中继善人亚历山德鲁之后最强有力的执政者。他巧妙地平息了大地主们的独立要求，牢固地掌握了政治、经济和军事权力。这是他能够成功抗击外国侵略的条件之一。在斯特凡大公执政时期，摩尔多瓦的外部环境十分恶劣。南方，奥斯曼军队压境；西方，匈牙利的威胁不断增强；东方，克里米亚汗国的偷袭活动持续不断；北方，波兰王国觊觎摩尔多瓦的土地。波兰曾不止一次地与匈牙利就瓜分摩尔多瓦进行谈判。在这样复杂的国际环境下，摩尔多瓦需要强大的军事力量和牢固的权力中心来维护本国的独立。

斯特凡大公执政后的当务之急是组建军队。在他的亲自参与下，摩尔多瓦全国组建起御军（约 1000 名勇士）、禁兵（由全国各地的中小地主组成，约 3000 人）、骑兵（3000～4000 人）和非正规骑兵（约 3 万人）、农民步兵（1 万～2 万人）。斯特凡大公亲自为部队购置武器。1467 年，斯特凡大公成功地率军击退了匈牙利军队的进攻，并展开了漫长而艰苦卓绝的反抗土耳其侵略的战争。这期间，奥斯曼帝国正处于强盛时期，极欲占领多瑙河流域。摩尔多瓦反抗土耳其侵略的战争持续了近 15 年。双方爆发战争的导火索是斯特凡大公拒绝向苏丹进贡，拒绝把摩尔多瓦边境要塞别尔哥罗德和基利亚划给土耳其管辖。1474 年深秋，由 12 万人组成的土耳其大军入侵摩尔多瓦。特斯凡大公不顾国内贵族的反对，动员农民入伍，集结约 4 万人的"大军队"去应战。在两军力量悬殊的情况下，斯特凡大公运用自己的军事才智，依靠军队的高昂士气英勇抗敌。1475 年 1 月 10 日，摩尔多瓦和土耳其在瓦斯卢伊展开决战。这里的地形不利于大规模土耳其军队展开运动，摩尔多瓦大公派一支小部队潜入敌后，点燃进攻信号，土军以为陷入摩尔多瓦军队的包围圈，内部大乱，仓皇逃跑，摩尔多瓦取得了决定性的胜利。摩尔多瓦取得的军事胜利在欧洲反异族侵略史上留下了光辉的一页。但是，战争并没有因此而完结，国家仍未摆脱受奴役的威胁。斯特凡大公寻求国际援助，并警告欧洲，土耳其军队已对许多欧洲国家构成直接的威胁。斯特凡大公的国际求助活动无果而终。

同时，土耳其军队准备新的征战活动。1475 年，土耳其舰队占领克里米亚城市卡弗富和曼戈普。克里米亚汗国归顺土耳其苏丹，并配合土耳其军队从东部进攻摩尔多瓦。在这种情况下，摩尔多瓦大公被迫宣誓效忠匈牙利国王，和匈牙利结成反对土耳其的联盟。1476 年穆罕默德二世亲自统率土耳其军队进攻摩尔多瓦。这是一场持久消耗战。摩尔多瓦军队在斯特凡大公的领导下利用国内的有利地形，出其不意地攻击土耳其军队。

摩尔多瓦军队再次获胜。但是，斯特凡大公取得的军事胜利并没有阻止土耳其的进攻。

1484 年，土耳其部队和舰队联合行动，占领了摩尔多瓦的重要边塞城堡别尔哥罗德（白堡）和基利亚，从经济、政治和军事上削弱了摩尔多瓦的实力。这两个位于多瑙河和黑海的港口城堡每年给摩尔多瓦带来可观的收入。摩尔多瓦失去别尔哥罗德和基利亚意味着失去了出海口和屏障，军事防御能力大大下降，这里成为土耳其进攻摩尔多瓦的基地。土耳其苏丹曾称这两座城堡是打开波兰、俄国和鞑靼大门的钥匙。多瑙河已不再是天然屏障，土耳其军队可以在数天内到达摩尔多瓦的腹地。斯特凡大公为收复别尔哥罗德和基利亚做了多次努力，但均未成功。1485 年，土耳其军队占领了摩尔多瓦。曾允诺支持摩尔多瓦的匈牙利国王早在 1483 年就和土耳其苏丹签订和约，波兰与摩尔多瓦的关系也由于贸易通道的中断而趋于冷淡，1497 年波兰开始出兵摩尔多瓦，虽然波兰军队在科齐敏诺森林被摩尔多瓦军队击败，但摩尔多瓦公国陷入了孤立无援的境地。军事上的失利恶化了国内的政治局势。国内大地主本来就对大公征召农民入伍的决定不满，这时他们试图以军事失利为由，推举新的大公。虽然斯特凡大公挫败了政变阴谋，但也埋下了引发内战的种子。在这种情况下，大公改变了外交政策，于 1489 年和土耳其签订和约，同意每年向土耳其苏丹交纳 4000 枚杜卡特①，以保持摩尔多瓦的自由。1526 年以后，摩尔多瓦落入奥斯曼帝国的统治之下。

在长达 15 年的时间里，摩尔多瓦阻断了土耳其侵略军进入欧洲的道路。斯特凡大公称自己的国家是通向欧洲的大门，但是土耳其军队无法拥有这扇大门。1489 年摩尔多瓦与土耳其签订和约以后，斯特凡大公把更多的力量和精力投入到北方，关注摩尔多瓦与波兰边界的局势。

五　奥斯曼帝国统治下的摩尔多瓦

16 世纪初期，摩尔多瓦处于土耳其的统治之下，摩尔多瓦丧失独立

_____

① 古代威尼斯的金币，起源于拜占庭杜卡王朝。

长达 300 年之久。在奥斯曼帝国统治初期，摩尔多瓦与奥斯曼帝国的其他统治区不同，仍然拥有内部自治权。首先，土耳其人尊重摩尔多瓦的疆界；其次，尊重摩尔多瓦对君主的选择，苏丹只保留批准权；再次，苏丹不干涉摩尔多瓦的内政；最后，摩尔多瓦有权保护自己免受潜在的侵略。同时，摩尔多瓦必须承认奥斯曼帝廷的宗主权，必须履行所承担的经济和军事义务（支援土耳其人），不得同其他国家缔约。土耳其人用了 10 年的时间确立了在摩尔多瓦的统治权，其主要步骤是：首先发展和巩固两国间的赋税关系，然后形成强制性的从属关系。从藩属国方面来说，岁贡被认为是赎买和平的手段；从土耳其人方面来说，岁贡被看作藩属国全部土地的赋税。土耳其苏丹于 1538 年巡视摩尔多瓦，强迫摩尔多瓦大公建立由土耳其新军和骑兵组成的私人卫队，首都迁至无设防城市雅西。从 1711 年开始，摩尔多瓦大公需由苏丹任命。苏丹任命的摩尔多瓦大公或是希腊官吏，或是效忠于土耳其政府的人，与摩尔多瓦毫无关联。

摩尔多瓦从 1456 年开始向土耳其缴纳岁贡，岁贡数额不断增加。最初，摩尔多瓦每年向土耳其缴纳 2000 枚金币。1504 年以后，每年增加到 8000 枚金币；1541 年以后，每年增加到 12000 枚金币。16 世纪，向土耳其进贡最多的一年缴纳达 60000 枚金币。除此之外，摩尔多瓦还要定期向土耳其缴纳以谷物和牲畜为主的实物税。同时，按照土耳其的要求，摩尔多瓦的粮食只能以奥斯曼帝国规定的价格出售给土耳其商人。这期间，摩尔多瓦人民多次反抗土耳其侵略者的压迫。1490 年、1492 年、1514 年摩尔多瓦境内爆发了大规模反抗土耳其压迫的农民起义。

奥斯曼帝国统治下的经济　在奥斯曼帝国的统治下，摩尔多瓦国家政治、对外关系等诸多方面必须服从宗主国的意志，但其经济有相对宽松的发展空间。这一时期，农业经济一直在摩尔多瓦经济中占主导地位，种植业和畜牧业是农业经济中的两个主要经济部门。农民广泛种植的农作物有小麦、荞麦、豆类，牛、羊、马是最常见的家庭饲养牲畜。当时，摩尔多瓦的葡萄种植和葡萄酒酿造业已具有相当规模，全国形成数个葡萄酒生产中心，葡萄酒酿造业已发展成为一个独立的行业。这一时期，摩尔多瓦的葡萄酒生产以酿制白葡萄酒为主，红葡萄酒还不普及。养蜂业也是摩尔多瓦农民喜爱的重要经济行业。蜂产品除了供食用以外，也是摩尔多瓦家庭必备的日常生活用品。养蜂业主要集中在摩尔多瓦中部。除上述几个农业部门以外，果蔬种植已相当普及。在农家庭院中常见的果树有李子树、核桃树、苹果树、梨树、樱桃树、杏树、桃树等。蔬菜种植以白菜、葱、蒜、甜菜、芹菜、豌豆、青椒为主。与15世纪相比，捕鱼活动大大减少。

这一时期，摩尔多瓦全国的城市和城市居民的数量不断增加。1606年，全国有28座城市，到17世纪中叶全国已有32座城市。摩尔多瓦的城市一般是手工业中心和贸易中心，城市居民大多数从事手工业和贸易，基本上放弃了农业生产活动。与此同时，摩尔多瓦境内还形成数个规模较大的贸易集市，城乡居民可以定期到集市上出售自己生产的产品。16~17世纪，摩尔多瓦的对外贸易活动十分活跃。摩尔多瓦的主要出口产品有裘皮、皮革、肉、油脂、葡萄酒、咸鱼、蜂蜜、盐、烟草，主要进口产品是工艺品和工业产品。摩尔多瓦的产品（粮食除外）不仅销往邻国，而且销往波兰、普鲁士、德意志、意大利等国。从总体上看，摩尔多瓦的出口大于进口。但是，出口赚取的利润大部分进贡给土耳其。处于奥斯曼帝国奴役下的摩尔多瓦，遭受残酷剥削，经济遭到破坏。17世纪，摩尔多瓦经济全面下滑，农业连年减产，牲畜数量大幅度减少，城市经济也因此而衰败。

奥斯曼帝国统治下的改革政策　1749年4月6日，摩尔多瓦君主康斯坦丁·马申罗科尔达特下令进行土地所有制改革。这项改革的核心是废除农奴制和重新分配土地所有权。

第一，废除农奴制。摩尔多瓦1416年颁布的卢普《法典》禁止农民转换领主，从法律上确认了摩尔多瓦的农奴制度。1749年4月6日摩尔多瓦宣布废除农奴制以后，农奴不再是庄园主的奴隶，庄园主无权买卖和赠送农奴，无权禁止农奴迁移。为照顾庄园主的利益，法律规定农奴只有向庄园主缴纳10个银币的赎身费（不得以份地抵押）以后，才可以得到迁移权。同时，农民必须每年为地主和寺院服12天的徭役。但是，由于许多农户一贫如洗，只能居住在属于庄园主的土地上。因此，这项法令并没有得到贯彻执行。

第二，土地所有制改革。摩尔多瓦大公颁布的法令规定，凡是家中没有现役军人的地主必须无偿交出部分土地，这些土地将分配给现役军官。摩尔多瓦统治者打算通过重新划分土地所有权和培养一批中、小土地占有者来变革大地主世袭领地制度。在 15 世纪，全国 400 个大、中地主占有全国 81% 的土地，1035 个小地主仅拥有全国土地的 19%。进行土地所有制改革以后，小地主已拥有全国土地面积的 55%，大、中地主手中的土地从占全国土地面积的 81% 减至 45%。这样就产生了一大批小世袭领地主，削弱了大世袭领地主的势力，同时培养出一代现役军官阶层。从 15 世纪末到 16 世纪，现役军官从 2000 人增加到 9000 人。

在 15 世纪下半叶至 1572 年间，摩尔多瓦还实行过大公土地所有制。大公可以赎买已分割的世袭领地，也可以没收一些犯罪贵族名下的土地。这项政策实施以后，大公拥有的土地量从占全国土地面积的 6% 增长到 11%。旧有的大地主世袭领地制度改革以后，摩尔多瓦全国出现了很多小地主庄园。这些小地主庄园的生存能力很弱，很快被大地主庄园吞并。1571～1625 年，大约有 80 个大地主庄园吞并掉 900 个小地主庄园。

从 16 世纪末到 18 世纪上半叶，摩尔多瓦的封建形式发生了变化。以私人封建领地所有制关系为主的封建关系转变为国家封建土地所有制关系占优势的封建关系。在这一转变过程中，国家没有消灭私人封建土地关系，只是通过征收高额地租来限制私人封建土地关系的发展。地方官吏利用收租残酷盘剥农民和小地主，他们积聚很多货币去收购小地主的土地。土地又逐渐集中到少数官吏贵族的手中，这些官吏贵族演变为新的大世袭领主。到 17 世纪 20 年代，这部分人已拥有全国 70% 的土地。到 17 世纪下半叶，全国最大的 7 个世袭领主占有全国 1/3 的土地。

16 世纪末至 18 世纪初，官吏贵族开始直接购买宫廷所有的土地。摩尔多瓦大公每年需向土耳其上缴高额贡赋，几年下来财政上已捉襟见肘，不得不靠出让土地以补所需。17 世纪，宫廷所有的绝大部分乡村土地已基本卖给了大贵族。到 18 世纪上半叶，近一半的宫廷所有的城市土地出售给了官吏贵族和教会。

在奥斯曼帝国的统治下，摩尔多瓦人民遭受外国侵略者和地方封建主的双重压迫，摩尔多瓦统治阶层的权力日益缩小。16~17 世纪，波兰试图把摩尔多瓦置于本国的统治之下。为争夺摩尔多瓦，波兰与土耳其发生武装冲突。摩尔多瓦爆发了大规模的反对奥斯曼帝国统治的斗争。但是，双方实力相差悬殊，到 17 世纪末，摩尔多瓦仍然没有摆脱奥斯曼帝国的统治。

六　俄土战争与摩尔多瓦

比萨拉比亚并入俄国　18 世纪，欧洲的力量对比发生了变化。俄国在波尔塔瓦打败瑞典军队以后，逐渐确立起欧洲大国的地位。1710 年，摩尔多瓦大公借俄国和土耳其交战之机，与彼得大帝建立秘密联系，试图借俄国的力量摆脱土耳其的统治。1711 年 4 月，摩尔多瓦大公德米特里·坎捷米尔和俄国沙皇彼得一世在卢克缔结了反奥斯曼同盟条约。条约规定，摩尔多瓦公国和俄国在反奥斯曼战争中进行合作，摩尔多瓦在摆脱奥斯曼帝国的桎梏以后，臣服于俄国。俄国帮助摩尔多瓦收复位于德涅斯特河和布扎克之间的全部领土，保证其领土完整和不干涉其内政。1711 年 5 月 30 日，俄国军队进入摩尔多瓦。俄国和土耳其在摩尔多瓦境内斯塔尼列什特展开血战。此后，俄国和土耳其又先后于 1739 年和 1768 年在摩尔多瓦境内交战。1768 年 11 月 9 日，土耳其向俄国投降，被迫放弃在摩尔多瓦公国拥有的特权。1774 年，俄国和土耳其签订《库楚克 - 凯那尔吉和约》，其中规定：摩尔多瓦将大幅度减少向土耳其纳贡的数额；土耳其贵族不得向摩尔多瓦居民征收苛捐杂税；不得对俄土战争中支持俄方的摩尔多瓦居民进行报复。土耳其必须无条件返还从摩尔多瓦掠走的土地，不得以此为理由向摩尔多瓦居民征税；土耳其不得向摩尔多瓦追要战争期间拖欠的税款；土耳其必须允许所有愿意移居俄国的摩尔多瓦居民前往俄国；俄国驻土耳其的外交官有权保护摩尔多瓦居民。

俄土战争削弱了土耳其在摩尔多瓦的统治地位，俄土签订的《库楚克 - 凯那尔吉和约》减轻了土耳其对摩尔多瓦的政治和经济压迫，摩尔多瓦的经济生活逐渐步入正轨。当时，摩尔多瓦居民除居住在摩尔多瓦公国境内，还聚居在德涅斯特河与普鲁特河之间的南部地区，以及德涅斯特河左岸地区。德涅斯特河与普鲁特河两河之间的南部地区从 1484 年起处于奥斯曼土耳其的直接统治之下。土耳其从摩尔多瓦公国撤走以后，上述地区划归宾杰里府、霍亭府，德涅斯特河左岸下游地区划入奥恰克，由克里米亚鞑靼人管辖。根据俄国和土耳其 1791 年签订的《雅西和约》，德涅斯特河下游左岸地区并入俄国版图。雅克尔勒区以北的德涅斯特河左岸地区在第二次瓜分波兰以前属波兰勃拉兹拉省，1793 年并入沙俄，1796 年更名为波多尔。

上述地区的民族成分比较复杂，除摩尔多瓦人以外，还有乌克兰人、俄国人、亚美尼亚人、犹太人、保加利亚人等。摩尔多瓦居民主要居住在宾杰里、阿克尔曼、基利亚、霍亭等城市。16 世纪末至 17 世纪初，摩尔多瓦人就已开始向德涅斯特河左岸地区迁移，18 世纪中叶移民达到高潮。到 18 世纪 70 年代，德涅斯特河和布克河之间地区的长住居民已有 1.2 万~1.5 万人。该地区的居民主要从事农耕和畜牧业。

1806~1812 年，俄国和土耳其再次爆发战争，土耳其战败。俄国和土耳其签订了《布加勒斯特和约》。该和约规定，面积 4.5630 万平方公里，20 多万人的比萨拉比亚（指德涅斯特河与普鲁特河之间的地区。该地区从 1813 年起称为比萨拉比亚，在这之前，该地区被称为德涅斯特河与普鲁特河两河之间的南部地区），连同霍亭、伊兹梅尔、基利亚、宾杰里、阿克尔曼等要塞割让给俄国，俄国通过这次战争吞并了比萨拉比亚，并把它变成俄国的一个省，下辖 6 个县，后又改为 8 个县，即阿克尔曼、贝尔兹、宾杰里、卡古尔、基希讷乌、奥尔盖夫、索罗基和霍亭。

比萨拉比亚和德涅斯特河左岸地区均属农业地区，绝大多数居民是摩族人。农民分为数个等级，最主要的群体是居住在地主土地和修道院所属土地上的农奴。19 世纪 30 年代中期，比萨拉比亚的农奴有 47.65 万人，到 50 年代，大约有 60 万人。在国有土地上居住着自由农民、国外移民和多瑙河哥萨克。这部分人大约有 14 万人，50 年代达到 20.4 万人。农业人口中的特殊群体是居住在私有氏族土地上的奴隶，约占农业人口的 12%。

比萨拉比亚的行政设置和管理机构　比萨拉比亚并入俄国以后，在1812年开始按照俄国行政设置建立管理机构，实行俄国法律。1813年《比萨拉比亚临时管理规定》和1818年《建立比萨拉比亚州规章》两个文件，确定了比萨拉比亚行政体系特点，与俄国省级行政区划和等级机构制相比，比萨拉比亚的行政管理特点是设州政府、州最高议会、州法院，不设置乡一级机构。随着时间的推移，比萨拉比亚的行政管理机构逐渐和俄国的地方行政管理机构趋同。

比萨拉比亚的土地关系　该地区的土地分为私人所有和官方所有两种所有制形式。私人所有的土地主要集中在地主和修道院僧侣手里，大约占全州土地面积的70%。官方所有的土地主要集中在南方各县。比萨拉比亚并入俄国以后，过去形成的封建国家土地所有制逐渐受到削弱，私人封建土地所有制有所加强。比萨拉比亚的农奴是自由农民，在这一点上不同于俄国农奴。俄沙皇政府曾颁布两项法令：《1834年的农民状况》和《1846年一般协定》，禁止比萨拉比亚农民更换庄园主。农业人口中的第二大群体是小土地所有者，这部分人属于纳税农民。这部分人的财产受到俄国法律的保护。

摩尔多瓦和瓦拉几亚成立联合公国　1821年5月，2万名土耳其士兵占领摩尔多瓦。俄国和土耳其再次交战。1827年，土耳其和俄国签订《阿克尔曼协定》。协定规定，摩尔多瓦有权推选本国人做君主，但须经俄国和土耳其批准；公国免缴贡税2年；可自由贸易；但需要承担供给奥斯曼帝廷粮食的义务。俄土1829年战争后签订的《阿德里安堡条约》在重申了上述规定以外，还规定摩尔多瓦大公终身任职，有权依靠国政会议处理国家事务，不再向奥斯曼帝廷和土耳其军队提供给养。

在1853~1856年的俄土战争中，俄国战败。1856年3月，英国、法国、俄国、土耳其等7国签订《巴黎和约》。和约规定摩尔多瓦比萨拉比亚的南部（面积约5000平方公里，人口约12.8万人）划归土耳其，卡胡尔、伊兹梅尔、博耳格勒三县归还摩尔多瓦公国。土耳其仍然是摩尔多瓦的宗主国，同时受《巴黎和约》签字国的集体保护。1858年8月7日，英、法、俄、土等7国签订的《巴黎和约》补充协议规定摩尔多瓦和瓦拉几亚两公国合并成立联合公国。但每个公国设立本国的国君、政府和立法议会。联合公国设中央委员会制定共同关心的法律，并成立两国共有的最高法院。协议还规定取消地主特权和等级制、实行责任内阁制等。从1862年起，联合公国统称罗马尼亚，但是仍然依附于土耳其。1877年4月12日，俄国与联合公国一起对土耳其宣战。战争结束以后，欧洲列强承认两公国统一为罗马尼亚独立国家。同时，比萨拉比亚南部的三个县卡胡尔、伊兹梅尔和博耳格勒重新并入俄国。

第三节　近代简史

18～19世纪，摩尔多瓦的社会政治和经济完成了从封建制度向资本主义制度的转变，民族资产阶级成为推动社会经济发展的中坚力量。与此同时，俄国革命运动对摩尔多瓦社会生活产生了重要影响。1907年，工人运动和农民运动在摩尔多瓦全国各地此起彼伏。

一　资产阶级改革和资本主义经济关系的确立

18世纪，摩尔多瓦出现了封建制度衰落和解体的初步征兆。这时期，摩尔多瓦进行的资产阶级土地改革加速了封建土地关系的解体。资产阶级土地改革的主要内容是解放农奴，向农奴分配土地。农奴获得自由以后，每人最少可以得到2.9俄亩土地。虽然这场资产阶级土地改革没有完全铲除农村中的封建土地关系，但至少为在农业生产中确立资本主义生产方式创造了前提条件，同时引起地方行政管理机构发生一系列重大变化，摩尔多瓦的贵族统治制度受到冲击。

早在资产阶级土地改革之前，资本主义萌芽已在摩尔多瓦的农业经济中显现。1868年，在农村，有14%的地主收取农奴的货币贡赋。摩尔多瓦农村中的食品加工业不断发展，许多农民弃农从工，工人阶级的人数不断增加。食品加工业是摩尔多瓦工业的基础，面粉加工厂、葡萄酒酿造厂、酒精饮料厂开始使用蒸汽机。1899年，摩尔多瓦境内建有300家大小工厂，工人约3500人。这一时期，摩尔多瓦的家庭手工业也不断发展，

农村和城市中的手工业者的人数不断增加。截至1900年，手工业者的人数比19世纪增加了1倍。手工业者主要从事的工作是制衣、制鞋、金属和木材加工等。

虽然摩尔多瓦境内水陆交通方便，贸易活跃，促进了货币关系的不断发展，但是摩尔多瓦仍然是一个农业国家。1897年的居民登记记载，农业人口占全国人口的78%，从事工业和贸易的人口占16%，非生产性人口占6%。在资本主义发展过程中，农民开始分化为无产阶级、半无产阶级、中农和富农，贫农仍占绝大多数。在资产阶级改革以后，许多贵族成为企业主，掌管国家的交通设施、工厂等不动产，或者在国家机关中任职，仍然保持了他们在社会经济、政治生活中的统治地位。

19世纪90年代，民主革命思想在摩尔多瓦广泛传播。《现代人》《钟声》等民主革命派创办的杂志在摩尔多瓦各地发行。这些杂志刊登了一批抨击摩尔多瓦农村土地关系的文章，批评地主只解放农奴而不给他们土地的恶劣做法。1846年，摩尔多瓦成立秘密团体"爱国者协会"。他们主张用资本主义制度代替封建制度。1848年3月27日，约1000名封建制度的反对派发表了一份致君主的请愿书，要求君主释放全部政治犯、保证人身自由、取消粮食出口税、成立国民银行、取消书刊检查制度、解散平民议会、建立新议会作为"民族的真正代表机关"。虽然这场运动以失败告终，却是摩尔多瓦资产阶级革命的起点。之后，摩尔多瓦的革命者继续为推翻封建制度进行不懈的努力。

在19世纪60～80年代进行农村土地改革的过程中，摩尔多瓦农村中阶级矛盾激化，被压迫的农民反对地主的斗争日益高涨。1861～1868年，摩尔多瓦全境发生46起农民起义，遍及全国各县。农民起义的中心内容是反对服劳役和向地主缴纳贡赋，他们要求得到土地。与此同时，城市工人革命运动也逐步发展。摩尔多瓦工人数量不多，工人的收入低微，缺少劳动保护和医疗保障，生活异常艰苦。工人对企业主的不满情绪演变为罢工运动。1871年，在蒂拉斯波尔至基希讷乌的铁路工地上，工人罢工，要求按月计算劳动报酬，而不是按劳动日计算劳动报酬，要求改善伙食，反对工头未得到工人本人同意就随意调动工人的工作。在当局满足了工人们提出的全部条件以后，罢工宣告结束。1872 年，在科尔涅什特区的铁路段上，1500 名铁路工人举行罢工，要求增加工资。在当局拒绝了工人们的要求以后，罢工队伍向基希讷乌出发。途中他们遭到了哥萨克部队的攻击，罢工领导人被枪杀。工人被迫返回工作地点。罢工虽然失败了，但宣告了摩尔多瓦工人运动的开始。1880 年，民粹主义者弗·杰尼什在基希讷乌的铁路工人中组建了第一个无产阶级小组，该小组成员约有 30 人，他们在一起阅读别林斯基、车尔尼雪夫斯基等人的作品，并从事革命宣传工作。

摩尔多瓦的民粹主义思想的主要传播者是在莫斯科、圣彼得堡、基辅等地高等学府学习的年轻人。他们在基希讷乌等城市中组建民粹派小组，散发传单，开展地下活动。摩尔多瓦的第一个民粹革命党人的小组是祖勃库－科德里亚努于 1874 年在基希讷乌创建。小组的主要任务是培养民粹革命党的领导人。19 世纪 80 年代，社会民主派的影响逐渐取代了民粹派。随着马克思主义的传播，摩尔多瓦出现了第一批工人小组。

二 民族资产阶级的形成

摩尔多瓦的农产品在俄国市场上热销，带动了摩尔多瓦国内的经济发展。在发展商品粮生产的过程中，地方市场的规模不断扩大，地区之间的交换活动活跃。摩尔多瓦民族资产阶级在此基础上形成、发展、壮大。19世纪，摩尔多瓦的社会阶级结构发生了复杂的变化，逐渐失去了封建社会的阶级特征，显露出新的、资本主义社会的阶级特征。

19 世纪 60~70 年代进行的资产阶级革命改变了各个阶层居民的社会和法律地位。在民族资产阶级形成的同时，农村村社开始分化，产生了农业资产阶级、商人、工业资产阶级、工业无产阶级和农业无产阶级。在民族资产阶级形成过程中，城市资产阶级起主导作用。农业资产阶级率先发展起来，这成为摩尔多瓦民族资产阶级发展进程中的特点之一。摩尔多瓦城市中民族成分繁杂，摩族人中的工业资产阶级成长缓慢。农村地区的民族成分单一，摩族人中的民族资产阶级发展

迅速。在乡村中拥有土地的地主是农业资产阶级的核心力量。他们雇用农民，出租土地，按照资本主义方式经营农业。农业大资本家在摩尔多瓦资产阶级中具有相当大的影响。农业资产阶级中人数最多的是富农。民族资产阶级的崛起唤醒了摩尔多瓦人的民族意识，他们不愿意依附于俄国的市场，要求保护和发展本民族的独立市场。这些人是争取自治权的民族解放运动的先驱。

民族文化是形成民族资产阶级的重要因素。19世纪，摩尔多瓦民族文化以其独有的民族特征和属性在丰富的历史文化遗产基础上蓬勃发展。这一时期形成了摩尔多瓦的文学语言，这与摩尔多瓦的文学创作成就密切相关。摩尔多瓦文化的诸多方面，如语言、文字、精神文化的民族传统早在19世纪以前就形成了，但到19世纪才形成具有民族文学特点的摩尔多瓦文学。

沙皇在摩尔多瓦实行的政策不同于俄国在其他少数民族地区实行的政策。19世纪前20年，沙皇政府扶持摩尔多瓦民族文化的发展，包括开办学校教授摩尔多瓦语，出版摩文图书杂志、报纸。1814～1840年出版了摩文教科书。此后，沙皇开始实行限制摩尔多瓦民族文化发展的政策。1842年禁止中、小学校教授摩尔多瓦语，摩文的文学作品也停止出版发行。这项政策主要在政府机关和教育部门贯彻执行，对其他领域冲击较小。19世纪末至20世纪初，在民主革命运动的影响下，摩尔多瓦文化再一次获得了良好的发展。这一时期，摩尔多瓦的民族文化受到两方面的影响，一方面是摩尔多瓦公国的文化传统，另一方面是来自俄国和乌克兰文化的影响。

三　资产阶级革命时期的社会经济状况

工业　这一时期的摩尔多瓦是粮食、烟草、葡萄制品贸易发达的地区之一。同时，摩尔多瓦的工业企业处于发展停滞状态。1902年，比萨拉比亚地区有127家工厂，共有3400名工人，1907年工厂减至115家。绝大多数工厂集中在德涅斯特河左岸地区。面粉加工、酿酒、葡萄制品生产在工业生产中占主导地位。另外还有裘皮加工业、木材加工业、制砖业和金属加工业。

在激烈的市场竞争中，摩尔多瓦民族资产阶级试图提高糖的出口量，但没有成功。1910 年建成的梅恩迪克斯糖厂联合企业，虽不愁原料来源，却未能开工投产。摩尔多瓦的甜菜只能运往乌克兰的糖厂加工，本地的甜菜加工能力仅为 100 万普特。1887 年，摩尔多瓦有 11 个小烟厂运营，而到 1907 年仅剩 1 家。摩尔多瓦的烟叶运往芬兰以及俄国的莫斯科、圣彼得堡、敖德萨加工。摩尔多瓦也是葡萄制品和鱼的最大供应商，产品运往邻国。

1907 年，摩尔多瓦全国有工人 3 万名。

农业 农业是摩尔多瓦国民经济中的主要部门。最肥沃的土地被地主、修道院和国家占有。资本主义经济的发展促使农民不断分化。20 世纪初，近四分之一的农业经济活动不是依靠土地进行。小土地所有者（占有土地不超过 5 俄亩）占农业人口的 57%，农业无产阶级人数在 20 世纪初为 19 万人。

农业经济仍以农作物种植为主，粮食作物在 20 世纪初占种植面积的 96%，比萨拉比亚是全国重要的产粮区。1900～1907 年年平均产粮 1.13 亿普特，其中 1900 年和 1904 年是歉收年，为 6100 万普特，1901 年、1903 年、1906 年为丰收年，为 1.5 亿普特。

革命运动 1896～1899 年，基希讷乌组建了第一个马克思主义工人小组。小组成员深入教会学校宣传马克思主义。在他们的影响下，一批社会民主党小组先后成立，他们动员农民群众投身革命运动。摩尔多瓦的社会民主党人秘密散发列宁创办的《火星报》。1901 年，根据列宁的建议，俄国第一个《火星报》的秘密印刷点设立在基希讷乌。最初，印刷点设在花园街和米哈伊洛夫街的交叉路口，后又迁往巴多尔街（现在这里已被辟为博物馆）。基希讷乌印刷点共出版了 10 期《火星报》，其中刊有列宁的专论《从何着手?》《与饥饿作斗争》和克鲁普斯卡娅的文章《女工》以及普列汉诺夫的文章《以后会怎样?》。列宁非常重视印刷厂的情况，亲自领导这里的工作。1902 年 3 月 25 日，沙皇暗探局捣毁了《火星报》印刷厂。

1902 年 12 月，俄国社会民主工党委员会在基希讷乌成立，它开展大量活动，反对沙皇专制制度。1905 年 3 月 22 日，社会民主工党委员会领导基希讷乌工人举行大罢工，以声援圣彼得堡工人运动，罢工持续到 4 月中旬。这次罢工拉开了摩尔多瓦革命运动的序幕。5 月 1 日，基希讷乌工人再次举行罢工，要求改善工作条件。1905 年 6 月 18~24 日，奥尔格耶夫的工人和手工业者联合宾杰里的铁路工人举行罢工，获得胜利。在城市工人运动的感召下，农民运动蓬勃开展。1905 年春季，摩尔多瓦全国各地先后爆发农民起义。一些进步知识分子、邮电职工和学生也加入革命斗争之中。在这场革命斗争中，劳动群众要求消除民族压迫，让儿童接受母语教育，出版摩文报纸。10 月 17 日，摩尔多瓦爆发以铁路工人为主的大规模罢工，仅一昼夜的时间，基希讷乌就会聚了上万人的游行队伍，游行者手持红旗，高喊"打倒专制！""实行 8 小时工作制！"的口号从火车站向狄纳莫体育场出发。此后，摩尔多瓦各大城市的群众集会和反对专制制度的斗争此起彼伏。

1905 年 12 月，俄国武装起义失败以后，革命运动转入低潮。摩尔多瓦革命党人继续在工人和农民中进行革命工作。这时，沙皇为维护地主土地所有制，强行分割摩尔多瓦村社所有的土地。这部分土地占摩尔多瓦农用耕地的 30%，许多富农从中受益。1907~1913 年，有 11810 户农户脱离村社，13 万俄亩土地变为私有财产。许多贫苦农民把刚分到的土地作为商品卖掉，这是当时农村中的一种普遍现象。土地再一次集中到富农和富商手中。1905~1917 年，摩尔多瓦全国的 7 个县中，土地私有者的人数增加了 3 倍，他们手中的土地面积增加了 1.2 倍。

1907 年，基希讷乌家具厂的工人举行罢工。1908 年 5 月 1 日，印刷工人联合机械厂的工人举行罢工，庆祝国际劳动节。1907~1910 年，摩尔多瓦工人先后举行 15 次罢工。社会民主工党的活动始终没有停止，农村中的革命活动也没有平息。这期间，全国农村发生了 30 多起农民反对地主的抗议行动。伊兹梅尔、贝尔兹、基希讷乌、宾杰里和阿克尔曼是当时农民运动的中心。与此同时，农民公开反对地主和雇主的斗争席卷摩尔多瓦各地。

第四节　现代简史

十月革命以后，摩尔多瓦接受了苏联的意识形态，建立了苏维埃政权，成为苏联的加盟共和国。第二次世界大战结束以后，摩尔多瓦确定了现行的国家版图。

一　建立苏维埃政权

1917 年 11 月 7 日，俄国十月社会主义革命胜利，第二次全俄苏维埃代表大会宣告建立苏维埃政权。同年 11 月 29 日，基希讷乌苏维埃主席团选举产生。摩尔多瓦著名的无产阶级革命领导人 E. M. 维涅季克特当选为摩尔多瓦苏维埃主席团主席。但是，摩尔多瓦建立苏维埃政权的道路并不顺利。到 1917 年年底，摩尔多瓦境内还没有建立起独立的布尔什维克组织。在摩尔多瓦的政府机构中，孟什维克和资产阶级民主党的力量占据主导地位，摩尔多瓦境内的民族主义力量宣布成立摩尔达维亚①民主共和国。

1917 年 12 月，罗马尼亚军队在摩尔多瓦反苏维埃力量的支持下占领卡古尔等地。1917 年 12 月 16 日，苏俄外交人民委员会向罗马尼亚驻圣彼得堡公使馆递交照会，抗议罗马尼亚军队的侵略行为。为保卫摩尔多瓦的红色政权，列宁亲自委派著名的布尔什维克党员沃洛达尔斯基和罗沙利亚率部队和波罗的海舰队的水兵前往摩尔多瓦救援。1918 年 1 月 14 日，苏俄力量在摩尔多瓦取胜。1918 年 1 月，罗马尼亚军队在外国强国的支持下，联合摩尔多瓦资产阶级民族党、乌克兰中央拉达武装占领比萨拉比亚——1812 年并入俄国的摩尔多瓦领土。1918 年 1 月 26 日，苏维埃政府发表声明，宣布同罗马尼亚断绝外交关系，并准备出兵比萨拉比亚。英国和法国从中进行调停，1918 年 3 月 9 日，苏俄和罗马尼亚签

---

① 摩尔达维亚即摩尔多瓦。摩尔达维亚是俄译名，为尊重历史史实，笔者在本书中仍然沿用了这一历史国名。

订了《雅西协定》。协定规定，罗马尼亚应在 2 个月内从比萨拉比亚撤军。在罗马尼亚军队撤出比萨拉比亚之前，1918 年 3 月 27 日，摩尔达维亚民主共和国"国民议会"通过决议宣布摩尔达维亚民主共和国独立，并决定加入罗马尼亚。苏俄采取相应措施，于 1919 年 5 月在蒂拉斯波尔建立比萨拉比亚苏维埃社会主义共和国临时工农政府。1920 年 10 月 28 日，英国、法国、德国、意大利、日本和罗马尼亚缔结《巴黎协定》，协定确认了罗马尼亚对比萨拉比亚领土的主权。苏俄政府不承认上述国际条约。1920 年 2 月，苏维埃政权在德涅斯特河左岸地区获胜，但是右岸地区仍然属于罗马尼亚。摩尔多瓦德涅斯特河左岸和右岸分割的状况一直持续到 1940 年。

1924 年 10 月 2 日，乌克兰中央执行委员会第三次全会通过关于以比萨拉比亚苏维埃社会主义共和国临时工农政府为基础，建立摩尔达维亚苏维埃社会主义自治共和国，并归乌克兰苏维埃社会主义共和国管辖的决议。当时，摩尔达维亚人口仅占自治共和国全体居民的 30%。摩尔达维亚苏维埃社会主义自治共和国包括德涅斯特河左岸的 11 个区，共计 55 万人，面积为 8100 平方公里。最初首都设在巴尔塔，后定都蒂拉斯波尔。1924 年 12 月 18～21 日，摩尔达维亚苏维埃社会主义自治共和国召开第一届全自治共和国党代表大会。这次党代会确立了共产党的领导，巴捷耶夫当选为自治共和国的第一书记。1925 年 4 月 19～23 日，摩尔达维亚全国第一届苏维埃代表大会在巴尔塔召开，出席会议的工人、农民、知识分子代表共计 272 人。大会通过了摩尔达维亚苏维埃社会主义自治共和国宪法，选举产生了苏维埃中央委员会。摩尔达维亚苏维埃第一届中央委员会主席团主席由 Г. И. 斯塔里担任。1925 年年初，摩尔达维亚境内成立了共产党领导的共青团、工会、妇联等各类群众性的社团组织。

二　比萨拉比亚的归属

1924 年 3 月 27 日～4 月 2 日，苏联和罗马尼亚在维也纳举行会谈。这次会谈的主题是解决比萨拉比亚的归属问题，促使两国关系正常化。由于两国在该问题上的立场相差甚远，会谈无果而终。

比萨拉比亚处于东欧，包括摩尔多瓦全境和乌克兰敖德萨州的几个地区。苏联解体前，这一地区全部处于苏联境内。苏联解体后则分属于摩尔多瓦和乌克兰两个国家。它西邻普鲁特河，北部和东部濒临德涅斯特河，东南濒临里海，南临多瑙河三角洲基利亚支流。

公元前 7 世纪，比萨拉比亚的里海沿岸是希腊殖民地。公元 6 世纪斯拉夫人进入这一地区。14 世纪末，比萨拉比亚的南部成为瓦拉几亚公国的一部分，15 世纪则全部并入摩尔多瓦公国。15 ~ 20 世纪，该地区先后属于摩尔多瓦、奥斯曼帝国、俄国、罗马尼亚和苏联。1484 年土耳其人侵占阿克尔曼和基利亚，吞并比萨拉比亚南部，将其划分为奥斯曼帝国的两个区。16 世纪摩尔多瓦臣服土耳其时，比萨拉比亚地区处于奥斯曼帝国统治之下。19 世纪，俄国根据 1812 年《布加勒斯特条约》攫取了比萨拉比亚和摩尔多瓦一半的土地。1905 年俄国革命爆发后，比萨拉比亚兴起民族主义运动，1918 年 1 月 24 日宣布独立，同年 12 月决定并入罗马尼亚。

1939 年 8 月 23 日，德国外交部长里宾特洛甫飞往莫斯科，同苏联签订了互不侵犯条约，附有一项"秘密附属议定书"，划分了德苏在东欧的利益范围。根据这项"秘密附属议定书"，比萨拉比亚归属苏联。1940 年 6 月 26 日，苏联外交部照会罗马尼亚政府，要求罗马尼亚割让比萨拉比亚和北布科维纳（北布科维纳从 16 世纪起被奥匈帝国占领，第一次世界大战结束以后，奥匈帝国瓦解，北布科维纳并入罗马尼亚）。照会中说："……已形成的国际局势要求迅速解决过去遗留下来的悬而未决的问题，以便最终在国家之间奠定持久和平的基础。苏联认为，为了重申正义而与罗马尼亚共和国立即解决将比萨拉比亚归还给苏联的问题是必要和及时的。""苏联政府认为归还比萨拉比亚问题与将布科维纳北部移交苏联问题存在着有机的联系。布科维纳地区的居民绝大多数与乌克兰苏维埃社会主义共和国有联系，不论在历史命运或在语言和民族成分方面都有共同性。"同时，"作为罗马尼亚政府在比萨拉比亚 22 年统治期间给苏联及当地居民带来巨大损失的赔偿方式，把北布科维纳移

交苏联。苏联政府兹向罗马尼亚政府建议：第一，比萨拉比亚归还苏联。第二，北布科维纳移交苏联"。6月27日，苏联不顾罗马尼亚的反对，要求罗马尼亚军队于6月28日起的四天内撤离上述两个地区。在苏联的压力下，罗马尼亚政府被迫同意上述要求，于28日清晨撤离比萨拉比亚和北布科维纳。与此同时，苏联部队进驻该地区，并于当天占领基希讷乌、切尔诺夫策和阿克尔曼。6月30日，苏联军队占领比萨拉比亚和北布科维纳全境。

三 国家版图的形成

1940年8月2日，苏联第7次最高苏维埃会议通过决议，成立摩尔达维亚苏维埃社会主义共和国，首都设在基希讷乌，成为苏联的第15个共和国。另外，北布科维纳和比萨拉比亚的霍亭划归乌克兰，组成切尔诺夫策州，比萨拉比亚的伊兹梅尔县和阿克尔曼县并入乌克兰敖德萨州。

从1940年8月2日起，摩尔达维亚苏维埃社会主义共和国的版图包括下列地区：格里高里波尔、杜博萨尔斯克、卡缅斯克、雷布尼察、斯洛别泽伊斯克和蒂拉斯波尔，著名城市有别尔茨克、宾杰里、卡古尔、基希讷乌、奥尔格耶夫和索罗基。第二次世界大战期间，罗马尼亚一度（1941年）占领比萨拉比亚，后被苏军夺回。1944年，苏联和罗马尼亚签署的停战协定规定恢复1940年时的苏罗边界，即规定比萨拉比亚是苏联的领土。1948年2月，苏联和罗马尼亚签订友好合作互助条约及关于确定两国边界线的议定书，用条约形式把苏联占领的比萨拉比亚和北布科维纳从法律上予以肯定。这两个地区在苏联的行政区域划分仍然依照1940年8月2日的规定。

第五节 当代简史

苏联解体以后，摩尔多瓦于1991年8月27日宣布独立，成为政治、经济、军事、外交完全独立的国家。摩尔多瓦的历史进入了全新的发展阶段。

一 独立背景

20 世纪 80 年代末期，苏联的政治经济体制僵化，国家的凝聚力降到零点。在苏联戈尔巴乔夫执政时期，改革大潮席卷苏联全国，国家政治、经济生活中的各种矛盾逐渐显现。全国政局陷入混乱，戈尔巴乔夫领导的苏共中央已难以驾驭国家政局。苏联各个共和国纷纷打出独立的旗帜。在摩尔多瓦，许多摩族人不断在首都基希讷乌举行集会、示威、罢工，要求公布苏联和德国在第二次世界大战中签订的秘密协定，重新评估德涅斯特河左岸地区并入俄国、比萨拉比亚划归苏联等历史事件，民族情绪非常强烈。与此同时，摩尔多瓦境内出现了一批群众自发组织起来的政党，要求实现国家独立。

1991 年 4 月 9 日，摩尔多瓦共产党发生分裂。摩尔多瓦独立共产党在首都基希讷乌宣告成立。该党的纲领称，独立共产党将是一个议会式民主和以发展社会主义为目标的政党。1991 年苏联发生的"8·19"事件加速了摩尔多瓦独立的步伐。

二 独立过程

1990 年 6 月 5 日，摩尔达维亚最高苏维埃通过决议，将国家名称改为摩尔多瓦苏维埃社会主义共和国，定摩尔多瓦语为官方语言。同年 6 月 23 日，共和国最高苏维埃会议通过共和国主权宣言，宣布在共和国境内，共和国宪法高于苏联宪法；共和国境内的土地、矿产和其他资源以及全部经济、科技和财政资源属摩尔多瓦苏维埃社会主义共和国所有。1991 年 5 月 23 日，摩尔多瓦最高苏维埃决定再次更改国名为摩尔多瓦共和国。同年 8 月 23 日，摩尔多瓦最高苏维埃通过《关于摩尔多瓦共产党》的决定，禁止共产党在境内活动，没收其财产，禁止共和国出版发行共产党党报。同一天，摩尔多瓦总统米尔恰·斯涅古尔颁布命令，宣布在该共和国境内的国家机构和企业实行非党化。这些命令在公布 10 天之后生效。8 月 24 日，摩尔多瓦全国拆除马克思、恩格斯纪念像。摩尔多瓦的宪法取消了原宪法中关于共产党在国家政治体制中居领导地位的规定。

1991 年 8 月 27 日，摩尔多瓦共和国议会非常会议通过国家独立宣言，宣布摩尔多瓦共和国独立，成为政治、经济、军事、外交完全独立的国家。

1991 年 9 月 4 日，摩尔多瓦总统米尔恰·斯涅古尔发布命令：第一，摩尔多瓦共和国境内的海关机构归摩尔多瓦政府管辖；第二，成立摩尔多瓦武装力量；第三，摩尔多瓦境内的苏联国防部兵役委员会移交给摩尔多瓦政府管辖；第四，要求苏联军队和苏联内务部军队撤出摩尔多瓦领土，在过渡时期，苏联军队只能遵守摩尔多瓦的现行法律；第五，将苏联西部边界通过摩尔多瓦领土的地段完全移交给摩尔多瓦管辖并成为摩尔多瓦领土不可分割的一部分。下德涅斯特边防总队的所有建筑设施、技术装备和武器都是摩尔多瓦的财产。摩尔多瓦国家安全委员会全权保卫摩尔多瓦国境线。驻摩尔多瓦境内的苏联克格勃部队全体官兵必须服从摩尔多瓦国家安全委员会的领导。

1991 年 12 月 9 日，51 岁的米尔恰·斯涅古尔当选为摩尔多瓦共和国独立以后的首位民选总统。

三 "德左"地区地位问题

俄罗斯人和乌克兰人（当地也称其为俄语民族）于 1990 年 9 月在摩尔多瓦东部成立"德涅斯特河沿岸共和国"（以下简称"德左"地区）。摩尔多瓦政府对其进行多次干预，爆发了举世瞩目的"德左"地区大规模流血冲突。事件的起因是，在摩尔多瓦独立前后，一些党派基于摩尔多瓦人同罗马尼亚人原是一个民族，操同一种语言，有着共同的历史渊源，多次提出和罗马尼亚合并，建立"大罗马尼亚"的主张。对此，摩尔多瓦少数民族持坚决反对态度。在"德左"地区，俄罗斯传统文化占主导地位，居住在这里的斯拉夫人不反对摩尔多瓦独立，但是他们坚决反对摩尔多瓦和罗马尼亚合并。"德左"地区的领导人要求摩尔多瓦政府承认其独立地位，并作为与摩尔多瓦平等的共和国，与其组成联邦，一旦摩尔多瓦同罗马尼亚合并，"德左"地区就可以退出联邦。

"德左"地区领土包括德涅斯特河左岸地区和右岸的宾杰里市，首府为蒂拉斯波尔市，面积仅 4163 平方公里（占全国总面积的 12%），人口约 50.9 万人（2012 年），其中摩尔多瓦人占 40%，乌克兰人占 21%，俄罗斯人占 25%。这一地区在摩尔多瓦国民经济中占有十分重要的地位，其境内的一座大型电站的发电量满足右岸地区电力需求的 90%。此外，一些主要交通干线和输气管道均穿过"德左"地区。"德左"地区建立联邦制的主张遭到了摩尔多瓦政府的坚决反对，政府主张在该地区建立一个"自由经济区"，一旦摩尔多瓦提出同罗马尼亚合并的问题，允许"德左"地区实行全民公决，以决定其最终归属。然而，这一建议没有得到"德左"地区的采纳。双方互不妥协，严重对立。"德左"地区不顾政府的反对，定于 1990 年 10 月 25 日举行最高苏维埃选举。在摩尔多瓦政府的干预下，选举没能如期举行。两岸紧张局势加剧，形成了"德左"地区与中央政府的武装对立。1990 年 12 月，摩尔多瓦军警同当地自发武装不断发生武装冲突，造成人员伤亡。1992 年 3 月 2 日，武装冲突升级，双方动用了步兵战车、装甲车等现代化武器。

"德左"地区的武装冲突引起了国际社会的普遍关注，特别是引起了与摩尔多瓦毗邻国家的密切关注。1992 年 4 月 6 日，摩尔多瓦、俄罗斯、乌克兰、罗马尼亚四国外长在基希讷乌会晤，讨论和平解决"德左"地区冲突问题，欧安会观察员也参加了此次会晤。时任俄罗斯外长科济列夫认为，这 4 个国家以及欧安会可作为尊重摩尔多瓦共和国独立和领土完整的保证。它们还可以保证"德左"地区居民在摩尔多瓦国家地位发生变化情况下实行自决的权利。科济列夫还指出，俄罗斯驻当地的第 14 集团军在冲突中保持中立，可起到维和部队的作用。摩尔多瓦政府认为，解决这一地区冲突的首要问题，是俄罗斯要承认摩尔多瓦共和国的领土完整和统一，首先应该撤走苏联时期驻扎在左岸的俄罗斯第 14 集团军。因为俄罗斯驻军在这场冲突中以保护俄罗斯族人为由，支持成立"德涅斯特河沿岸共和国"。俄方则认为，如果摩尔多瓦国家地位发生变化，"德左"地区居民有权实行自决，并坚持第 14 集团军驻守"德左"地区，以起到维和部队的作用。经过艰苦的谈判，双方终于达成协议，冲突双方决定从 1992 年 4 月 7 日 15 时开始实行停火，成立由四国代表参加的"和平调解使团",以便对各方执行停火和停战决定的情况进行监督。5月27日,双方签署停火协定。但停火协定并未得到认真执行,双方交火事件不断发生。5月29日,俄罗斯总统公开允诺从"德左"地区撤走第14集团军,形势才出现转机。

6月25日,俄罗斯、乌克兰、罗马尼亚、摩尔多瓦四国首脑在伊斯坦布尔会晤,商讨落实停火协议的问题。7月3日,俄、摩两国总统在莫斯科会晤。7月21日,俄、摩两国总统在莫斯科签署《关于和平解决摩尔多瓦共和国德涅斯特河沿岸地区武装冲突原则的协定》和《德涅斯特河沿岸地区成立维持和平部队的协定》。停火协定规定:自停火协定签署之日起,冲突各方必须采取一切必要措施尽快实现停火,停止一切敌对行动,并在7天内完成撤退任务,然后在冲突各方之间建立一个安全区。为实现上述目的,摩尔多瓦国防部、俄罗斯国防部和"德左"地区准军事组织司令部三方代表组成一个统一协调小组,摩、俄、罗、乌四国的军事观察小组将以观察员的身份参加协调小组的工作。为在冲突地区实现非军事化和排除第14集团军介入冲突的可能,俄罗斯国防部必须保证其完全中立。7月29日,俄罗斯、摩尔多瓦和"德左"地区联合维持和平部队进驻冲突地区,"德左"地区终于恢复了往日的和平。

这场冲突给摩尔多瓦造成300亿卢布的损失,著名城市宾杰里变成一片废墟。虽然战火平息了,但该地区的政治地位问题仍然十分棘手,两岸的立场差距较大。"德左"地区的领导人坚持建立联邦制,摩尔多瓦政府坚决反对。1992年10月21日,米尔恰·斯涅古尔总统在《摩尔多瓦独立报》上发表谈话,称在统一的军队、统一的宪法、统一的国家的前提下,摩尔多瓦政府愿意向该地区提供自治区的地位。同年11月2日他再次强调,无论如何不会允许建立一个新的共和国。

1992年4月7日"德左"地区实现停火,开始转入政治解决双方冲突的轨道。1993年冲突双方开始就"德左"地区地位问题进行谈判,俄罗斯担任调解国。同年5月,时任俄罗斯总统叶利钦为获得西方国家的支持,同意欧安组织作为调解方参与谈判。1995年乌克兰在"德左"地区领导人的建议下也作为调解国参与谈判,这样形成了"3+2"的5方

（摩尔多瓦和"德左"为谈判双方，俄罗斯、乌克兰和欧安组织为调解方）谈判形式。在各方共同努力下，达成了一些促进双方关系正常化的条约。

1995 年 12 月 13 日，《摩尔多瓦独立报》全文刊登《德涅斯特河左岸居民点特殊地位法》供全民讨论。1996 年 6 月 17 日，斯涅古尔总统和"德左"地区领导人斯米尔诺夫在蒂拉斯波尔会晤，双方就该地区事态达成了一项协议。该协议确定了这一地区是"摩尔多瓦国际承认边界之内的一个以共和国形式存在的国家领土构成"。1997 年 5 月 8 日签订的《莫斯科备忘录》规定了蒂拉斯波尔执行摩尔多瓦对外政策的条款，在此基础上，双方还必须进一步确定"德左"地区经济独立的权限。1999 年 7 月 16 日，各方在基辅举行会谈。参加会谈的乌克兰总统库奇马、俄罗斯总理斯捷帕申、摩尔多瓦总统卢钦斯基、"德左"地区领导人斯米尔诺夫，以及欧安会组织的代表共同签署了联合声明。声明指出，在政治解决"德左"地区问题过程中不存在宗教、民族和历史矛盾等客观障碍，此次会谈为调解进程的顺利发展铺平了道路。2000 年 5 月 16 日，各方再次就蒂拉斯波尔的地位问题举行谈判。摩尔多瓦政府提交关于在一个国度内"德左"地区享有自治地位的文件草案。根据这项草案，"德左"行政区的领导人将同时在摩尔多瓦政府中担任副总理一职，蒂拉斯波尔的代表还将在议会中占有一定数量的席位。蒂拉斯波尔拒绝了这项草案，提出了自己的方案。双方的分歧仍然存在，蒂拉斯波尔坚持要求获得国际法主体地位。与此同时，摩尔多瓦政府通过《"德左"居民点特别法律地位基本条款》，赋予"德左"地区在摩尔多瓦境内自治区地位。

2005 年 9 月，美国和欧盟作为观察员出席在敖德萨举行的解决"德左"地区问题谈判，形成了"5＋2"谈判机制。2006 年 3 月，时任乌克兰总统尤先科支持摩尔多瓦政府对"德左"地区实行严格的海关制度，导致双方关系恶化。摩尔多瓦政府试图使用经济制裁措施迫使"德左"地区领导人让步，结果不但没有达到目的，反而使双方谈判中断。2006 年 9 月 17 日，"德左"地区就独立问题进行了全民公决，确认了独立于摩尔多瓦、未来加入俄联邦的发展目标。直到 2008 年 4 月谈判才恢复，双方同意成立联合工作小组，加强彼此信任。2009 年 3 月 18 日，摩尔多瓦、"德左"地区和俄罗斯领导人在莫斯科举行会晤，双方同意进行直接对话解决冲突。这次三方会晤遭到了乌克兰、欧盟和美国的反对，他们担心俄方维和部队继续留在"德左"地区，要求恢复"5＋2"谈判机制。

2011 年，美国积极介入"德左"地区问题谈判进程。美国参议员理查德·卢格发表报告，题为《俄罗斯是否能在近期内为东欧"被冻结"的冲突画上句号?》。报告指出，美国应向俄罗斯施加更大的压力，迫使其解决摩尔多瓦与"德左"地区的冲突。卢格呼吁白宫支持默克尔和萨科齐迫使俄罗斯从"德左"地区撤军所做的努力，帮助摩尔多瓦实现加入欧洲－大西洋空间的目标。2011 年 3 月 11 日，美国副总统拜登访问摩尔多瓦并强调，解决"德左"地区问题应维护摩尔多瓦主权和领土完整，美国只会支持维护摩尔多瓦主权和领土完整的解决方案。美国在"德左"地区问题上的目标十分明确，即在"德左"地区实现非军事化、合法化、民主化的"三化"计划，北约力量以维和部队形式合法进入"德左"地区，俄罗斯部队从"德左"地区全部撤出。因此，美国不能接受任何在"德左"地区保留俄罗斯军队的条约。"德左"地区问题被列入了当年 G8 峰会和 2011 年上半年俄欧峰会的议程，西方国家敦促俄罗斯尽快恢复双方谈判。德国和波兰要求俄罗斯放弃支持"德左"地区的立场，以换取与欧盟的免签证制度。这一观点立刻得到了摩尔多瓦、罗马尼亚和波兰的支持。2011 年 6 月 21 日，关于摩尔多瓦与"德左"地区问题的"5＋2"会晤在莫斯科举行。由于摩尔多瓦坚持无条件恢复谈判，遭到"德左"方面的拒绝，双方未能就恢复谈判达成协议，2011 年 9 月 22 日，双方终于以"5＋2"形式恢复谈判。但是，"5＋2"框架内的谈判结果令人失望，基希讷乌与蒂拉斯波尔围绕"德左"地位问题的分歧难以弥合，致使在 2012 年进行的 5 次谈判均无果而终。2013～2014 年，作为"5＋2"框架内的两个国家，俄罗斯与乌克兰处于冲突状态，继续以该谈判形式来解决"德左"地区问题，令人怀疑。

第六节 著名历史人物

善人亚历山德鲁（1400～1431 年在位） 亚历山德鲁在罗马尼亚君主米尔恰的支持下于 1400 年登上摩尔多瓦的王位。他登基以后，首先解决了摩尔多瓦与拜占庭之间延续了 15 年之久的宗教纷争；然后健全、完善已有的国家管理制度；与波兰结盟，为摩尔多瓦创造了一段和平建设时期。

斯特凡大公（1463～1504 年在位） 摩尔多瓦的民族英雄，于 1463 年 4 月 12 日登基。斯特凡在处理国家政务中表现出了政治上的成熟和杰出的外交才干。他努力平息统治阶层的明争暗斗，最大限度地争取一切社会力量合作，抗击异族侵略。斯特凡在位期间，正值土耳其军队大举进攻多瑙河流域之时。他的辉煌业绩主要是领导反对土耳其侵略的战争。1475 年 1 月 7 日，土耳其苏丹穆罕默德派鲁米利亚总督苏里曼巴夏统率一支 10 多万人的大军征讨斯特凡。而斯特凡只能紧急征召 4 万名士兵。在双方力量对比悬殊的情况下，斯特凡成功运用了清野战术，土耳其军队在进攻摩尔多瓦的途中无法得到食物供给。与此同时，斯特凡大公选择了有利于自己军队作战的地区后，与土耳其军队展开了激战。经过三天三夜的浴血奋战，土耳其军队惨败，其统帅巴夏、副王和其他八名首领被擒。这就是摩尔多瓦历史上著名的瓦斯卢伊（高桥）之战。

斯特凡大公率军与土耳其军队进行的另一场著名战争是白谷（战地村）之战。1476 年夏季，土耳其苏丹穆罕默德亲自率领 15 万～20 万人的大军征讨摩尔多瓦。斯特凡大公身边仅有 1.2 万名战士。他再次在敌人前进的道路上实行清野，迫使敌军找不到粮食，无法安营扎寨。在白谷地区，两军交战时，斯特凡大公的战士们表现出了大无畏的英雄气概，土耳其军队再次遭到惨败。斯特凡大公一生率军历经 36 战，其中 34 战获胜。为了保卫自己的国家和人民，他战斗了一生。斯特凡大公执掌朝政 41 年，于 1504 年 7 月 2 日停止了呼吸。全国和整个基督教世界为之恸哭。他的英名永垂史册，人民尊称他是"祖国的慈父"。

伊昂－伏德（1572～1574年在位）　伊昂－伏德是摩尔多瓦君主彼得·拉雷什（1527～1538年在位）的儿子。伊昂－伏德重视教育，于1562年在科特纳里创建拉丁语中学，聘请德国人文主义学者任教。他试图依靠小地主、市民和农民来复兴国家。这一政策遭到了大地主的反对。在对外政策方面，他继承父业，以争取国家独立为毕生的奋斗目标。他不畏强暴，拒绝增加对土耳其的岁贡，联合乌克兰扎波罗热哥萨克共同抗击土耳其军队的侵略。在福克夏尼附近日利什特（1574年4月）和布扎克平原（1574年5月）的两次战斗中，摩尔多瓦军队大胜土耳其军队。土耳其不甘心失败，于1574年6月集结更为庞大的军队，勾结摩尔多瓦国内的反对派和鞑靼人再次向伊昂－伏德的军队发起更大规模的进攻。在这次交战中，摩尔多瓦军队失败，勇敢的君主以身殉国。

迪米特里·坎杰米尔　摩尔多瓦封建时代最伟大的学者。他博学多才，在音乐、哲学、历史、地理、人种学及文学领域均有建树。他的代表作有：哲理性著作《国政会议或智者与世界的争论》；描写摩尔多瓦和罗马尼亚政治斗争的长篇讽喻小说《象形文字史》；史学著作《奥斯曼帝国》《罗马尼亚－摩尔多瓦－瓦拉几亚人古代编年史》《摩尔多瓦写实》，均被译成法文、俄文、英文和德文。柏林科学院推选坎杰米尔为本院院士，从而使他进入了享有盛名的世界学者之列。迪米特里·坎杰米尔的名字同其他学者的名字一起列于巴黎圣热内维埃芙图书馆的正面墙壁上。

米哈伊·埃米内斯库　19世纪的伟大诗人。他的诗歌不仅赞美大自然、爱情和人的心灵美，而且抨击社会生活中的不公平现象。他的诗句感情深刻、语言优美。他那无与伦比的美妙的诗句倾诉了普通百姓的痛苦、欢乐和理想。其代表作有诗歌《皇帝与无产者》《格林》《信》《金星》等。埃米内斯库的诗风对摩尔多瓦诗坛产生了巨大的影响，并形成埃米内斯库流派。1999年，摩尔多瓦全国隆重纪念米哈伊·埃米内斯库逝世100周年。

第一任总统米尔恰·斯涅古尔　1940年出生于摩尔多瓦弗洛列什兹区特里芬涅什村的一个农民家庭，摩尔多瓦族。1961年毕业于基希讷乌农业经济学院，获得农业经济学副博士学位。毕业后，斯涅古尔先后出任弗洛列什兹区贝赫里涅什村的农场农艺师、总农艺师、农庄主席。1968～1970 年，斯涅古尔在基希讷乌农学院深造，毕业后任阿涅尼诺伊区"克特罗瑟"教学实验农场作物栽培站站长。1973 年被任命为农业部作物栽培先进技术推广和土地管理总局局长。同年晚些时候，又被任命为农业部农业科学总局局长。

1978～1981 年，斯涅古尔主持农田作物科研所和"谢列克齐亚"科研生产联合基地的工作。斯涅古尔曾是苏共党员，1990 年退党。1989 年斯涅古尔曾任摩尔达维亚苏维埃社会主义共和国最高苏维埃主席团主席。1990 年任摩尔多瓦共和国议会议长，1991 年 12 月当选为摩尔多瓦共和国第一任总统。在总统岗位上，斯涅古尔一贯坚定奉行国家独立，恢复民族语言、民族象征，争取国内各民族享有平等权利的政策。

斯涅古尔任总统期间，国家处于危难之中，社会依政治观点和民族属性而分裂，国内在东方和南方同时出现两个冲突热点。南方加告兹问题是对总统的一个考验。全国数千人卷入了这场民族纷争。如果不及时采取有效措施，极有可能演变为一场内战。立法机构和政府中的激进派要求总统果断行事，不惜诉诸武力解决冲突。总统坚定地执行和平解决冲突的方针，圆满地解决了该地区的问题。在这种极其复杂的氛围中，总统果断地宣布退出共产党。退出共产党后，斯涅古尔并没有成为激进派，而是努力寻求一种被绝大多数公民接受的价值观把全国人民团结起来。他提出维护和发展摩尔多瓦国家体制的问题，并建议就该问题进行全民公决。公决结果表明，全国大多数人支持建立独立国家。这是团结全国人民的一面旗帜。在他的领导下，摩尔多瓦从苏式道路走向改变社会经济模式的变革道路。

斯涅古尔认为，为建立有效管理国家的民主体制，国内政治改革应遵循以下原则：以法治国，以人为本；国家对公民负责，而不是公民对国家负责；法律面前人人平等；实行政治多元化；宪法保护政治反对派的权利；恢复宗教活动，保证宗教界参与社会活动的权利。

斯涅古尔主要的经济主张：为建立独立国家的经济基础必须进行激进的经济改革；在国内大规模有序开展国有资产私有化运动；优先发展具有

先进设备的农工综合体；创造良好的内部经济环境吸引外资；通过完善银行、海关体系和发行本国货币等措施保护本国的经济利益；深化与独联体国家的经济联系；扩大与罗马尼亚等国的经济交往。

斯涅古尔的社会政策：保证居民在过渡时期的基本生活需求；取消对个人劳动收入的最高限制；国家设立专门机构帮助失业人员；保护母亲和儿童的权益；国家为受政治迫害的人平反昭雪；保证发展教育、卫生、文化的基础设施，并保证在这些部门工作的职工能够体面地生活。斯涅古尔既是摩尔多瓦苏维埃制度的终结者，又是新生活、新制度的奠基者。2000年1月17日是斯涅古尔60岁生日，为表彰他为创建摩尔多瓦共和国所做出的贡献，卢钦斯基总统授予他"共和国勋章"。

第二任总统彼得·卢钦斯基 1940年1月27日出生，毕业于摩尔多瓦国立大学，是历史和哲学方面的专家。1977年完成哲学博士学位论文答辩。1960～1978年，积极参加苏共机构的活动，1978～1989年在塔吉克斯坦工作。1989年，卢钦斯基返回摩尔多瓦，出任摩尔多瓦共产党第一书记。1991年应米·戈尔巴乔夫的邀请前往莫斯科出任苏共中央书记处书记。"8·19"事件以后，他在莫斯科社会政治研究所从事科研工作，任社会知识发展基金会常务主任。1992年出任摩尔多瓦驻俄罗斯大使。1993年2月4日，摩尔多瓦议会以213票赞同、23票反对的绝对优势选举卢钦斯基任议会议长。1994年3月29日，卢钦斯基出任摩尔多瓦第13届议会议长。1996年12月1日，卢钦斯基当选为摩尔多瓦共和国总统。

卢钦斯基总统已婚，有两个女儿，一个外孙。卢钦斯基性格温和，学识渊博，持实用主义的中间派立场。他任总统期间，奉行维护国家独立，既与东方又与西方进行经济合作的方针。他主张无条件地加强和扩大与罗马尼亚的兄弟联系，但应首先解决摩尔多瓦与俄罗斯、独联体的关系问题。他认为，俄罗斯应始终如一地承认摩尔多瓦的完整性和不可分割性。

第三任总统弗拉迪米尔·沃罗宁 1941年5月25日出生于摩尔多瓦基希讷乌科尔诺夫村。1961年毕业于基希讷乌合作社技术学校，1971年毕业于苏联食品工业学院，1983年毕业于苏共中央社会科学院，1991年毕业于苏联内务部高等学院。苏联解体以前，沃罗宁一直在政府部门工作，先后在杜博萨雷市、温格内市、基希讷乌市和宾杰里市担任各级领导。1989～1990年，沃罗宁任摩尔多瓦内务部部长。1997年3月在共产党人党第三次代表大会上，沃罗宁当选为党中央委员会第一书记。2001年4月4日，沃罗宁当选为摩尔多瓦总统。

沃罗宁执政后，提出了以振兴国家为核心目标的执政纲领。他采取措施消除多个党派利益集团之间的矛盾，建立有效的协调机制；主张发挥国家在经济改革中的宏观调控作用，鼓励人民艰苦创业，把摩尔多瓦建设成为一个具有先进的服务业和商业、资本流通方便的国家。

第三章

政　治

根据 2000 年 7 月 5 日通过的《摩尔多瓦宪法修正案》，摩尔多瓦共和国为议会制共和国，总统为国家元首，由议会选举产生。摩尔多瓦共和国最高立法机构是一院制议会，由 101 位议员组成。

第一节　国家政治体制的演变

摩尔多瓦共和国独立以后，放弃传统的苏联政治体制，选择民主议会制，这一发展进程伴随着政党间激烈的角逐。独立二十多年来，摩尔多瓦政治领袖和各政党领导人逐渐学会了在民主制下追求自身的利益，实现自身的政治诉求，民主政治体制建设基本完成。

一　独立前的政治概况

摩尔多瓦独立以前，作为苏联的一个加盟共和国，根据苏联宪法，实行社会主义制度。苏联宪法规定，马列主义是国家意识形态唯一遵循的指导思想，政治上实行一党制。共产党一直是该国的指导力量、组织力量和动员力量，是其政治体制、国家组织和社会团体的核心。苏维埃是国家的政治基础和最高国家权力机关。国家的组织和活动实行民主集中制原则：一切国家权力机关自下而上地由苏联公民根据普遍、平等、直接选举的原则，采用不记名投票方式，自由选举产生。苏维埃代表的选举按选区进行，每一选区选出 1 名代表，候选人名额不限。提出代表候选人的权力属于苏联共产党、工会、共青团、合作社及其他社会团体和劳动集体，以及

部队的军人大会。苏维埃代表要对选民负责，并可根据多数选民的决定，随时撤换。

作为苏联的一个加盟共和国，摩尔多瓦参与解决全苏问题，参加苏联最高苏维埃、苏联最高苏维埃主席团、苏联政府和苏联其他机关的工作。同时作为联盟中央下的二级行政建制，在不违背苏联国家宪法的前提下，摩尔多瓦还拥有主权国家的一系列基本权力：有权通过和修改本国宪法，自行决定本国的行政区划，有权同外国建立关系。同外国缔结条约、互派外交和领事代表、参加国际组织的活动，批准本共和国的经济和社会发展国家计划、国家预算、关于预算执行情况的报告，领导本国的经济部门和经济活动，管理本国的教育、文化体育、科技等，并有权进行立法活动。

摩尔多瓦的最高立法机关是摩尔多瓦共和国最高苏维埃，其下设的常设机关是摩尔多瓦共和国最高苏维埃主席团。在最高苏维埃闭会期间，最高苏维埃主席团行使最高国家立法机关的职能。国家执行机关是部长会议。部长会议即为共和国政府，由共和国最高苏维埃组建，负责处理其权限之内的管理问题，协调并指导各部和所属其他机关的工作。

在苏联时期，摩尔多瓦的法院、仲裁机关、检察机关均属地方一级司法机关。但检察机关独立行使权力，只服从苏联总检察长。

1991 年 8 月 24 日，摩尔多瓦共和国独立以后，摆脱了苏联时期的政治体制框架，成为多党议会制国家。在确立新的政治体制过程中，总统、议会、政府之间摩擦不断，各方围绕是建立总统制国家，还是建立议会制国家的问题争论不休，甚至造成立法机构运转失灵。

1994 年 2 月 27 日，摩尔多瓦议会被迫提前举行议会选举。结果，摩尔多瓦农业民主党在大选中获胜，并在议会中形成压倒多数的优势。彼得·卢钦斯基当选新一届议会主席，安德烈·桑格利出任总理。

二 独立后的政治斗争

新议会运作以后，通过了 500 多项法律文件，其中最引人注目的举措是：第一，通过了摩尔多瓦新宪法。新宪法规定市场经济是国家经济生活的指导原则。在国际事务中，摩尔多瓦保持"中立"，"不允许任何外国武装部队部署在摩尔多瓦领土上"。第二，新议会批准摩尔多瓦正式加入独联体。实际上，早在1991年，摩尔多瓦第一任总统米尔恰·斯涅古尔就已签署了宣告独联体成立的《阿拉木图宣言》，但一直未获议会批准。由于没有正式加入独联体，非成员国地位给国内的政治生活和经济生活造成了不良后果。首先是导致了民族矛盾激化，使国家处于分裂状态。居住在德涅斯特河沿岸的俄罗斯人要求独立，与摩尔多瓦政府发生大规模的武装流血冲突，给国家造成300亿卢布的损失。其次是摩尔多瓦不能享受独联体国家之间贸易中的关税和价格优惠。为解决上述问题，新议会迅速批准了《阿拉木图宣言》。然而，就在新议会通过宪法不久，总统与议会之间又产生了新的矛盾。摩尔多瓦总统提出一项立法动议，要求用罗马尼亚语代替摩尔多瓦语作为官方语言。议会哗然。1995年10月，总统和议会矛盾表面化，总统宣布脱离农业民主党。

1996年11月17日，摩尔多瓦举行总统大选。斯涅古尔只获得46.86%的选票。议会议长彼得·卢钦斯基获得53.14%的选票，当选摩尔多瓦第二任总统。

1998年3月22日，摩尔多瓦举行议会选举。1998年4月1日，议会选举揭晓，摩尔多瓦共产党人党获得30.01%的选票，居第一位。摩尔多瓦第一任总统斯涅古尔领导的竞选联盟在议会选举中获得19.36%的选票，"争取繁荣民主的摩尔多瓦"获得18.14%的选票，"民主力量党"获得8.82%的选票。议会选举结束以后，进入议会的4个政党中的3个政党结成执政联盟，而在选举中得票最多的共产党人党成为议会反对党。根据执政联盟各党达成的协议，得票居第三位的"争取繁荣民主的摩尔多瓦"领导人杜米特鲁·迪亚科夫当选议会议长。在总理人选问题上，新议会与卢钦斯基总统意见相左。经过双方艰苦的谈判，议会同意了总统提出的总理候选人丘布克的组阁方案和执政纲领。但总统和议会之间的矛盾并没有随着丘布克政府的走马上任而缓解。

1999年，双方的矛盾再度尖锐化。同年2月，卢钦斯基总统提议修改宪法，改变国家管理体制，由半议会半总统制改为总统制，即总

统有全权管理国家，并且负责组建内阁。他认为，议会制不仅不会引导摩尔多瓦走出当前的危机深渊，而且是导致国家政治体制改革失败的主要原因。1999年3月22日，卢钦斯基发布命令就国家政体问题进行准全民公决，同时举行地方管理机构选举。选举结果没有为卢钦斯基实行总统制的建议开绿灯。卢钦斯基总统只能通过修改宪法来实现自己的政治目的。1999年7月1日，卢钦斯基总统发布修改宪法的命令，同时成立修改国家宪法委员会。总统关于修改国家宪法的建议遭到了议会的坚决反对。而且，议会先于总统提出了更加完善的宪法修正案。迪亚科夫议长雄辩地证明，摩尔多瓦政权机构和管理体系的缺陷根本不在于总统的权力太小，而是政府力量太薄弱。改变这一状况的办法不是由总统领导政府，而是应该改变政府与议会之间的关系，即议会多数派不应该成为政府的指挥棒，政府应该在议会制定方针政策时发挥决定性的作用。迪亚科夫议长根据通行的欧洲标准提出宪法修正案，重点是扩大了政府的权力。根据修正案，政府有权自行组阁，有权制定议会会议议程；没有政府的同意，议会无权增加或减少预算收入；如果政府没有在规定的期限内执行议会通过的法律文件，政府将自行解散。这项宪法修正案得到了欧洲议会委员会的支持。与此同时，迪亚科夫议长又向宪法法院递交了修正总统选举程序的提案。摩尔多瓦国家修改宪法委员会也没有按照总统的思路提出宪法修正案，反而提出实行议会制国家体制更加有利于国家的政权建设。尽管摩尔多瓦总统对此持反对意见，摩尔多瓦议会仍于2000年7月5日以绝对多数通过采用欧洲民主模式和对1994年通过的摩尔多瓦宪法规定的总统选举程序进行修正的决议，从而确立了摩尔多瓦为议会制国家，总统由原来的全民选举改为议会选举。

2000年12月1日，摩尔多瓦议会开始选举总统，候选人分别为议会第一大党共产党人党主席沃罗宁和宪法法院院长巴尔巴拉特。根据宪法规定，在议会总共101张选票中，总统候选人必须获得半数以上选票方能当选。如果议会经反复投票无法选出新总统，在任总统有权解散议会，并宣布议会选举日期。由于沃罗宁和巴尔巴拉特的支持者互不让步，相持不下，经过 4 轮选举，两名候选人仍无一人获得法定的票数。于是，卢钦斯基总统根据宪法规定，于 2000 年 12 月 31 日宣布解散议会，提前举行大选。2001 年 2 月 25 日，摩尔多瓦举行议会选举。摩尔多瓦总理布拉吉什领导的中派联盟等 17 个政党和竞选联盟以及 10 名独立候选人参加了一院制议会 101 个席位的争夺。在这次议会选举中，共产党人党的得票率达到了 50.2%，赢得绝对优势，获得了新政府的单独组阁权；布拉吉什领导并得到卢钦斯基总统支持的中派联盟以 13.42% 的得票率在本次选举中名列第二；右翼政党基督教民主人民党，得票率为 8.24%。

2001 年 4 月 4 日，摩尔多瓦举行总统选举。摩尔多瓦共产党人党第一书记弗·沃罗宁在由 101 名议员组成的议会中共获得 71 张选票，成为摩尔多瓦第一位通过议会选举产生的总统。摩尔多瓦共产党人党在 2005 年 3 月 6 日举行的议会选举中再次获胜，获得了 45.98%（在议会中占有 56 席）的选票，居第二位的是选举联盟"民主摩尔多瓦"，得到 28.53% 的选票（在议会中占有 34 席），居第三位的是基督教民主人民党，获得 9.07% 的选票（在议会中占有 11 席）。2005 年 4 月 4 日，弗·沃罗宁在议会中得到基督教民主人民党、社会自由党和民主党的支持，连任摩尔多瓦国家总统。

摩尔多瓦共产党人党在 2009 年 4 月 5 日举行的议会选举中第三次获胜，获得 49.48% 的选票，在议会中得到简单多数 60 席，但这次选举结果遭到了其他政党的一致反对。2009 年 6 月 16 日，弗·沃罗宁总统宣布解散第 17 届议会，并定于 2009 年 7 月 29 日重新举行议会选举。在此次议会选举中，共产党人党再次获胜，得到 44.69% 的选票（在议会中占有 48 席），自由党得票 14.68%（在议会中占有 18 席），自由民主党获得 16.57% 的选票（在议会中占有 15 席），民主党获得 12.54% 的选票（在议会中占有 13 席），"我们的摩尔多瓦"联盟获得 7.35% 的选票（在议会中占有 7 席），其他政党均未超过法定的 5% 的当选门槛线。

在这种情况下，议会中除共产党人党以外的所有政党联合起来，成立"支持欧洲一体化"联盟并在议会选举中获得简单多数。来自自由党的米哈伊·基姆普担任议长，总理由来自自由民主党的菲拉特担任。由于议会在总统人选问题上未能达成一致，暂由议会多数派的代表基姆普履行总统职责。2010 年 11 月 10 日和同年 12 月 7 日进行的两次总统选举均无果而终，摩尔多瓦因此进入了政治危机时期。为克服政治危机，"支持欧洲一体化"联盟通过新的《选举法》，实行混合选举制，即 50% 的议员由各政党选举产生，另外 50% 的议员由选区选举产生。混合选举制导致共产党人党在 2012 年的议会选举中失利。2012 年 3 月 16 日，尼古拉·蒂莫夫蒂当选摩尔多瓦第四任总统，终结了政治危机。

三 独立后的重要法律文件

摩尔多瓦独立以后议会通过的重要的法律：

1991 年 9 月 17 日通过《政党和其他社会政治组织法》，首次对多党制框架内的政治组织活动做出了法律规定；

1991 年 12 月 25 日通过《摩尔多瓦共和国土地法》，反映了国家经济转向市场经济以后的现实；

1991 年 12 月 26 日通过《关于政府组织和法律保证激进经济改革法》；

1992 年 5 月 26 日通过《全民公决法》，摩尔多瓦首次进入民主程序时期；

1992 年 6 月 18 日通过《关于和平解决"德左"地区武装冲突的决议》，该法明确指出"德左"地区是摩尔多瓦领土不可分割的一部分；

1992 年 12 月 8 日通过《为受政治迫害者（1917 年 11 月 7 日至 1990 年 6 月 23 日）平反法》；

1993 年 3 月 10 日通过《住宅私有化法》，国家经济生活转向市场经济；

1994 年 4 月 8 日议会批准《关于成立独联体协议法》；

1994 年 6 月 7 日议会通过关于《摩尔多瓦共和国国歌》的决议；

1994 年 7 月 29 日通过《摩尔多瓦共和国宪法》；

1994 年 12 月 7 日通过《地方选举法》《行政区域法》《地方公共管

理法》;

1994 年 12 月 13 日通过《宪法法院法》;

1994 年 12 月 23 日通过《加告兹特别法律地位法》;

1995 年 2 月 8 日通过《摩尔多瓦对外政策构想》;

1995 年 7 月 14 日通过《摩尔多瓦共和国国歌法》;

1997 年 5 月 15 日批准《1990 年 11 月 19 日欧洲常规武器巴黎条约》;

1997 年 7 月 16 日批准《关于地方自治欧洲宪章》;

1997 年 11 月 21 日通过《选举法》;

1998 年 11 月 6 日通过新版《地方公共管理法》;

1998 年 11 月 12 日通过《摩尔多瓦共和国行政区域法》;

1999 年 4 月 22 日批准《黑海经济合作宪章法》;

2000 年 7 月 5 日，议会通过一系列宪法修正案，摩尔多瓦共和国成为议会制国家，总统由议会选举产生，而不再由全民选举产生;

2001 年 6 月 1 日通过《关于摩尔多瓦共和国加入世界贸易组织法》;

2002 年 12 月 27 日通过《摩尔多瓦共和国行政区域法》，全国撤县建区;

2002 年 12 月 28 日通过《关于地方公共管理法》，规定地方权力机构以区为单位;

2004 年 12 月 2 日通过《关于经济增长和降低贫困水平法》;

2005 年 2 月 17 日通过《关于久尔久国际自由港法》，摩尔多瓦正式成为多瑙河流域国家;

2005 年 7 月 22 日通过《"德左"地区居民点特别法律地位基本原则法》;

2010 年 4 月 23 日通过《确定国旗日的决议》，规定每年 4 月 27 日为国旗日;

2012 年 5 月 25 日通过《保证平等法》，这是摩尔多瓦与欧盟建立免签证制度的关键文件;

2013 年 11 月 1 日，与欧盟签署《联系国协议》，确定与欧盟一体化的国家发展道路。

第二节 现行政治体制的宪法原则

1994 年 7 月 29 日，摩尔多瓦正式颁布独立以后的第一部宪法。摩尔多瓦共和国宪法宣称以建立法制国家和公民社会、实现民主和以人为本为最高价值观。宪法对总统、议会、政府间的权力分配与制约关系做出了明确的界定。

一 国家政体的指导原则

摩尔多瓦共和国宪法对国家政体的指导原则做出如下规定。

第一，三权分立原则，即立法、司法和行政三权分立。三大机构之间责权划分明确，同时相互制约，相互配合。根据 2000 年 7 月 5 日通过的国家宪法修正案，议会和政府拥有立法动议权，总统不再拥有这一权力。

第二，民主制原则。摩尔多瓦实行民主和政治多元化原则，任何意识形态均不得被规定为国家官方意识形态。议会民主是这一原则的具体体现，摩尔多瓦议会是全国人民的最高代表机构，是国家唯一的立法权力机关。凡涉及国家及社会政治经济生活中的重大问题和需要经立法规范的问题均需提交议会讨论通过。议会民主保证人民享有直接或者按照宪法规定的形式通过自己的代表就国家的重大问题投票和参加全民公决的权利，全民公决所通过的法律、决定具有强制性。

第三，宪法至上原则。摩尔多瓦共和国宪法为本国最高法律，凡是与宪法条款相抵触的任何一项法律或其他法规均不具有法律效力。国家体制中的各个环节，包括总统、总理、法官、检察长必须遵守宪法，同时无权修改、解释宪法。摩尔多瓦共和国宪法法院对议会、总统、总理、法官、检察长的命令、决议、指示等是否符合宪法进行监督和裁决。

第四，中立原则。摩尔多瓦独立以后，一方面不断重申摩尔多瓦是享有主权、统一和不可分割的独立国家，其领土不可割让，同时宣布摩尔多瓦永久性中立，不允许其他国家的武装力量在本土驻扎。

第五，公民至上原则。摩尔多瓦视公民和睦、民主、人的尊严、权利和自由、人的个性自由发展、公正的政治多元化为摩尔多瓦国家的最高价值。国家主权属于摩尔多瓦公民，国家的首要任务是尊重和保护人的个性。人民的意志是国家权力的基础，这种意志在自由选举中得到体现，自由选举定期举行。摩尔多瓦公民在法律和权利面前人人平等，享有言论自由、信仰自由、结社自由、迁移自由、创作自由、集会自由等。

二 总统、议会、政府

总统 第一，总统的产生。1990 年 9 月，摩尔多瓦开始设立总统职位。米尔恰·斯涅古尔当选摩尔多瓦第一任总统。摩尔多瓦的宪法曾规定，总统由选民根据平等和直接的普选原则以无记名投票方式选举产生。凡年满 35 岁，在摩尔多瓦境内居住 10 年以上，熟练掌握摩尔多瓦语的摩尔多瓦共和国公民均可被提名担任国家总统职务。总统选举每四年举行一次。从 2000 年开始，总统任期为 5 年。在大选中，获得半数以上选票的候选人当选。如果没有一位候选人获得法定的多数票，依规定程序，从第一轮候选人中筛选出两名获票最多的候选人进行第二轮投票。2000 年 7 月 5 日，摩尔多瓦议会以 90 票赞成的绝对多数对宪法规定的总统选举程序做了修正。根据修正案，摩尔多瓦总统不再由全民直接选举，而是由议会选举产生。摩尔多瓦总统的选举结果由宪法法院确认。同一人不能连续两届担任总统职务。在战争或发生灾害的情况下，摩尔多瓦总统的任期可延长。

第二，总统的职权范围。摩尔多瓦总统是国家元首，须根据宪法和其他法规规定的程序行使权力。总统代表国家，负责保证国家主权、民族独立、国家统一和领土完整，维护人民的基本权利和自由，督促公共权力机关的相关活动，同时承担各权力机构之间、国家和社会之间的调停人职能。总统享有豁免权，他不能因在行使职权时所表述的观点被追究法律责任。

在总统与议会的关系上，宪法规定，议会通过的法律由总统颁布。总统有权出席议会会议，有立法动议权。如果总统对提交的法律有意见，有

权在两个星期内将法律退回议会进行修改。如果议会表决维持原决定，总统应颁布议会复审后通过的法律。总统可以就全国性问题向议会提交咨文。议会在不能组成政府，或在3个月内冻结通过法律的情况下，总统在与议会各党派协商以后，有权解散议会。在总统向议会提交了政府人事任命提案后，在45天内，议会对政府没投信任票，或者两次以上否决了总统有关政府组成的提案，总统有权解散议会。一年内，议会只能被解散一次。在总统任职期满前的最后6个月，以及在非常时期，议会不得被解散。

在总统与政府的关系上，总统参加政府会议，并主持他出席的政府会议，可就紧急问题和特别重要的问题与政府进行磋商。总统应在与大多数议员协商之后，提出总理候选人，并根据议会的信任投票任命政府。在政府改组或出现职位空缺时，总统将根据总理的建议解除和任命政府中的某些成员。

在对外关系方面，总统主持谈判，代表摩尔多瓦共和国签署国际条约，并将签署的国际条约交议会批准。总统与议会有关的常设委员会协商以后，派任和召回外交代表并批准撤销外交使团，改变外交使团的级别，接受其他国家驻摩尔多瓦共和国外交代表的就任和离任国书。

在与军队的关系上，摩尔多瓦总统是武装力量总司令。征得议会同意后，总统可以宣布局部动员或总动员。当国家遭受武装侵略时，总统应采取措施反击侵略，实行战时状态并立即将此决定通报议会。如果此时议会正值休会期，在敌人发动侵略以后的24小时内有理由召开议会会议。总统可在法律范围内依法采取其他旨在保障国家安全和社会秩序的措施。

摩尔多瓦总统的其他职权：颁发国家奖赏和授予荣誉称号；授予法律规定的最高军衔；决定是否给予摩尔多瓦国籍和提供政治避难；依法任命国家公职人员；实行赦免；可以要求人民就全国性问题进行全民公决；授予外交官等级；依法授予检察院、司法部门工作人员以及其他部门职员的最高官衔；在政府的法令与法律相抵触时，在宪法法院做出终审判决前，暂停其效力。

摩尔多瓦总统在行使自己的职权时，可颁布在全国境内执行的总统令。总统令由摩尔多瓦的官方公报发布，总统令应由总理副署。

第三，对总统的罢免。摩尔多瓦总统在犯罪和破坏宪法条款时，可以由议会经 2/3 议员投票通过罢免。罢免总统的提案须有不少于 1/3 的议员提出方能成立，并应立即通知总统本人，总统可以就对他提出的起诉向议会做出解释。如果罢免总统的提案被批准，则应在 30 天内就罢免总统问题进行全民公决。

第四，总统职位空缺。摩尔多瓦总统任期届满、辞职、被罢免、完全不能履行自己的职责或死亡时，即为总统职位空缺。如果总统提出辞职，则辞职声明应交议会，议会要对此表示态度。在总统职位空缺的 3 个月内，依法举行新总统选举。在总统职位空缺时，由议会主席或总理按规定程序临时代理其职。

议会 议会是摩尔多瓦人民的代表机构，是国家最高的立法机构。

第一，议会的构成和任期。摩尔多瓦议会由 101 名议员组成。议会根据平等和直接的普选原则以无记名自由投票方式选举产生。选举结果由宪法法院批准。

议会任期 4 年。议会主席由本届议员通过无记名投票以多数票选举产生，议会副主席根据议会主席同议会内各党派协商后推荐选举产生。

第二，议会的权限。议会有权通过和制定宪法性法律、组织结构法律和一般性法律、命令和决议；确定是否举行全民公决；解释法律和保证在全境内立法调解的统一；批准国家内外政策的基本方针；批准国家的军事学说；根据宪法规定的形式和范围对行政权力机关进行监督；批准、宣布废除、终止、废止摩尔多瓦签订的国际条约；批准国家预算并监督其执行情况；批准提供国家借款、经济援助等；对签订关于从国外借款和贷款的协议进行监督；按法律规定的情况，选举和任命国家公职人员；批准摩尔多瓦国家勋章和奖章；宣布局部动员或总动员；组织研究和听取涉及社会利益的所有问题；宣布紧急状态、戒严和战时状态；按法律规定的情况，终止地方公众管理机构的活动；通过大赦令。

第三，议会会议。议会会议由摩尔多瓦总统在选举后的 30 天内召集。议会每年召开两次例行会议，第一次例行会议 2 月开始，不迟于 7 月底结束。第二次例行会议 9 月开始，不迟于 12 月底结束。议会会议公开进行，

也可以秘密举行。议会可按总统、议会主席或1/3议员的要求召开非常会议或专门会议。

第四，议员的权利和义务。议员任期4年。议员在履行委任职责时即在为人民服务。议员有立法动议权。议员脱产履行议员职能，不能兼任其他某种付酬职务。议员不能被拘留、逮捕、搜查，除非因犯罪被当场抓获。议员不能未经议会听取本人陈述，就被追究司法责任。议员不能因投票或在履行委任职责时发表的观点而遭受迫害和被追究法律责任。

政府 摩尔多瓦政府是摩尔多瓦的最高权力执行机关。

第一，政府的组成和机构。摩尔多瓦政府由总理、第一副总理和副总理、部长等人组成。摩尔多瓦政府总理及其内阁成员由总统和议会协商后任命。总理职位出现空缺时，由摩尔多瓦总统任命另一位政府成员临时履行总理的职责。总理辞职，政府也随之辞职。

第二，政府的职能。摩尔多瓦政府应保证国家内外政策的执行和对公共管理机关实行统一领导。总理领导政府和协调各位成员之间的活动，颁布、组织执行法律、决议和命令。总理要向总统通报对国家具有重要意义的问题。

第三，政府与议会和总统的关系。政府对议会和总统负责，并向议会、各议会委员会和议员提供必要的信息和文件。政府成员可出席议会会议，在必要时，政府成员必须出席议会会议。新政府要向议会提交政府工作纲要。政府工作纲要和政府成员名单提出以后，由议会以议员多数票通过对政府的信任案，政府和每一位政府成员应回答议员的问题和质询。议会可以根据不少于1/4议员的提议经大多数议员投票对政府表示不信任。在议会对政府表示不信任后，总理及整个政府必须辞职。这期间，看守政府在新政府成员宣誓之前只履行管理社会事务的职能。

三 立法与司法

摩尔多瓦共和国独立以后，对苏联遗留的法院、检察院及宪法法院进行了整改，形成了完整的司法审判机关系统和检察监督等护法机关系统。与此同时，摩尔多瓦议会对现行的绝大多数法律法规进行了修订，以适应新的形势要求。在国际援助下，民法和商法基本修订完毕，于1996年初开始实施。

司法体系的活动原则：公民可以自由出入各级法院；公民有权对任何一级法院的判决向上一级法院提出上诉；法院应向公民提供法律帮助。

目前，新的司法体系已建立起来。过去，摩尔多瓦只有市、区二级司法机关，最高法院是上诉机构。现在，司法体系分为四级。法庭是司法系统的基本单位。市（区）法院（一级法院）负责审理本市（区）普通的刑事和民事案件。地区法院相当于州法院（二级法院），领导数个市（区）法院，负责审理对下级法院来说更为复杂的刑事和民事案件，同时也是一级法院的上诉法院。上诉法院（三级法院）审理两个下级法院有争议的判决是否符合法律规定。上诉法院的机构设置为：主席团、刑事审判团、民事审判团、行政机关案件审判团。最高法院（四级法院）不审理一级法院的案件。司法体系的其他两个分支机构是军事法庭和仲裁法庭。

仲裁法庭专门处理经济纠纷案件。当事方可以是任何形式的企业、政府当局或联合会。涉及个人的争议在普通法庭解决。仲裁人由议会任命。为了将案件送达仲裁法庭，申诉方必须出示申诉书。仲裁决定对当事各方均有约束力，应立即执行。对仲裁决定不能提起上诉，但可以将案件递交给作为监督机关的议会。摩尔多瓦法律禁止成立特别法庭，司法部门是唯一行使审判权的机构。

法官制度规定法官是独立的、公正的，并不可被撤职。法官不得兼任除教学和科研以外的任何其他国家公职或私有单位的职务。司法部门的法官由总统根据最高司法委员会的提名任命。任职15年以上的法官可被任命为终身法官。最高法院院长和成员由议会根据最高司法委员会的提名任命。

最高司法委员会是摩尔多瓦司法体系中的最高权力机关。最高司法委员会的职能是保证司法权和法官独立；管理和监督法院的工作；依据法院体制的规则授予法官业务职称；任命、调动、晋升法官和对他们采取纪律措施；追究法院法官的法律责任。最高司法委员会由11名大法官组成，

任期为 5 年，其中 3 名大法官由最高法院联合委员会以无记名投票方式选举产生，还有 3 名由议会从在职教授中选出。司法部部长、最高法院院长、检察院检察长、经济法院院长、总审判长有资格参加最高司法委员会会议。

宪法法院是摩尔多瓦国内唯一的宪法司法机构，也称护宪机构。宪法法院独立于任何一个公众政权机构，它只服从宪法。宪法法院保证宪法的至高无上的地位，保证实现国家权力划分为立法权、行政权和司法权的原则，并保证国家对公民负责和公民对国家负责。宪法法院的职权包括：监督议会的法律、规则和决议以及摩总统令、政府的决议和指示、摩尔多瓦共和国为缔约方的国际条约是否符合宪法；解释宪法；就修改宪法的提议发表意见；批准共和国全民公决的结果；批准议会选举和总统的选举结果；确认解散议会、临时罢免总统或临时代理总统的理由属实；处理最高法院提出的法律条款不符合宪法的非常情况；决定政党的合法性问题。

摩尔多瓦法律和其他法规或这些法律法规中的部分条款一经宪法法院裁决即刻确定为有效或失效，宪法法院的裁决是终审裁决，不得上诉。宪法法院由 6 名任期为 6 年的法官组成。议会、总统和最高司法委员会各任命 2 名法官。宪法法院院长由宪法法院的法官无记名投票选举产生。宪法法院的法官在任职期内不得被撤职，他们是独立的，只服从宪法。

摩尔多瓦检察院属司法系统内的独立单位，并依法对公众管理机构、自然人和法人及他们的企业的执法情况实施监督，维护法制、公民的权利和自由；协助行使司法权。检察院系统由总检察院、地区检察院和专门检察院组成。总检察长由议会主席提名，议会任命。检察官由总检察长任命。

现在摩尔多瓦的律师人才紧缺，特别是能够向外资企业提供商业法律咨询的律师明显不足。基希讷乌有专为外国客户服务的律师事务所。律师必须是大学法律专业毕业生，且在律师事务所中见习 6 个月，才有资格到律师事务所工作。摩尔多瓦法律允许大学教授担任律师。

四 选举制度

摩尔多瓦共和国实行民主选举制度，议会由全民选举产生。

议会选举 一般情况下，议会每 4 年选举一次。议会根据平等和直接的普选原则以无记名自由投票方式选举产生。议会选举不得迟于上届议会任期届满后或上届议会解散后的 3 个月，并依总统命令进行。凡年满 18 周岁的摩尔多瓦公民（精神病患者、服刑人员和执行紧急公务的军人除外）均具有选举权，年满 21 岁的摩尔多瓦公民（军人、法官及检察院、公安局、国家安全机构的工作人员、精神病患者、服刑人员除外）具有被选举权。

议会根据各政党、社会政治组织、选举联盟提出的候选人名单和依据比例代表原则产生的独立候选人名单在多席位选区进行选举。各政党、社会政治组织和选举联盟应在规定的选举日前依据现行法律进行登记注册后方有权参加议会选举。参加竞选的政党、社会政治组织、选举联盟应在选举前 10 天内向中央选举委员会提出申请。各政党、社会政治组织和选举联盟只有在获得不少于全国有效选票的 1/4 之后，才有资格提出议会选举候选人。每 2.8 万名选民中产生一名议会议员。每位公民只能参加一个选区的选举，并只能在常驻地投票，一人一票。为方便选民投票，全国按二级行政区划分选区。

选举委员会 为便于开展选举工作，选举前要成立中央选举委员会、地区选举委员会和区选举委员会。

第一，中央选举委员会在确定选举日前 10 天组成，成员包括 5 名最高法院法官（由最高法院无记名投票选举产生）和参加选举的政党、选举联盟、社会政治组织各推选出的一名代表组成，成员不少于 16 人。中央选举委员会主席由当选的中央选举委员会的法官以无记名投票方式选举产生。中央选举委员会拥有自己的机构和编制（须由政府批准）。中央选举委员会监督全国统一执行选举法；负责划分选区；确定各选区的候选人人数；准备各种关于选举的文件；确定国家各部、委或其他国家管理机构在准备和进行选举时的职责，并听取他们的汇报；分配选举经费；保证选

举场地、交通、通信、计算工具等，并解决其他物质技术问题；就组织和进行选举问题制定细则，向选民通报投票程序；到各选区进行巡视，监督选举法和各项指示的贯彻执行情况；保证选举投票顺利进行；检查和公布选举结果。如发现选区中有违法现象，中央选举委员会有权宣布该选区的选举结果无效。

第二，地区选举委员会由 3 名地区和市法院的法官和不多于 10 名各党派的代表组成，并报中央选举委员会批准。地区选举委员会拥有自己的机构和编制。地区选举委员会的职责是：监督本地区统一执行选举法；划分本地区的选区；审批区选举委员会成员名单；听取地方管理机构、国有企业领导人、各机关等单位关于准备和进行选举的情况汇报；分配本地区的选举经费；及时向居民通报组织和进行选举的一切措施和要求，保证本地区的选举顺利进行；登记候选人名单，发放有关证件；审批有关选举的通讯稿；指导区选举委员会工作；总结地区选举工作和选举结果，并上报中央选举委员会和宪法法院。

第三，区选举委员会的成员由主席、副主席、秘书和不少于 5 名成员组成，负责进行选民登记；向选民公布选民名单；发放选民证；向选民通报投票日期和地点；组织投票；投票结束后，进行汇总，向上一级选举委员会报告。

选举委员会成员在选举中持中立立场。当宪法法院承认各选区选举合法时，选举委员会的权力自行终止。

选区和投票点　　进行全国大选时，选区和投票点按国家二级行政区划分建立。选区的名单须向中央选举委员会申报，同时向当地人民通报。为便于投票，各选区内设数个投票点，每个投票点的选民不得少于 50 人、多于 3000 人。设在学校里的投票点的选民人数不得少于 200 人、多于 3000 人。在选举日，选民应到指定的投票点投票。投票时间为投票日的 7 点至 20 点。

竞选　　竞选活动于公布选举日期开始，投票前一天结束。竞选活动开始以后，已注册的各政党、社会政治组织、选举联盟、独立候选人可自由通过集会、举办座谈会、发放印刷品等不破坏社会秩序的形式宣传自己的竞选纲领。中央选举委员会和地区选举委员会要保证参加竞选的政党在国家或地方的刊物上公布其竞选纲领和党纲。竞选用印刷品不须审批。各政党、社会政治组织和独立候选人的纲领中不得有反对宪法和法律的内容，不得诋毁他人。竞选标语中不得有摩尔多瓦和其他国家的国旗、国花、国徽的图案。

第三节　政党与社团

摩尔多瓦实行多党制，宪法明确规定自由结党组社是公民不可剥夺的权利之一，但每一位公民只能加入一个政党或政治组织，而且摩尔多瓦议会对政党的组建、权利、义务进行了明确的规定，要求政党和社会政治组织必须依照摩尔多瓦法律根据本组织的章程进行活动。

一　组建政党的原则

摩尔多瓦各政党和社会政治组织必须征得不少于 300 名成员的确认，并具有纲领和选举产生的领导机构，方可注册登记。政党的领导机构必须设在摩尔多瓦境内，禁止建立外国政党和社会政治组织及其分支机构。禁止各政党和社会政治组织建立军事组织和企图用武力，或用反宪法方式推翻和改变国家制度、破坏摩尔多瓦国家主权和领土完整、煽动战争、挑拨民族对立和冲突，禁止建立从事反宪法活动的组织。

政党和社会政治组织的章程必须包括：政党名称、目标、达到目标的途径、入党和退党的条件和程序、党员的权利和义务、成立领导机构的程序和职能、通过和修改组织章程的程序、资金和其他财产的来源、政党改组和停止活动的条件和程序。

国家依照法律保障各政党和社会政治组织的合法利益。国家机构、政府官员不得干涉政党和社会政治组织的内部事务。同样，各政党和社会政治组织也不得干涉国家机构和政府官员的活动。违反上述条件者需负法律责任。

任何政党和社会政治组织不得以加入本组织为由限制公民的权利。军

人及国家内务部、国家安全机构、海关、司法和检察机关、官方新闻单位和广播电视台的工作人员不能加入任何政党和社会政治组织。禁止在教育机构中宣传党派的思想和任务。摩尔多瓦法律规定，建立政党和社会政治组织的原则是：政党和社会政治组织按区域原则建立，不得在劳动集体中建立基层活动组织。政党和社会政治组织必须在司法部进行注册登记，然后才能开展实现本组织纲领目标的活动。司法部如拒绝予以注册，政党和社会政治组织可在 10 天内向最高法院上诉，最高法院的判决是终审判决。国家不向政党和社会政治组织拨款，同时禁止外国和外国法人、自然人向摩尔多瓦政党和社会政治组织拨款。

政党和社会政治组织有权自由组织集会、召开会议、举行游行、发布本组织的活动信息、参加国家各级代表机构的选举、参加国家组建管理机构的工作，按国家规定程序提出法律提案、依法拥有舆论工具和出版物。在议会选举期间，可无偿使用国家的舆论工具。政党和社会政治组织有权拥有楼房、设备、出版物、印刷厂、交通工具等，但不得占有土地、工业企业、生产部门，不得从事经济和商业活动，不得收藏武器、爆炸物和会危害公民生命和健康的物品。政党和社会政治组织的合法收入不得在组织成员中进行分配，只能用于组织活动，或用于慈善事业。

政党和社会政治组织应在每年 2 月前向摩尔多瓦财政部报告上一年度的财政收入情况，对非法所得，国家予以没收。对政党和社会政治组织的监督权属财政部、检察院和司法部。财政部监督政党和社会政治组织的纳税情况，检察院和司法部监督政党和社会政治组织是否依法进行政治活动。司法部有权中止政党和社会政治组织的活动。在选举期间，摩尔多瓦最高法院行使这一权力。

二　主要政党

1991 年 9 月 17 日，摩尔多瓦议会通过《政党和其他社会组织法》，政府又在此基础上颁布了《关于摩尔多瓦社会组织》的决议。这两项法律文件的实施改变了国家的社会政治生活，各种政党、社会团体、组织层出不穷。1993 年 6 月 1 日，全国的各类政治组织超过 300 个，但大多数政治组织缺少资金来源，影响力有限。1998 年国家对政党进行重新注册登记以后，全国保留有 26 个政党，其中在摩尔多瓦独立后第一个十年的国家政治生活中产生重要影响的政党有以下几个。

摩尔多瓦农业民主党 在 1994 年 2 月 27 日的全国大选中成为执政党，主要代表人物是摩尔多瓦第一任总统斯涅古尔、议长卢钦斯基和总理桑格利。

该党于 1989 年 1 月成立，安德烈耶夫任主席。1990 年 10 月 22 日在斯特拉申斯克召开代表会议，宣布将农民联盟更名为农业民主党。该党的政治主张是：全面巩固国家独立，放弃与罗马尼亚合并的愿景，换取加告兹地区和"德左"地区的让步，解决这两个地区的分裂状况，从而消除冲突的根源，保持国家的统一，重建摩尔多瓦"统一的经济空间"，在保持国家政治和军事独立的前提下，有条件地加入独联体，通过恢复和发展与独联体国家传统的经济关系使国家走出经济困境。

争取摩尔多瓦复兴与繁荣民主党 1990 年 12 月 23 日宣布成立。在成立大会上，尼·米哈伊当选党的主席，同时选出由 27 人组成的全党委员会和由 11 人组成的主席团。该党的政治纲领宣称：建立尊重全人类普世原则的社会；争取摩尔多瓦拥有完整和真正的主权；主张政治多元化、议会民主制、保障人权和自由；以和平方式争取乌克兰归还摩尔多瓦南部和北布科维纳的领土；复兴民族文化传统；根除极权政治和专制主义；拒绝任何阶级专政；否认任何政党在社会中的先锋作用；以民主改革和议会的和平手段发展社会、国家安全机构和司法机构等的非意识形态化；反对按社会制度把人民和国家划分为朋友和敌人；尊重民族自决权和主权；承认一切经济制度和各种所有制一律平等；加快向市场经济过渡；将土地归还给农民；文化、科学、教育非政治化；公民的政治信仰和宗教信仰自由；维护和平；等等。

摩尔多瓦社会民主党 1990 年 5 月成立，由 B. 奇博塔鲁为总书记，A. 科谢廖夫为党的协调委员会主席。该党赞同社会党国际 1989 年的《斯德哥尔摩宣言》，主张自由、正义、团结、主权和民主。该党认同"民主社会主义概念"和西方社会民主主义的价值观。经济方面，该党主张实

行资本主义市场经济。

摩尔多瓦共产党 Г. 叶列麦伊于1992年2月当选为党中央第一书记。1989年，党员人数为19.98万人，1990年有1.74万名党员退党。截至1991年1月1日，摩共产党员人数为17.25万人。1991年4月，摩共分裂，党内的"民主纲领派"在基希讷乌宣布成立摩尔多瓦独立共产党，A. 加夫里洛夫当选为党的主席。该党于同年4月5日发表党章草案，宣称该党是议会式政党，坚持社会主义方向，是摩尔多瓦民主运动的一部分，主张通过建设现代化的公民社会来确保国家的充分主权。

1991年8月23日，摩尔多瓦议会通过《关于摩尔多瓦共产党》的决议，取缔共产党。1993年10月，在时任总统弗·沃罗宁的领导下，共产党内部经过改组，更名为共产党人党，弗·沃罗宁任第一书记。1994年4月，摩尔多瓦议会取消了对共产党的禁令。同年12月，重新走上政治舞台的共产党人党召开复出后的第一次党代会。在1998年3月举行的议会选举中，该党获得议会101个席位中的40席。在2001年2月举行的议会选举中，该党得到71个议席。2001年4月4日，弗·沃罗宁当选为摩尔多瓦共和国总统。

该党支持摩尔多瓦实现与欧洲的政治和经济一体化，但反对加入北约，拥护与俄罗斯发展全面合作关系。在2008年3月召开的第6届党代表大会上，通过了新的党纲，确定了当前和未来的国家政治活动优先方向。党纲规定，要不断加强摩尔多瓦的主权和国家体制；恢复领土完整；实现国家经济现代化并在此基础上不断提高人民的生活水平；始终坚持实现摩尔多瓦社会的民主化和公民团结；严格保护全体公民的权利和自由；实现欧洲一体化。

新版党章指出，在自愿的基础上团结摩尔多瓦坚持社会主义思想的公民。党章强调，该党是欧洲式政党，在新的历史条件下为追求人文理想、实现人类价值观、实现社会主义而斗争。

改革党 1993年秋季成立，主席斯特凡·戈尔达曾任摩尔多瓦总统顾问。

该党属中右派政党，主要由商人、科学工作者和政治活动家组成。该党的战略方针是对苏联体制进行激进的和不可逆转的改革。党的纲领规定巩固宪法规定的把私有制作为国家的经济基础。该党坚定维护国家的现实独立，认为摩尔多瓦是独立和不可分割的单一制国家，全体公民不分民族成分和谐相处。改革党主张修正国家私有化纲要，认为以国家财产证券方式进行的私有化首先应该是民主的方式，而不应该成为无效的经济方式，呼吁土地私有合法化。

2000 年以后，摩尔多瓦社会政治生活起伏不定，国内的政治生态发生了不小的变化，政党组织也随之分化组合。截至 2013 年摩尔多瓦国内注册登记的政党有 25 个，具有广泛影响力的政党有以下几个。

自由党　属于极右亲罗马尼亚的政党，前身为改革党。2005 年，改革党与自由党、摩尔多瓦民主党合并取名为自由党，继承了改革党的方针政策。其领导人是 M. 基姆普，2010 年曾任国家议会议长并代理总统职务。

自由民主党　2007 年 12 月成立，2008 年 1 月注册登记，其领导人是弗拉吉米尔·菲拉特，他是摩尔多瓦知名的企业家之一，在摩尔多瓦和罗马尼亚拥有众多企业。菲拉特奉行亲罗马尼亚的政策。自由民主党奉行与罗马尼亚合并的方针政策。

"我们的摩尔多瓦"联盟　2003 年成立，由时任基希讷乌市市长 C. 乌列克扬领导，该联盟是在"民主摩尔多瓦"联盟分裂以后，为参加 2005 年 3 月议会选举成立的选举联盟，主要成员来自自由党、独立人联盟、社会自由党和民主党，属于自由派政党。从 2003 年开始，该党参加地方机构选举，并成为国内影响力居第二位的政党。但从 2009 年开始该党的支持率呈现下降趋势，在 2009 年 12 月召开的第 8 届全党代表大会上，该党领导层出现了分裂，2011 年 6 月 5 日并入自由民主党。

三　2010～2014 年的右翼政党

截至 2014 年 1 月，摩尔多瓦全国有 20 多个右翼政党组织，但其中一些组织在司法部注册登记以后，并没有开展积极的活动。对摩尔多瓦政治、经济、社会生活产生重大影响的右翼政党，主要有自由民主党、民主党、自由改革党、自由党和民族自由党。"欧洲行动"运动也属于右翼力量，该组织于 2011 年并入自由党。

自由民主党 成立于 2007 年 12 月 8 日，党主席为弗拉吉米尔·菲拉特，曾任民主党副主席，摩尔多瓦国内有名的企业家。尤里·梁克任该党第一副主席，在他的领导下 2013 年摩尔多瓦经济稳定增长，提高了该党在民众中的威望。该党于 2008 年注册时拥有党员 1.3 万人，至 2014 年发展到 3 万人。该党在议会中有 31 名议员，数量仅次于共产党人党，在地方机构中有 300 名党员处于领导地位，2009 年右翼政党在议会中占有多数席位，致使共产党人党的提案无法通过。2013 年 12 月 8 日该党召开第 6 届党代表大会，成为摩尔多瓦国内政治生活中的重要事件。在这次大会上，该党宣布了成为国家执政党的目标。

2013 年，自由民主党提高摩尔多瓦平均工资水平的提案获得通过，摩尔多瓦公民人均工资增加 200 欧元，与 2012 年相比增加 8.3%。自由民主党主张与欧盟尽快建立联系国关系，该党认为在 2009 年秋最重要的成就是推翻了共产党人党对政权的垄断，推进摩尔多瓦的欧洲一体化进程，这是摩尔多瓦实现国家现代化的唯一途径。

民主党 在"争取摩尔多瓦民主与复兴"运动基础上于 2000 年 4 月成立。2008 年 2 月 10 日，社会自由党加入民主党，2009 年末该党又吸收了著名的共产党人、前议长卢普加入民主党，由其担任党的领导人。在 2009 年 7 月举行的议会选举中，民主党的得票率为 12.54%，在议会中获得 13 个席位，成为全国第四大党。同时，民主党与自由民主党、自由党和当时的"我们的摩尔多瓦"联盟组建成立执政联盟"争取欧洲一体化"。

在 2010 年提前议会选举中，民主党获得 12.70% 的选票，在议会中得到 15 个席位，再次加入执政联盟"争取欧洲一体化"，由于"我们的摩尔多瓦"联盟解散，所以此次的执政联盟由三个政党组成。

2013 年 5 月 30 日，自由民主党主席菲拉特、民主党主席卢普、自由党议会派主席和自由党改革理事会领导人哈迪尔克签署成立"亲欧洲执政联盟"协议。同一天，民主党人伊戈尔·科尔曼当选议长，自由民主党人尤里·梁克任政府总理，政府成员中有 8 名部长来自自由民主党、6 名部长来自民主党、3 名部长来自自由改革党。

在国内一些政治问题上，民主党不主张改变宪法，也不愿意就国家语言问题进行全民公决。在对外政策方面，民主党执行的实际上是亲罗马尼亚的政策，不愿意把俄罗斯作为主要的政治和经济伙伴来对待。

摩尔多瓦右派政党反对将俄罗斯兼并克里米亚事件与科索沃事件进行类比，认为克里米亚就其半岛地位进行公决是对乌克兰国家独立、主权和领土完整的侵害。民主党领导人卢普表示，无论是科索沃，还是克里米亚，问题是一样的，即涉及国家的领土完整问题。

自由党　该党的前身为 1993 年成立的改革党。改革党分裂以后，部分成员成立了自由党，属极右翼政党，执行亲罗马尼亚的政策。该党在摩尔多瓦社会和国家生活中占有重要的地位，布加勒斯特向自由党提供不少物质和道义上的帮助。在 2009 年的议会选举中，自由党获得 14.68% 的选票，在议会中获得 15 个席位。自由党获得摩尔多瓦社会中主张与罗马尼亚合并人群的支持，拥有稳定的票仓，这些人持反共产党人党和去俄化的政治立场。

2013 年 4 月 12 日，自由党发生分裂。该党一些著名的议员、担任部长或副部长职务的党员因重新选举党领导人的要求未得到满足而退党，大大削弱了自由党的支持率。2013 年 6 月 21 日自由党改革委员会举行会议，通过决议成立新的政党。2013 年 12 月 15 日，召开党的会议，宣布成立自由改革党，主席为米·约·哈迪尔科，总书记为 P. 克利马，自由党更名为自由改革党后，宣布该党为右派政党，继续坚持与罗马尼亚在政治、外交、经济、军事、文化和人文方面进行全面合作的政策，认为国家利益高于政党利益。2013 年 12 月 31 日，自由改革党在摩尔多瓦司法部正式注册登记。该党的基本目标是推进摩尔多瓦的亲欧洲政策、坚持公民的自由和福利、提高居民的生活水平。

四　2010～2014 年的左翼政党

在当今的摩尔多瓦政坛上，左翼政党还保持着一定的影响力，但是否能够在议会选举中胜出，还有很多不确定因素。

摩尔多瓦社会主义者党　该党的前身是成立于 1992 年 3 月的摩尔多瓦社会党，1996 年从社会党中分离出来，从 1997 年 6 月 29 日起称作摩尔多瓦社会主义者党。该党主席一直是伊格尔·多顿，该党的宗旨是在现代摩尔多瓦积极宣传社会主义思想，促进摩尔多瓦加强与独联体国家的关系。2000 年 12 月，该党首次提出通过国家联邦化的途径解决"德左"问题。该党与共产党人党合作密切，并积极参与国内政治生活。但是，2011 年该党与共产党人党产生矛盾，在民众中的支持率下降。在当年的地方选举中只获得 0.13% 的选票。但是，该党仍然是摩尔多瓦政治生活中影响力仅次于共产党人党的左派政党。截至 2012 年该党党员人数超过 1 万人，在全国 28 个区内设有党的分支机构，并向农村地区派出长驻代表。2012 年该党支持率上升，多顿的支持率升至 13%，党员人数也不断增加。

在现阶段，社会主义者党的主要任务为：在政治方面，加强摩尔多瓦国家建设和自身定位，推进摩尔多瓦联邦化进程，该党认为这是维护国家领土完整的唯一途径。坚持欧亚选择，与俄罗斯发展友好关系。要求在摩尔多瓦学校中教授摩尔多瓦历史课程，取消教授罗马尼亚历史课程，促进建立团结的摩尔多瓦公民社会。在经济发展和居民社会保障方面，该党主张实行社会主义价值观和以社会为导向的经济，并定期制定国家经济发展纲要。要求对现政权机构进行改革，减少国家领导层中的自由派人数，建立由爱国并具有专业特长的人组成的政府。但在如何落实党的任务方面，党内出现分歧，多顿的领导风格受到批评。2013 年 8 月召开的第 11 届党代表大会上，多顿被撤销领导职务。

社会民主党　1990 年 5 月 13 日成立，从 2010 年 4 月 17 日起，该党主席为维克多·舍林。该党奠基人是奥阿祖·南多，他分别于 1990 年 5 月～1995 年 2 月和 1998～2004 年担任该党领导人。他对苏联和俄联邦持严厉的批评态度。因此在他任领导人期间，社会民主党不能归入左翼政党的行列，直到约·穆舒克（2004 年 2 月～2006 年 11 月任党主席）和其子埃杜阿尔德·穆舒克（2006 年 11 月～2007 年 12 月任党主席）领导社会民主党以后，党的性质才发生了变化。这两位领导人都是企业家，主张与俄罗斯发展经济关系，开展商业活动。正当该党的支持率上升时，父子俩因非法所得（约 200 万列伊）而被追究刑事责任。之后，埃杜阿尔德·穆舒克加入共产党人党，并成为摩尔多瓦议会议员。

前总理杜米特鲁·布拉吉什出任社会民主党领导人时（2007 年 12 月～2010 年 4 月）继续执行左派政治路线。但是他提出的解决"德左"问题的建议，如将"德左"地区租赁给俄罗斯不仅没有得到民众的理解，反而使支持该党的人陷入恐慌。在 2009 年 7 月 29 日举行的议会选举中，社会民主党得票率仅为 1.86%，未能进入议会。在这种情况下，维克多·舍林决定领导该党，确定党的首要任务是关注国家的社会和经济问题，帮助国家摆脱经济危机，并出台了旨在保护公民、发展民族企业、创造就业机会的反危机纲领。2010 年 11 月召开的第 12 届党代表大会强调指出，摩尔多瓦加入关税联盟的自由经济区有利于摩尔多瓦经济发展和对外贸易。同时，该党反对摩尔多瓦一边倒向西方国家的对外政策，支持摩尔多瓦奉行独立和中立地位。2010 年摩尔多瓦右派掌权以后，社会民主党曾试图与共产党人党联手推翻右派统治，但被婉言拒绝。

"摩尔多瓦爱国者"党　2010 年 6 月 30 日注册登记的年轻政党，该党的领导人米哈伊尔·加尔布兹，毕业于基希讷乌大学。其公布的党纲指出：该党团结全体公民；尊重民族文化价值观；尊重国家主权和领土完整；尊重历史传承；认为俄罗斯是摩尔多瓦国家的战略盟友，同时应与西方国家保持友好、和平、合作的关系。该党人数不多，约为 1000 人，但活动能量不容小视。该党自成立以来组织了许多集会，如纪念 1918 年被罗马尼亚占领大会，打出的口号是"没有北约的摩尔多瓦！"。该党要求政府取消学校关于罗马尼亚历史的课程。但该党的力量过于薄弱，无法实现设定的目标。

2013 年 5 月"摩尔多瓦爱国者"党、摩尔多瓦地区党、摩尔多瓦社会主义者党签署合作协议，指出他们的共同目标是进入议会，推动解决经济、政治和"德左"问题，扩大左派思想的影响力，与独联体国家发展友好关系，反对自由主义思想，反对摩尔多瓦罗马尼亚化等。

"统一摩尔多瓦"党　成立于 2006 年 2 月 26 日。2010 年弗拉吉米尔·楚尔坎担任领导人以后，一批有影响力的政坛人物退党，如摩尔多瓦前内务部长和摩尔多瓦驻俄罗斯前任大使。该党在 2009 年的议会选举中仅获得 0.22% 的选票，2010 年获得 0.48% 的选票。该党的政治主张与其他左派政党相同。为了区别于其他政党，该党的纲领草案名为《社会住房》。弗拉吉米尔·楚尔坎认为，住房问题仍然是摩尔多瓦面临的尖锐的社会问题之一，已经影响到国家的经济生活。该党的目标是提高最低收入人群的住房占有率。在国际政治方面，该党主张与独联体国家，首先是与俄罗斯合作。该党反对政府将 1940 年 6 月 28 日定为"苏联占领日"，认为摩尔多瓦恢复国家地位正是 1940 年 6 月 28 日苏联与罗马尼亚签订协议的结果。

摩尔多瓦人民社会主义党　2011 年 10 月 31 日成立，在全国 24 个区设有分支机构，党员人数约为 4000 人，该党奠基人为原共产党人维克多·斯杰帕纽克。该党的目标是参加未来的议会选举，希望获得 15% ~ 20% 的选票，该党的主要支持者是工人和农民。2010 年维克多·斯杰帕纽克曾以独立候选人的身份参加议会选举，得票率仅为 0.06%。在国内经济生活方面，该党主张提高退休金 30%，每月应不少于 1500 列伊，还主张将奖学金提高 30% ~ 50%。在对外政策方面，该党与其他左派党没有区别。2012 年 4 月 6 日，人民社会主义党和社会民主党签署关于成立左派联盟的宣言，确定实现摩尔多瓦社会政治和经济的现代化为左派联盟的战略目标，将左派联盟打造成为社会对话与合作的平台，成为促进摩尔多瓦社会团结和实现现代化，推动摩尔多瓦发展与进步的因素。

"复兴"党　创建于 2012 年 9 月 15 日，2012 年 10 月 17 日正式注册登记。该党主席为议会议员瓦季姆·米申，副主席为摩尔多瓦前总理瓦西里·塔尔列夫。该党有党员 4000 人，设立了党纲、党章和领导机构。党规定了三方面的任务：维护摩尔多瓦国家体制；加强和发展社会纲要；复兴国家经济。党章指出，"复兴"党团结一切自愿赞成社会主义思想的公民，拥护摩尔多瓦共和国主权、中立、领土完整、加强国家体制。该党领导人瓦季姆·米申一直谋求俄罗斯的支持，曾与东正教莫斯科教区大牧首季里尔会晤，并致信俄罗斯副总理罗戈津，希望其帮助摩尔多瓦一家葡萄酒企业的产品进入俄罗斯市场。

摩尔多瓦地区党 2011 年 9 月 23 日注册登记,该党主席米哈伊尔·福尔穆扎尔,曾任加告兹自治区领导人(2006 年 12 月 7 日~2010 年 12月 26 日),党员人数约为 5000 人。党内骨干力量主要来自"统一加告兹"运动。地区党党纲明确规定,该党为左派政党。福尔穆扎尔声明,要领导该党积极参与国家的政治生活,维护摩尔多瓦的国家利益,并帮助解决公民的社会经济问题。该党主要的战略目标是:促进摩尔多瓦向政治稳定、社会公正、经济繁荣的和谐社会方向发展。在对外政策方面,该党主张摩尔多瓦应积极参与欧亚地区的经济一体化进程,并成为欧亚经济联盟的成员国;同时利用欧盟提供的优惠条件发展本国经济;维护摩尔多瓦的中立地位,不参加任何军事政治联盟;地区党支持就摩尔多瓦加入俄白哈关税联盟问题进行全民公决。

在内政方面,地区党支持建立联邦制,但保持议会共和国的国家体制不变,即政府有广泛的管理国家的权力,但总统应由全国人民选举产生。地区党认为俄语应该享有第二国家语言的地位。

五 社 会 团 体

摩尔多瓦非政府社会团体的情况比较复杂。摩尔多瓦有联合 25 个部门工会的独立工会联盟,还有摩尔多瓦商会联盟。工会一直主张用对话形式解决经济组织的矛盾,支持建立独立民主国家的方针。类似工会的组织还有作家联盟、新闻工作者联盟、音乐人联盟、画家协会、建筑师协会、影视人联盟等。摩尔多瓦国内大多数人有宗教信仰,并加入不同的教会组织。

历史上，摩尔多瓦是一个落后的农业生产地区，几乎没有工业，只有为数不多的手工作坊和小型农产品加工企业，产品主要供本地居民消费。摩尔多瓦加入苏联以后，其经济被全面纳入苏联计划经济体制。苏联大规模工业化运动促进了摩尔多瓦工业的发展，工业在经济中所占的比重有所上升。摩尔多瓦经济发展的主要特点是以发展农业经济为前提条件，并在此基础上发展工业，工业的主导部门是食品加工工业和农产品加工业，这两个部门的生产总值占工业生产总值的一半以上。

第一节　概述

摩尔多瓦属于农工业经济国家，经济发展主要依赖农业和对水果、蔬菜、烟草的专业化加工工业。2008 年的世界经济危机在一定程度上冲击了摩尔多瓦的经济，2009 年国家经济生活困难，内需下降、失业人数增加、国家收入减少、外贸动力不足。2009 年摩尔多瓦经济出现负增长，2010 年和 2011 年国家经济开始复苏，出口恢复。2012 年国内生产总值比 2011 年增长 3%。但是，摩尔多瓦仍然没有改变欧洲穷国的地位，由于国内生活水平远远落后于其他欧洲国家，全国有 50 多万人出境谋生。2013 年，摩尔多瓦国内生产总值为 79.3 亿美元，在独联体国家中居末位。2014 年，摩尔多瓦经济总量在世界 191 个国家中居第142 位。

一 自然条件与经济区域划分

1. 自然条件

摩尔多瓦境内有丰富的非金属矿，并已探明 330 个非金属富矿区。它们是：2 个石膏矿、3 个制玻璃用的沙土矿、51 个石灰岩矿、6 个沙土矿、6 个硅藻土矿、69 个毛石采石场、84 个沙和砾石混合矿、101 个砖瓦原料矿、8 个陶土矿等。现在，摩尔多瓦只开采了 94 个矿区。

摩尔多瓦的地壳岩层大多形成于晚第三纪和第四纪时期。在晚第三纪形成的岩层中蕴藏着品种丰富的石灰岩，其中最有价值的是白色齿状、带有漂亮花纹的石灰岩。普鲁特河两岸蕴藏着厚度达 85 米的石灰岩。石灰岩是摩尔多瓦城市建筑用的高档石材，也是摩尔多瓦的主要矿藏资源，全国各地均有出产。摩尔多瓦的石灰岩品质远远领先于欧洲其他国家出产的同类产品。苏联时期，摩尔多瓦的石灰岩被广泛用于苏联建筑的外装修。全国著名的矿场有克里科矿场（基希讷乌建筑用料的主要供应地）、古拉 - 贝古卢伊矿场和蒂拉斯波尔矿场。彩色花岗岩主要蕴藏在德涅斯特河南部，这种材料主要用于铺设道路。

摩尔多瓦境内出产的用于炼糖的特种石灰岩矿十分宝贵。这种矿石也被称作"糖石"。摩尔多瓦所产的"糖石"除了满足本国糖厂的需要以外，还出口乌克兰。摩尔多瓦的另一种宝贵矿物资源是硅藻土。硅藻土是稀有的化学原料。摩尔多瓦硅藻土矿层从南延伸到北，索罗基、奥科尼亚、雷布尼察、杜博萨雷等地区蕴藏量丰富。据摩尔多瓦科学院地理地质研究所的预测，仅在德涅斯特河右岸地区，硅藻土的蕴藏量就达到 85 亿立方米，左岸地区的蕴藏量更多。摩尔多瓦硅藻土的品质极好，很多地区的矿层处于地表层，开采费用低廉。硅藻土是一种独特的吸附剂，这种物质可清除工业废物并净化饮用水、果汁、葡萄酒等。硅藻土也是很好的建筑材料，隔声隔热，可用于生产耐火砖，还可用于塑料、纸张等的生产，亦可用作生产玻璃等高级器皿的添加原料。摩尔多瓦还盛产高品质的黏土，有绿色、黄色和红褐色。它是制砖、制陶瓷器不可缺少的原料。

传统观念一直认为摩尔多瓦境内没有石油和天然气，但是，摩尔多瓦

地质学家一直在境内寻找油田。自1957年在武勒卡涅什特开发出第一座油井后，又在武勒卡涅什特和温格内附近发现了天然气，现已探明摩尔多瓦境内有丰富的石油（储量约100万吨）和天然气（约80亿立方米）资源。摩尔多瓦的许多地质专家认为，摩尔多瓦的地下资源还没有完全探明。目前，地质学家已在北部发现了铁矿、萤石、晶石、石墨矿矿床的征兆，尤其是在南方不同时期的地质构造层中发现了金矿、银矿特征，在500米深的地下则发现了铜矿、锌矿、铝矿和蕴藏石油的特征。地质专家们还认为，摩尔多瓦一些地区的地质构造完全符合生成钻石的条件。

摩尔多瓦有10亿立方米的地下水资源，60%已被开采用于日常用水。摩尔多瓦是个贫水国家。全国年需水量为2.5亿立方米，而已探明的可利用水量每年只有1.5亿立方米。摩尔多瓦平均每人每天用水只有100升，而联合国规定的标准为每人每天用水1000升。摩尔多瓦已探明的地下水源有221处，另外还有26个矿泉水水源。

就已探明的水源水质来讲，其中1/3可以直接饮用，1/5必须经过净化处理后方可作为生活用水。在翁钦和卡胡尔附近地区，水温在30℃～46℃的温泉尚未得到开发利用。

2. 经济区域的划分

自然资源和地理条件的差异对农业专业化生产、工业企业的分布产生了重大的影响，由此造成了摩尔多瓦的区域经济差异。摩尔多瓦全国大致可以划分为四个自然经济区：中部经济区、北部经济区、南部经济区和东南部经济区。

（1）中部经济区

摩尔多瓦中部经济区包括科德雷地区，面积占全国面积的28%。该区拥有众多的工业企业，农业生产亦发达，首都基希讷乌在该地区的经济生活中起主导作用。

科德雷地区地质构造复杂，沟壑交错，地貌景观多样，一步一景，是摩尔多瓦境内的旅游胜地。这里坐落着具有典型摩尔多瓦建筑风格的古老建筑，普希金博物馆闻名全国。科德雷地区的果园面积占全国果园面积的40%，其中葡萄园面积占全国的30%，烟草产量占全国产量的1/3。该地

区的葡萄种植和园艺业已有数百年的历史。在苏联时期,随着农业集约化的不断发展,科德雷南部建成了大规模的葡萄种植和数十个生产葡萄酒的农工综合体。摩尔多瓦一半以上的葡萄酒生产农工综合体和水果蔬菜加工农工综合体集中建在这里。

尼斯波林地区生产的黑李子是该地区的特色果品。这里的自然条件非常适合李子树的生长。现在,这里已形成大规模的李子生产基地。

中部经济区的农作物种植业不太发达,该地区还饲养牛、羊、猪和禽类。

(2)北部经济区

摩尔多瓦北部经济区内有风光优美如画的森林草原区和一望无际的草原区。草原从南面向德涅斯特河和普鲁特河沿岸的河阶地区延伸。河阶地区的气候各异:地势越低,温度越高,气候越干燥。地势越高,气温越低,气候越凉爽湿润。气候差异造就了北部地区丰富多样的自然景观。北部地区气候宜人,这里的年均降水量一般不会少于 500 毫米,属舒适的温带气候。褐色的森林土和黑土是典型的脱碱高产土壤。该地区比较发达的产业有食品加工业、粮食加工业、畜牧业和园林种植业。北部地区的汽车制造业、金属加工业、木材加工业具有一定规模,水泥、粗石和碎石、陶粒等建筑材料的产量占全国产量的 1/3,针织内衣、皮帽、皮鞋等轻工产品占全国产量的 1/3。

北部地区 90% 以上的耕地种植农作物。北部地区的农作物耕种面积和果蔬种植面积分别占全国同类耕种面积的近一半。在黑土平原地区主要种植小麦、大豆、烟草、香精油植物、土豆、向日葵、甜菜,果园里出产上等的苹果和梨。该地区的甜菜产量占全国产量的 90% 以上,向日葵、玉米产量占全国产量的近一半。这里的可耕地面积少于摩尔多瓦的其他地区,但是,该地区自然资源的有效利用率远远高于其他地区。北部地区植物油的年产量占全国年产量的 2/3,烟草占 1/2,奶制品占 1/2,肉和香肠制品占 1/3。

(3)南部经济区

从科德雷向南,普鲁特河和德涅斯特河之间的地区是摩尔多瓦南部地区，约占全国面积的 24%。在摩尔多瓦南部有两个平原从北向南依次延伸，海拔也依次降低，该地区大部分处于丘陵平原禾本植物草原地带。该区的北部边缘地区高出海平面 250 米，属科德雷类型的森林区。摩尔多瓦南方的大部分土地由普鲁特河、雅尔布克河、柯吉尔尼可河的河滩地、沼泽地和盐碱地构成。摩尔多瓦南方的自然景观特征明显，宽阔的、层层高起的普鲁特河河阶地沿季格奇高地的西坡形成耸立的阶梯。虽然这里没有肥沃的森林土和茂密的榉树林，但也不乏优质土地和成片的树林。

这里有独具特色的自然景观保护区。保护区内有绒橡树林、东方鹅耳枥树林和栌树林。这些树林沿高低起伏的山地绵延伸展，生机盎然。从巴依玛克利亚村通往卡古尔市道路两边的林地忽而紧挨一起，忽而散落在原野上，普鲁特河粼波闪烁，蜿蜒萦绕于湖泊、沼泽地和片片树林之间。

南方和北方一样，辽阔的黑土田野里主要种植三种农作物：冬小麦、玉米和向日葵。除了这些农作物以外，这里还种植葡萄。葡萄种植已成为南方经济发展的主要项目，南部农业产值的 1/3 来自葡萄种植业。南方特有的炎热气候和含碳酸盐的黑土非常适合葡萄生长。葡萄种植和葡萄加工业稳步发展，已形成数千公顷的葡萄种植园，这里成为全国葡萄的生产基地，该地区生产的食用葡萄销往全国。2000 年，南方葡萄酒的产量已占全国产量的 2/5。南部经济区雨量不足，近一半的土地需要依靠普鲁特河、德涅斯特河河水灌溉。

该经济区的特点是农业经济和发展中的工业经济并存。该地区有专业化油料作物加工部门。畜牧业产值占南部经济区农业产值的 1/3。

南部经济区主要依靠粮食和食品加工业来拉动本地区的经济发展，其中小麦加工业占主导地位，而葡萄酒工业的产值处于首位，占全国葡萄酒产值的 1/3。油料加工业的产值占南方经济区工业部门总产值的一半以上。

（4）东南部经济区

摩尔多瓦东南部经济区指德涅斯特河下游的草原平原。该地区工业发达，蔬菜种植、水果栽培和肉、奶加工及畜牧业亦有良好的基础。东南部经济区的面积占全国面积的 17%。这里气候温暖、干燥，气温在 −3℃

（1月）至22℃（7月），年均降水量不超过400毫米。这里的地表层是普通黑土，河阶地是含碳酸盐的黑土，东南部地区的河阶地齐整。德涅斯特河河滩地是河滩草地和沼泽地。历史上，摩尔多瓦东南部经济区曾拥有广袤的针茅草原，现在已消失。德涅斯特河河滩地被全部开垦，种上了小麦、玉米、向日葵。河滩地非常适合栽种各种蔬菜，在河滩地种植的西红柿等蔬菜常常获得丰产。东南部经济区的"伊里奇"蔬果园闻名全国，它完全建在黑土地带，主要利用德涅斯特河河水进行灌溉。

根据东南部经济区自然条件，该地区以水浇地为主。卡拉盖什灌溉系统是全国最古老的利用德涅斯特河河水的灌溉系统。东南部经济区平坦的地势和肥沃的土地促进了德涅斯特河下游的水利发展。水利发展大大促进了当地农业和小麦加工业的发展。东南部经济区的可耕种土地约占78%，其中15%是常年耕种土地，5%是牧场和草场。这里的主要农作物是玉米和冬小麦，经济作物是向日葵和烟草。该地区生产的畜牧产品占全国产量的20%以上，大型牲畜主要是奶牛。苏联时期，该地区的其他工业部门也获得了快速发展。机器制造产品和冶金产品的产量占全国同类产品产量的1/3，罐头食品和电能产量居全国第一位。

该地区的自然保护区面积不大，保护区内有湖泊、变成沼泽地的古河道和原始森林。森林中的主要树种有橡树、黑杨、白杨和各种柳树。在戈里高里村附近的一个林子里生活着成群的狍子。德涅斯特河两岸生活着许多水獭、麝鼠和野山猫。

二　独立后的经济改革轨迹

摩尔多瓦独立以后，在全国范围内推行从苏联式计划经济向市场经济过渡的改革政策。摩尔多瓦过渡时期的主要任务是改公有制为私有制，并出台了新的所有制法规。根据新法规，全国三种所有制形式并存，即私人所有制、集体所有制和国家所有制。1991年1月22日颁布的《财产法》规定，私有财产受到国家法律的保护。《财产法》把财产分为三种：私有财产、集体所有财产（包括集体农庄的财产）和国有资产。根据这项法律，财产所有人有权占有、使用和处置财产。

摩尔多瓦议会从 1991 年起陆续批准实施的《所有制法》《私有化法》《企业和企业集团法》《破产法》《证券法》《土地法》《投资法》等一系列法律法规均旨在发展市场经济，导入自由竞争机制。这些法律法规为国家的改制工作奠定了法律基础。2000 年，摩尔多瓦已经基本构筑了改变国家所有制形式的法律框架。现在，摩尔多瓦的土地、房屋、运输工具、产品和收入均可以成为私人财产，经济已全面向私有化和市场化转变。摩尔多瓦议会在摩尔多瓦国家宪法中确认实行自由市场经济改革是摩尔多瓦做出的正确选择。

在摩尔多瓦的经济改革中，摩尔多瓦领导人把在国民经济的各个层面实行大规模普遍私有化，增加私有成分作为改变国家经济结构和经济性质，向市场经济过渡的重要措施。摩尔多瓦第一任总统米尔恰·斯涅古尔曾说："私有化是经济改革的基石。"这也是摩尔多瓦国民经济结构性改革的第一步。

1992 年，摩尔多瓦政府出台《向市场经济过渡的构想》，拉开了进行大规模经济改革的帷幕。当时，摩尔多瓦领导人打算在两年内解决经济改制问题，并完成向市场经济的过渡。这显然对所面临的困难缺乏足够的准备。摩尔多瓦的经济改革大致可以分为三个阶段。

1. 第一阶段

第一阶段（1991～1994 年）是经济大幅度下跌时期。1992 年国内生产总值减少 29%，1994 年减少 31%；财政赤字超过国内生产总值的 22%；年通货膨胀率达到 1200%。1993 年，经济危机最严重的部门是投资和运输行业，在 9 个月的时间里，同比投资减少 40%，铁路运输量减少 1/3 以上，公路运输量减少 3/5，零售贸易额一直减少。通过增加居民工资、退休费和津贴，大约只能补偿消费品价格上涨的 60%，居民的生活水平急剧下降。国家对面包、牛奶和奶制品继续实行补贴，对大部分居民的交通、天然气、取暖煤依然实行价格补贴。全国大多数企业，特别是机器制造业和无线电企业生产停滞。职工长期无薪休假造成事实上的失业人数激增。1993 年 8 月，人均工资收入仅是官方确定的最低生活费的 60%，而平均工资仅超过最低生活费的 90%。

1992 年，摩尔多瓦加入国际货币基金组织和世界银行。这两个组织支持摩尔多瓦进行经济改革。1993 年，摩尔多瓦与国际货币基金组织共同制定了摩尔多瓦的第一个稳定纲领，并于同年 9 月开始实施。同年 11 月 29 日政府启用本国货币（摩尔多瓦列伊），执行独立的国家货币政策。这项以稳定货币为龙头遏制经济恶化的政策相当成功。首先，通货膨胀率从 1993 年 1 月的 37% 降至 1994 年底的 2%，1994 年的月均通货膨胀率为 6.5%。其次，国家货币基本保持稳定。1994 年初，摩尔多瓦列伊兑美元的汇率为 3.66 列伊兑换 1 美元，年底保持在 4.27 列伊兑换 1 美元。最后，农业生产略有起色，1995 年的农业产值比上一年增长 4%，国内商品总量是 1994 年的 100.7%。

这一时期，摩尔多瓦和世界银行共同制定了摩尔多瓦第一个经济结构改革草案。该草案于 1994 年 11 月由议会批准以后作为摩尔多瓦进行国内经济改革的重要补充文件。该法案规定美国政府出资 6000 万美元确保摩尔多瓦的财政支付平衡。1994 ~ 1995 年，摩尔多瓦经济改革取得了很大进展，快速进行大规模的私有化，国家财政出现健康发展的征兆，工业企业开始进行结构性调整。全国经济改革顺利稳定推进。

这一阶段，政府下设的由各部门领导人、专家和学者组成的改革协调委员会召开了 100 多次研讨会，讨论经济和社会改革中的问题。就在国家经济生活稍有起色之时，斯涅古尔总统和总理桑格利与议会之间产生矛盾，并决定于 1996 年年底举行总统大选。国家领导人的主要精力用于权力斗争，摩尔多瓦经济第一次复苏的机遇随之丧失。

2. 第二阶段

第二阶段（1995 ~ 1997 年）为摩尔多瓦经济相对稳定时期。国内生产总值开始止跌回升，经济出现了稳定迹象。据摩尔多瓦国家统计局的资料，1997 年国内生产总值与 1996 年相比增长 1.3%；通货膨胀率降到 11.2%；通信业产值增长 5%，加工业增长 4%，建筑材料工业增长 10%。外贸总额增加 5%。预算收入为 28 亿列伊，比 1996 年增加 7.25 亿列伊。农业获得大丰收，农业生产总值与 1996 年相比增长 11%。生产部门的职工平均工资增长 18%。第四季度的外贸总额比第三季度增长 5%。

货币仍然保持相对稳定，列伊兑美元的汇率保持在 1 美元兑换 4.64 列伊（1997 年 10 月）的水平上。虽然摩尔多瓦的经济形势出现了好转，但是宏观经济仍然没有走出危机。1997 年国内生产总值增长幅度偏低，工业产值只相当于 1989 年的 42%，农业产值是 1990 年的 62%。

3. 第三阶段

第三阶段（1998 年以后）。1997 年，摩尔多瓦议会放缓经济改革速度，造成摩尔多瓦和国际货币基金组织及世界银行关系冷淡，摩尔多瓦失去了国际金融组织对其经济改革的财政支持，其直接后果是内债外债增加。1998 年秋，摩尔多瓦受到俄罗斯金融危机的冲击，出口急剧减少，出口生产停滞，国家外汇储备下降，货币流通失控，经济陷入国家独立以来最糟的局面。1997~1998 年，政府基本采用行政手段改善国家经济状况（严格税收制度、出售飞机等），但没有取得预期的效果。

综观摩尔多瓦的经济改革情况，我们可以看到，摩尔多瓦领导人选择了渐进过渡的改革方案，以避免过高失业率引起社会爆炸性冲突。摩尔多瓦政府 1994 年制定并获议会批准的改革纲领的宗旨是促进和深化经济改革，基本内容为：第一，大规模实行私有化；第二，减少国家对企业的拨款，完善税收制度，实施银行法，以减少财政债务，改造和加强银行的杠杆作用；第三，通过建立贸易和价格的竞争机制形成竞争环境，改造集体农庄和农场，开放农产品市场；第四，提高领取养老金的年龄资格。这些措施并不具有深化改革的性质。摩尔多瓦政府实施的许多稳定社会和经济的措施仅处于起步阶段，但仍然取得了不少成绩。私有经济部门创造的产值已占国内生产总值的 55% 以上，国家货币保持稳定，通货膨胀率下降。在此基础上，物价基本保持稳定，商品紧缺状况不复存在。

在私有化过程中，摩尔多瓦人的价值观不断变化，许多人涉足经济活动，从事服务业的人员增加。服务业在国内生产总值中的份额提高。得到土地的农村人口超过 17 万人，他们加入联合公司。许多人开始出国深造。

4. 经济改革的特点

在摩尔多瓦独立后的第一个十年里，摩尔多瓦政府的经济政策主要体

现在以下几个方面。

第一，稳定国家财政。这项任务包括稳定国家货币，抑制通货膨胀，减少国家财政赤字。为达到上述目的，各届政府不断完善税收制度，强化财政纪律，采取强有力的增收节支措施。

第二，实行国内贸易价格市场化，取消贸易垄断。根据 1991 年 12 月 27 日第 256 号摩尔多瓦总统令，全国实行自由价格。放开物价的种类和费率，由政府、各部委和地方自治机构制定有关细则。近几年来，政府领导部门出台了不少命令和文件阐述国家在价格方面的政策。1994 年 5 月开始执行关于放开牛奶和面包价格的决议。政府曾规定，对某些必需商品维持贸易加价不超过 20% ~ 30% 、药品不超过 50% 的政策。1995 年这项规定被取消。

第三，实行非国有化。

第四，外贸自由化。政府撤销了控制进出口贸易的政府机构，只对进出口贸易进行宏观调控。1994 年开始取消进出口许可证制。为防止对进出口货物人为压价，政府保留对一些出口商品制定指导价格的权力，如政府根据工贸公司的建议每月研究制定干果价格。采取这项措施以后干果出口额从每年 300 万美元增加到每年 1000 万美元。政府规定，摩尔多瓦的海关税额不得超过进口商品总额的 20% 。

第五，形成市场经济的法律和宪法结构。法律和金融系统的改革需要比价格改革更多的专业知识和时间。因此，建立有组织的法律机构、新的国家机关，以及私有机构是改革中非常重要的任务。摩尔多瓦议会已通过的有关这方面的法律，为向市场经济过渡奠定了良好的法律基础。截至 2000 年，国内已建立并开始运营符合市场经济要求的部门有：中央银行、经济法庭、国家证券市场委员会、投资基金、基金证券、私有化项目中介事务所。2001 年，政府集中力量解决卫生保健和教育部门的私有化问题。在制定和确定国家经济向市场经济过渡的构想时，政府在理论上认同维护私有者的利益是提高生产效益、改变生产结构、促进市场经济发展的前提条件。但在实际的改革进程中，私有者的利益并没有得到国家的保护。20 世纪 90 年代中期以前，摩尔多瓦的经济结构实际上已经解体了，居民用手中的人民财产证券投资企业是无收益的。国家对此没有采取任何措施。90 年代初开始的农业企业向股份制转变的进程并没有达到预期目标。但是，市场经济体制获得了全国人民的认同。

三　改革所有制的原则与方式

1. 私有化的原则

摩尔多瓦独立以后，全国开展了以改变所有制形式为主要内容的经济改革。这项改革的最终目的是要在国家的经济生活中确定以公民私人所有制为主导的市场经济模式。

1991 年，摩尔多瓦政府宣布实行大规模私有化，政府花了两年多的时间来制定相应的法律法规。1991 年 7 月 6 日，摩尔多瓦议会通过《私有化法》，确定了摩尔多瓦私有化的基本概念、内容和程序。摩尔多瓦的私有化是指国家权力机关把国有资产转让给摩尔多瓦公民及其合资公司（股份公司、集体企业、合作企业、私营企业和建立在摩尔多瓦公民私有制基础上的各类企业）所有的过程。在私有化过程中，每一位摩尔多瓦公民获得原有国有资产的权利平等。作为对《私有化法》的补充，摩尔多瓦议会还通过了《股份公司法》《投资基金组织法》等法律法规。《股份公司法》详细地阐述了建立股份公司的程序和改善已建股份公司管理的原则。根据《投资基金组织法》，摩尔多瓦私有化投资基金组织在 1998 年 7 月 1 日以前应改组为投资基金组织。该法规定，私有化投资基金组织的投资在个别企业股份中的比重要达到其净资产的 25%（股票面额的大小不限）。依据这一条规定，有实力的基金组织可以实现同时对 5 ~ 6 个企业的控制。该法禁止基金组织抵押自己的资产获得贷款。

摩尔多瓦国有资产私有化的最高领导机构是国家私有化局，它由总统直接领导，是实施摩尔多瓦国有资产私有化统一政策的机构。在国家私有化局中有 4 个顾问组：投资竞标咨询组；法律咨询组；"派梅恩特"国家计划咨询组；能源系统私有化项目投资竞标咨询组。

国家私有化局根据摩尔多瓦的法律开展工作，负责建立国有资产私有化的地方机构，并向摩尔多瓦议会报告工作。国家私有化局的主要任务是：确定非私有化的国有资产项目清单，对国有资产进行价值评估，规定所售国有资产的原始价格，开列可用人民财产证券、现金和可兑换外汇购买的国有资产私有化项目清单，并定期向全国公布，组织拍卖、招标等活动。国家私有化局相继制定并颁布了《1993～1994 年私有化纲要》、《1995～1996 年私有化纲要》和《1997～1998 年私有化纲要》。上述每项纲要均详细论述了国民经济的各基础部门在一定时期依据实际情况进行私有化的程度。

摩尔多瓦进行私有化的范围极广，涉及全国所有的国有经济部门和社会文化部门，各种国有资产实体和自然资源同样属于私有化的对象。政府仅把国防和国家安全设施、民族文化遗产、部分国有土地包括依法转交给教会的土地、国家向居民免费提供的基本服务设施和国家专营的项目列为非私有化项目。

摩尔多瓦国有资产私有化的主要方式是通过拍卖和招标出售国有资产及拍卖私有化资产的股票。政府把国有资产的私有化项目划分为三类两部分。三种类型的国有资产私有化项目是：企业私有化、家庭住房私有化和土地私有化。两部分是：一部分是价值在 100 万卢布以下的私有化项目，居民可以用政府发给全国居民的"人民财产证券"、个人存款、银行贷款、在摩尔多瓦境内注册的公民联合企业中的私有资金、外国投资人和无国籍人员的资金，在拍卖会上竞价购买这部分私有化项目。这部分项目约占实行私有化的国有资产总值的 1/3。另外，私有化企业和非私有化企业的工作人员有权获得不超过额定价值 20% 的企业股份。在规定的限额内，曾在这些企业工作不少于 10 年的离岗工作人员，同样享有这一权利。另一部分是价值在 100 万卢布（按 1992 年 1 月 1 日的价格计算）以上的私有化项目。这些项目需按股份制实行私有化。居民可以在竞拍会上购买这部分财产的股份。为了防止资本过分集中和生产垄断，国家私有化局规定了法人购买股票、股份和其他财产的最高限额。

为配合私有化工作，摩尔多瓦全国分为地区和国家两级拍卖市场。地区级的竞价拍卖会出售价值在 100 万列伊以下的项目和贸易、服务行业的私有化项目；国家级拍卖会主要用股票注册方式拍卖价值在 100 万列伊以上的国有资产。与摩尔多瓦国情类似的东欧国家曾使用过国家拍卖方式。这一方式的优点在于，全体公民均有平等机会参加所有的拍卖会，并可以享有均等机会获取国有资产。

与此同时，摩尔多瓦政府着重对农业和住房的私有化制定了基本原则。

第一，农业私有化原则。农民无偿得到农业企业的财产和农用土地。政府把50%的农产品加工企业的股份无偿转让给原材料供应商。集体农庄和国营农场发行与生产性固定资产和周转资金总额等额的股票。在2000年1月1日以前，土地不得进行买卖。

第二，住房私有化原则。国家将部分住宅无偿转让给居民。居民还可以用人民财产证券或现金购买正在使用的住宅：在国家规定的住房标准范围内，按国家定价付款；超标部分按商业价格付款。在私有化过程中，国家规定的住房标准为每人18平方米，有子女的家庭增加9平方米。私有化住房的国家定价和商业价格，由住房私有化委员会根据国家私有化局制定的办法，综合住宅所在区段、楼层和质量等因素来加以确定。已付款的住宅建设合作社所建的住宅，国家承认是所有者的私有财产，并向他们颁发所有权国家证明。居住在住宅建设合作社住宅内的住房所有者，在还清欠账时，在国家规定的住房标准面积内，住宅的未付款部分可以用人民财产证券来偿付。

2. 私有化的进程

（1）制定私有化方法

主要包括对生产性固定资产和非生产性固定资产及其他资产进行资产登记；确定应实行私有化的全部资产或其他资产所包含的内容；对它们的价值进行评估。

对于在商品生产和服务市场上占垄断地位的企业，在私有化过程中应把它们分割成数个独立的实体以实现非垄断化。如果垄断企业由于必须保留统一的工艺流程而不能分割时，其私有化办法由国家私有化局决定。企业或其能够作为一个统一的财产单位的分支机构进行私有化时，需进行评估的资产包括生产性和非生产性固定资产、金融资产、物资和流通资金、未完工的建设项目。私有化项目的价格经与此事无利害关系的组织鉴定后在报刊上予以公布。最终价格由双方协议确定。

除了上述准备工作以外,摩尔多瓦政府发给摩尔多瓦籍公民国家专项有价证券——"人民财产证券",供全国公民在私有化过程中购买国有资产。"人民财产证券"是记名证券,只能转让给直系亲属,不得转让给其他人,不得买卖,不得流通,不得兑付现金,只能用来购买私有化项目。政府发给每位摩尔多瓦公民的"人民财产证券"的价值总额中包含两部分:发给摩尔多瓦全体公民的"人民财产证券"的价值和根据摩尔多瓦公民在摩尔多瓦企业、机关和组织中工作的总工龄计算出的价值。自发给"人民财产证券"之日起两年内,摩尔多瓦公民可凭"人民财产证券"购买国有资产。凭"人民财产证券"购买的国有资产包括股票,在两年内不得转让。1993~1994年,政府向公民发放了价值为9105亿货币单位的"人民财产证券"。

2. 全面落实私有化纲领

1996年,私有制已在摩尔多瓦经济中占据优势地位。私有化工作分为三个阶段进行。

(1)第一阶段

第一阶段始于1993年3月。摩尔多瓦政府出台1993~1994年第一阶段私有化纲领,摩尔多瓦议会通过了关于把国营企业和租赁企业改造成股份公司的第一批法规,全国性的私有化工作正式开始。1993~1994年,政府首先对那些不需要做太多的准备工作,但又能获得相当的社会经济效益的部门实行私有化。首批实行私有化的国有部门有商业、餐饮业、服务业、小型工业企业、交通运输业、建筑建材业、农业、城市公用事业、地方工业等。当取得一定的经验以后,政府再对一些大型复杂的项目实行私有化,以减少实行私有化所带来的负面影响。

根据1993~1994年的国家私有化纲领,全国有630家国有企业改为股份制公司。90家小企业转为私营企业,有340个项目被拍卖,有85000套单元房售出(占住房总数的40%)。在农村,完成了土地私有化第一阶段的任务以后,有1/5的农用土地分配给农户,1/3以上的集体农庄和国营农场改成了股份制公司。全国出现了大约6000个农民个体户。对农业原料进行加工的国有食品工业企业也改组成为股份制公司。

第一阶段的私有化工作结束以后,大部分国有资产的所有权被无偿转让给本国居民。居民用"人民财产证券"购买了1500个私有化项目。这期间,摩尔多瓦基本上完成了由国营企业向股份制公司的转变,完成了从行政管理方式向经济管理方式的过渡。同时,国家保留对具有战略意义的部门和企业的监督权。1994年,摩尔多瓦全国纯私有经济的比例为37%,农业部门私有经济的比例高达90%。

(2)第二阶段

第二阶段的私有化工作于1995～1996年完成。政府制定了1995～1996年私有化纲领。第二个私有化纲领规定,国有资产的价值按1995年1月1日的价格评估。资产价值在6万列伊以下的私有化项目仍然可以使用"人民财产证券"或现金在竞拍会上购买。资产价值在6万列伊以上的私有化项目只在国家级拍卖会上出售股份。私有化的地块和未完成的建筑项目可以以分期付款的形式用现金购买。

1995～1996年,政府通过招标出售1393家小型企业,1150家大、中型企业。在这些企业中有30家企业属于战略性的投资企业,30家企业的经济基础设施是国内较好的,还有200家集贸易、餐饮、服务于一体的综合性企业。同时,还有一部分企业只出售70%的国有资产,余下的30%仍然归国家所有。在这期间,继军工企业之后许多大型的农工综合体被关停并转。

1996年,政府又增加了私有化项目。这些项目包括只通过发行私有化证券的形式实行私有化的800家农业、卫生、运输和商业部门的企业,只用现金支付的185家商店、咖啡店、饭店和加油站,可用现金和"人民财产证券"支付的400家企业和105个未完工的建筑项目。同时,政府允许企业内部职工以名义价格购买最高20%的股份。

第二阶段的私有化范围进一步扩大,政府开始拍卖少量的土地。这一阶段的主要特点是:第一,居民从使用"人民财产证券"购买私有化项目逐渐过渡到使用现金购买私有化项目,并形成以现金支付私有化项目的新机制。居民开始用现金购买国有私有化项目。居民使用"人民财产证

券"购买国有资产的工作到 1996 年 11 月结束。第二，政府鼓励地方和外国投资者参与私有化进程。第三，启用新的私有化方式，如投资竞标、投标和其他吸引投资的形式。

在第二阶段大规模私有化工作中，全国有 90% 的"人民财产证券"持有者（共计 310 万人）参与了国有资产私有化工作。全国有 20 万套住房实现了私有化，占国家住房的 85%。在基本实现住房私有化以后，政府开始进行土地改革，规定供工业工程使用的土地和属于工业企业的地块可以进行买卖。在农村，政府划出 119.82 万公顷农用耕地进行私有化，其中有 34.42 万公顷土地转让给农民用作宅旁副业用地，19.54 万公顷农用耕地无偿分配给 98.57 万名农民。

摩尔多瓦政府在完成 1993～1994 年和 1995～1996 年私有化纲领的过程中，将价值超过 26.3 万列伊的国有资产转变为 200 万名摩尔多瓦公民的私有财产。全国共有 1230 个大、中、小企业实现了私有化。全国大约还有 100 家企业仍然属于国家所有。

（3）第三阶段

摩尔多瓦第三阶段的私有化工作于 1998 年完成。第三阶段的私有化工作以议会批准的 1997～1998 年私有化纲要为准绳，不断深化私有化进程，扩大私有化范围。该阶段私有化工作的主要特点是把私有化进程与资本市场和企业的改造相结合，私有化的主要任务是重组和拍卖大型企业。同时，全国实行用现金购买私有化项目。政府允许摩尔多瓦的 100 多家盈利企业的 60% 的股份上市交易。

重组企业是第三阶段私有化工作的核心任务。多年来，摩尔多瓦的工业生产一直处于疲软状态。厂家的产品缺乏市场竞争力，丧失了传统的销售市场。同时，厂家又缺少资金根据市场的需要调整产品结构，造成大量工业产品积压滞销，无法进行再生产。为振兴工业生产，摩尔多瓦政府加大了重组工业企业的力度。1993 年 1 月 3 日颁布的《破产法》经议会审议通过后于 1997 年正式实施。该法规定，如果个人和法律实体不能满足其应履行的责任时被认为无支付能力（破产）。根据《破产法》，政府对 41 家大型国有企业进行了重组，解散、合并、拍卖了一批长年亏损企业。

国家对重组后的企业实行税收优惠以吸引外资。1997 年，摩尔多瓦全国的合资企业超过 1200 家，比 1996 年增加了 30%。

第三阶段是推动私有化工作向纵深发展的阶段，其显著特点是政府允许私人进行土地买卖。1997 年 7 月，摩尔多瓦政府颁布《土地价格标准法》以后，摩尔多瓦全体公民均有权购买摩尔多瓦国内的土地，外国人也可以购买用于农业生产的土地。所有土地均通过拍卖出售。非农业用地的拍卖有两种形式：购买土地租赁权和购买土地所有权。

同时，摩尔多瓦政府根据第三个私有化纲领的要求，提出国有资产只出售给投资环境和发展前景良好的企业。在这一原则的指导下，纺织企业、制衣企业、机电企业、机器组装企业、化工企业、餐饮行业全盘实行私有化。另外，国家还通过拍卖向私人出售以下国有资产：统一的生产综合体；垄断型企业，包括电力生产企业、通信企业；一些企业中的国有股份，不超过 5% ~ 20%，即国家不持多数股的股份公司的股票；未完工的建筑项目；不动产中的住房和建筑物，包括租赁出去的住房和建筑物；已实现私有化企业的附属地块和别墅地段的土地。

第三阶段私有化的另一显著特点是，国家通过投资招标的方式对国有资产进行私有化。本国公民和外国公民可以通过参加拍卖会、商业招标、证券交易获得所要投资项目的股权。但是与以前不同的是，买主和中标者除了支付股票价值以外，还要承担企业发展的投资义务和保护生态环境等义务，也就是说买主既要提出诱人的报价，又要制定出企业投资额和最佳发展方案。

上述私有化工作完成以后，2000 年，在摩尔多瓦经济中，私有成分已占优势。全国有 3000 多家私有制股份企业。私有经济成分在农产品加工企业中占 93%，在轻工企业中占 89%，在商业和服务行业中占 96%，制糖业、罐头加工业以及肉、奶企业、农产品采购和销售已全部为私有经济。85% 的居民住房已转为私人财产。私有工业企业的产品占全国工业产品的 60%，私有企业承担着全国 44% 的基本建设和交通运输工作。在私有化过程中，摩尔多瓦国内资本市场逐渐形成，投资基金、信托公司、中介公司、证券公司和证券交易所初具规模。

据摩尔多瓦国家私有化局的统计，1997 年全国共有价值 7730 万列伊的国有资产转为私有财产。截至 1998 年 2 月，国家已从私有化项目中收回资金 5400 万列伊。截至 2000 年 4 月 1 日，国有资产及国家在 3159 个经济实体中拥有的股份价值为 448.5 亿列伊，其中包括：158 个交通运输经济实体中的国有资产价值总额为 104.84 亿列伊；环境保护和公用事业部中 241 个项目中的国有资产价值为 77.44 亿列伊；831 个金融组织中的国有资产价值为 56.34 亿列伊；农业领域里有 592 个项目（其中 108 个金融机构）中的国有资产价值为 42.21 亿列伊。

据摩尔多瓦国家统计局的资料，截至 2000 年 1 月 1 日，出租的国有资产价值为 4150 万列伊。国家在 786 家股份公司中拥有 80% 的股份，向 423 家股份公司派驻国有资产的代表，在 109 家股份公司中派驻国家私有化局的代表，在 314 家股份公司中派有持股机构的工作人员。

四　改革后的宏观经济指标

2000 年以后，摩尔多瓦经济发展逐渐步入正轨，国家经济形势向好的方向发展。2000～2003 年是摩尔多瓦经济从下跌走向稳定和增长的时期。经过十年的政治、经济和社会改革，摩尔多瓦经济开始止跌回升。2000 年、2001 年、2002 年、2003 年工业生产总值分别增长 10.8%、11.4%、11.1%、17%，宏观经济达到了较好的状态。2003 年末，摩尔多瓦外债为 14.4009 亿美元，当年外债增加 7898 万美元。

2008 年爆发的世界经济危机严重冲击了摩尔多瓦的经济生活。据摩尔多瓦国家统计局的数据，2009 年国内生产总值下降 6.5%，工业生产下降 22%，进出口贸易下降 22.8%，投资下降 45%，居民收入下降 35%，失业率达 6.3%，财政赤字占国内生产总值的 9%。2007～2012 年的主要经济指标见表 4－1。

正当摩尔多瓦经济逐渐走出了经济危机的阴影时，2012 年摩尔多瓦经济再次出现波折。这一年摩尔多瓦经济因农业歉收和内需不足，经济增速比 2011 年降低，由于欧洲经济不景气，摩尔多瓦出口额减少。2012 年

表 4 - 1　2007～2012 年摩尔多瓦主要经济指标

	2007 年	2008 年	2009 年	2010 年	2011 年	2012 年
通货膨胀率(%)	12.1	12.9	-0.1	7.4	7.7	4.7
汇率(兑换 1 美元)	12.14	10.39	11.11	12.37	11.74	12.11
贷款利率(%)	18.8	21.1	20.5	16.4	14.4	13.4
GDP(百万列伊)	53429.6	62921.5	60429.8	71885.5	82348.7	87847.3
GDP(百万美元)	4401.2	6054.8	5439.4	5811.6	7015.2	7253.3
出口总额(百万美元)	1341.8	1591.4	1283.0	1541.5	2216.8	2161.8
进口总额(百万美元)	3689.9	4898.8	3278.3	3855.3	5191.3	5213.1
旅游收入(百万美元)	171.0	216.0	173.0	174.0	198.8	229.9

资料来源：根据摩尔多瓦国家统计局公布的数据汇总。

家庭消费水平与 2010 年和 2011 年相比有所下降，主要原因是纯收入减少。国内消费水平下降和投资减少导致进口和服务业下降 2.5%，农业下降 23.3%，2012 年失业率为 5.6%，同比下降 1.1%，但是失业率下降并没有提高就业率。

2013 年经济发展呈现上升趋势，国内生产总值为 998.79 亿列伊（70.78 亿美元）。这是摩尔多瓦独立以来经济最好的一年。在国内生产总值中，附加值高的产业贡献率与 2012 年相比提高 25.8%，渔业和木材加工业的贡献率增长 36%，工业增长 7.5%。服务业的贡献率与 2012 年相比增长了 3.8%，主要是零售批发、汽车维修、交通和通信、建材和其他服务业增长较快。2014 年，摩尔多瓦经济保持了稳定增长的态势，虽然乌克兰战事、俄罗斯经济增长缓慢及俄方对进口摩尔多瓦产品的限制等对摩尔多瓦经济发展产生负面影响，但是根据国家经济部的统计，2014 年摩尔多瓦国内生产总值与上一年相比增长 3.5%。可以据此认为，摩尔多瓦经济进入了稳定发展的时期。

出口　2013 年摩尔多瓦（不包括"德左"地区）外贸总额为 79 亿美元，其中出口额为 24 亿美元，与 2012 年相比增长 11%；进口额为 55 亿美元，比 2012 年增加 5.5%。贸易赤字为 31 亿美元。2013 年，摩尔多瓦产品的主要出口国家依次为俄罗斯（6.32 亿美元）、罗马尼亚（4.131

亿美元）、意大利（1.662 亿美元）、乌克兰（1.411 亿美元）、土耳其
（1.271 亿美元）。摩尔多瓦的主要出口产品为食品（5.233 亿美元）、机
器设备（3.647 亿美元）。2013 年摩尔多瓦向欧盟国家出口额为 11.4 亿
美元，比 2012 年增长 12.5%，占摩尔多瓦出口总额的 47.5%。2013 年摩
尔多瓦向独联体国家的出口额比 2012 年有所减少，为 9.24 亿美元，占摩
尔多瓦出口额的 38.5%。2014 年第一季度摩尔多瓦向俄罗斯的出口继续
减少（降至 38%），根据俄罗斯海关公布的数据，2014 年俄摩（含"德
左"地区）贸易额为 10 亿美元。

进口　2013 年，在摩尔多瓦的进口产品中占第一位的是能源——天
然气、石油、煤，约为 12.4 亿美元；其次是机器设备，为 11.3 亿美元；
然后是工业原料，为 9.97 亿美元。俄罗斯产品在摩尔多瓦的进口商品中
仍然居首位，总额为 7.88 亿美元；罗马尼亚居第二位，总额为 7.22 亿美
元；乌克兰居第三位，为 6.59 亿美元。2013 年，摩尔多瓦从欧盟国家的
进口总额近 25 亿美元，比 2012 年增加 6.6%，占进口总额的 45%。摩尔
多瓦从独联体国家的进口总额为 17 亿美元，占进口总额的 31%。2013 年
摩尔多瓦从欧盟国家的进口多于出口。2013 年外贸结构有所改善，商品、
服务的出口和进口分别增长 8.6% 和 5.3%。

国内投资　2013 年国内投资总额为 184.607 亿列伊（同比增长
2.3%），其中建筑和装修业为 96.923 亿列伊，投入使用的住房比 2012 年
增长 0.4%。机器设备和交通工具制造业投资额为 78.704 亿列伊（增长
4%），一般资本支出为 8.98 亿列伊（下降 3.3%）。2013 年公共投资为
61.419 亿列伊（增长 8.9%），私企投资为 87.692 亿列伊（增长 3.4%），
外国投资为 12.736 亿列伊（下降 5.6%），其中美国的投资比 2012 年增
加 35%。

财政收入　2012 年为 28.17 亿卢布，原预算收入为 24.69 亿卢布。
其中税收收入为 20.49 亿卢布，比计划增加了 21%，超过了 2011 年的财
政收入。

消费品市场　2012 年居民消费额为 91.591 亿卢布，按可比价格计算
比 2011 年增长 6.0%。在消费品市场中，零售业占 78.9% 的份额，有偿

服务业占 21.1%。2012 年零售总额为 72.31 亿卢布，比 2011 年增长7.2%。2012 年人均消费支出为 1.7909 万卢布，其中商品消费为 1.4138万卢布，服务消费为 3771 卢布（2011 年分别为 1.1633 万卢布和 3321 卢布）。

"德左"地区的经济现状 2012 年"德左"地区的生产总值为117.355 亿卢布[①]，与 2011 年相比增长 4.2%。工业产值为 100.834 亿卢布，增长 9.9%。电力增产 3.0%，黑色金属工业增产 19.4%，其中钢丝增产 36.4%、轧材增产 19.3%。机器制造与冶金加工业产值比 2011 年增长 0.9%，电机制造业产值下降 3.3%。化工业产值增长 8.3%，木材加工业产值下降 3.2%，但家具制造业产值增长 10.7%。

轻工业产值整体下降 6.5%，鞋和缝制品分别下降 9.3% 和 14.1%，但棉布产值增长 11.8%。食品工业产量与 2011 年相比增长 7.2%。

2012 年，消费品产值为 27.458 亿卢布，比 2011 年减少 2.8%。

2012 年，"德左"地区人均月工资（不含小企业主）为 3414 卢布，金融机构中工作人员的月平均工资为 2183 卢布。居民的最低生活标准为每月 1161.57 卢布。2012 年的月养老金标准为 1125.71 卢布。

第二节 农业

优良的自然条件奠定了摩尔多瓦国家经济以农业为本的大政方针，农业以及与农业相关的部门成为摩尔多瓦国民经济赖以发展的基础。农业和农产品加工业占国内生产总值的 60%，全国有 46% 以上的劳动力从事农业生产。农业生产直接关系到全国人民的生活，对国家的经济发展有很大的影响，一直受到政府的重视。

全国有可耕地 290 万公顷，占国土面积的 86%。农用耕地约有 190万公顷，常年耕种的土地有 50 万公顷，主要集中在中部地区、南部地区

---

① 根据"德左"地区的资料，2012 年 1 月至 2013 年 1 月，美元兑换"德左"地区卢布的汇率为 1 美元兑换 11.15 卢布。——作者注

和德涅斯特河沿岸。耕地的使用结构随着经济生活的变化不断调整。摩尔多瓦独立以后,耕地面积减少了 27.77 万公顷。多年生植物的种植面积增加了 20.7 万公顷。低产田和不适合耕种的土地被用于绿化和建设公用设施。

2014 年 3 月政府批准《2014～2020 年农业发展国家战略》,该战略规定了农业发展的三个优先发展方向:通过现代化和一体化提高农产品加工业的竞争力;保证稳定管理自然资源;提高农村地区的生活水平。实施这一战略需投资 114 亿列伊。

一 概况

摩尔多瓦境内土壤肥沃,它拥有世界上最好的黑土地,约占国土面积的 3/4,这在世界上是独一无二的,各种类型的黑土在摩尔多瓦境内均能找到。摩尔多瓦境内覆盖着 10 亿吨 1 米深肥沃腐殖土、5000 吨氮肥、6000 吨磷肥、7 亿吨钾肥。南方有灰化土,中部有脱碱土,北方有典型的黑土。在黑土地上,小麦、玉米、向日葵、烟草等农作物均获高产。在蜿蜒起伏的丘陵地区,地表覆盖着一层森林土。这种西欧特有的褐色森林土,在科德雷地区地表的厚度超过 300 米。褐色森林土的面积占全国土地面积的 10%。在科德雷地区以东,在同样海拔高度的地区已无法找到这种土质。这种森林土极其适合种植水果和烟草。在科德雷地区以南,德涅斯特河左岸中部地区是含磷酸盐的黑土壤。河滩地区属于冲击土壤,其中有不少是盐碱地。在摩尔多瓦境内也有第四纪沉积岩形成的沙和沙壤土,同时还有黄土型的黏土和富含钙及其他化学成分的土壤。

摩尔多瓦的黑土高产田,适宜农作物生长,盛产葡萄、甜菜、油料作物和烟草等。在苏联时期,摩尔多瓦是苏联水果、玉米、向日葵和蔬菜等农作物的生产基地之一。谷类占全国播种面积的 1/2,经济作物占 1/5。主要农作物有玉米、冬小麦、大麦、裸麦;主要经济作物有烟草、甜菜、大豆、向日葵、亚麻和大麻。向日葵是最重要的经济作物之一,全国均有种植,尤以东南部为多。种植业占农业总产值的 70%。葡萄种植业和园艺业在农业中占有重要地位。葡萄园主要分布在南部和中部,其他果园主要分布在北部和东南部。葡萄和烟草产量在苏联时期居各加盟共和国首位，水果和甜菜产量居第 3 位。另外，摩尔多瓦的草药、香精、玫瑰油、母菊油、熏衣草油、鼠尾草油等享誉国际市场。畜牧业为肉奶兼用畜牧业。

摩尔多瓦地处少雨地区，干旱是常见的自然灾害之一。摩尔多瓦政府长年斥资兴建与整修水利灌溉系统。摩尔多瓦政府促进农业发展的另一项重要工作是改良沼泽地和盐碱地，不断增加可耕地的面积。摩尔多瓦境内极易发生山体滑坡和土壤侵蚀，这两种自然灾害给国民经济造成极大的损失。

二　农业改革

1. 农业改革的宏观目标

摩尔多瓦拥有世界上独一无二的黑土高产田，就其农业潜力来说，完全可以满足本国市场和国家食品出口的需要。农业产值在国内生产总值中的比重长期稳定在 10%，虽然所占比重低于工业或贸易，但对于摩尔多瓦来说，农业不仅是经济部门，而且在社会生活中发挥着重要的作用。全国约 30% 的人口从事农业生产，全国人口中有 60% 生活在农村地区。

因此，摩尔多瓦政府对农业改革持慎重的态度，把农业改革当作摩尔多瓦经济向市场经济过渡的一个组成部分，它涉及法律、经济组织、财政关系，首先是土地所有制关系。农业改革的宏观目标包括以下几方面。

第一，改高投入低产出的全民农业为私有农业，创造条件使农业成为最富投资吸引力的行业之一，尤其是葡萄、烟草、蔬菜、畜牧业四大部门。第二，把低收入农业部门改造为适应市场需要的企业，成为市场上销售原料产品的供应商，即成为高度商业化的国家经济部门。第三，把长期以来属于农业的农产品加工部门改造为能够有效刺激生产和产销一体化的工业部门。第四，由出口具有竞争力的农产品原料（新鲜的蔬菜和水果）过渡到出口高品质的深加工新鲜果蔬产品，打入发达国家的市场。

2. 农业改革的措施

在深化农业改革的同时，拉动相关服务行业的发展，以消化掉大部分

的农业剩余劳动力，并通过这种方式让部分农民转变为城市居民。摩尔多瓦政府进行农业改革的措施包含以下几方面。

第一，建立合作社，进行资本积累。资本积累是农业改革的重要条件，在农业资本构成中，土地的价值和生产技术的价值之间的关系具有重要意义。现在，土地是摩尔多瓦农业经济的唯一资本来源，所以争土地的斗争，也是争资本的斗争。为形成合理的农业资本构成，必须掌握生产技术和增加土地的附加值。但是，农民和农场均缺少这方面的经验。

摩尔多瓦为形成农业资本，以农民和农场的自有资金为基础，建立信贷合作社。合作社的目的在于吸纳农民手中的闲钱，在私有制基础上，建立创造新的农业关系的物质基础。信贷合作社工作的基本原则是自愿投入、合理使用、按期返还。合作社资金的使用方向由农场的经营需求决定。

第二，完善组织形式。摩尔多瓦农业生产的组织形式有两种，一种是包括共同开发土地、土地租赁、畜牧业、蛋奶生产和葡萄、烟草、蔬菜加工在内的联合体。土地私有者和其他生产资料的占有者是联合体的主要成员。另一种是生产服务联合体。生产服务联合体主要从事农业技术服务，提供技术帮助、咨询服务等。

第三，保持国家对农业部门的宏观指导作用。国家重点扶持农业中的新型财产关系，在土地私有化过程中产生的土地争议、行政区域划分、改组等问题需由政府按照《土地法》出台相关政策加以规范。有关土地所有制、土地使用权限的问题亦属于国家对农业部门的宏观指导范围。国家还对形成新的土地所有制关系提供资金保证。今后政府仍将是农产品的购买大户。

3. 农业改革的进程

摩尔多瓦的农业改革从国家独立之日起开始进行，但改革进程十分缓慢，改革步伐滞后于全国其他经济部门，主要原因是土地私有化和市场化问题没有得到法律法规的确认。另外，摩尔多瓦领导层对农业改革的意见存在分歧也是造成农业改革停滞不前的原因之一。许多领导人认为摩尔多瓦还没有找到最好的农业改革方案，农业部和总统一致主张加速进行农业改革，但还有一些领导人担心农业改革的负面影响太大。

农村基层单位的意见也不一致，有些农庄和农场在没有进行认真核算的情况下就把土地和财产分了。还有一些农场和农庄反对改革，要求维护集体经济。实际上，绝大部分农业经济结构已经被破坏了，还有一些农场和农庄改组为股份公司，但也只是形式上的改变，其管理体制没有改变。农业改革缓慢，制约了农业经济发展。旧的管理体制很难适应市场经济的需求，失去了发展活力。农业改革在原地踏步7年以后，1998年发生了质的变化。政府出台并启动"派梅恩特"国家计划，全面推进农业所有制的改革工作。

到2000年9月，全国1029个国营和集体农业企业中，有920个通过私有化改革决议，其中750个已完成私有化工作，其余170个单位定于2000年底完成私有化工作。根据"派梅恩特"国家计划，全国大约在110.1万人中分配70万公顷土地。申请获得私有土地的人数占有权获得私有土地人数的71%。到2000年7月1日，全国有63.4万名农民得到土地所有权证书，有9.02万人分到了农业企业的财产。在私有制基础上，重组建成3500个新的农业经济实体，基本形成农业经济良性循环的机制。

新建农业企业的纳税意识增强，国家农业税收稳步上升。最重要的是，农民的劳动态度大为改观。如1995~1998年，全国有10万公顷的耕地无人播种。2000年，在严重干旱的情况下，全国播种面积扩大，农业收成好于上一年。2000年11月，"派梅恩特"国家计划顺利完成，90%的农庄和农场的土地及财产已实现私有化，建立起私有制农业，这只是农业改革的第一步。国家还努力建立土地资源和农业服务市场，进一步深化农业的改革工作。国家的最终目标是要在摩尔多瓦建立起西方国家式的农场经济体系。

但是，摩尔多瓦农业生产仍然没有改变靠天吃饭的状况。2012年摩尔多瓦遭遇干旱，农产品总产量减少22.4%。种植业减产32.6%，其中小麦产量减少38%、玉米减产61%，向日葵和土豆分别减产30%和48%。2013年农业产值为244.72亿列伊，与2012年相比增长38.3%，主要得益于种植业产值大幅度增长（61.8%），畜牧业产值仅增长 0.7%。2013 年农业获得大丰收，粮食产量为 266 万吨。小麦增产 1 倍，达到 100 万吨；玉米比 2012 年增产 1.5 倍，达到 140 万吨。向日葵达到 49.9 万吨，增产 66.6%；甜菜为 93.6 万吨，与 2012 年相比增产 59.5%；豆类收获 6.5 万吨，增产 34.4%；土豆为 23.9 万吨，增产 31.5%；蔬菜为 29.2 万吨，增产 28.8%；葡萄为 61.2 万吨，增产 21%。牛肉和禽类的产量增加不多，仅为 0.7%，牛奶产量增长 1.4%，为 52.7 万吨；鸡蛋产量减少 0.8%，为 6.17 亿枚。

三 农业结构

大力发展附加值高的经济作物是摩尔多瓦农业的主要结构特点。经济作物占农作物总产值的 70% 以上，主要有烟草、甜菜、向日葵、大豆、亚麻等。摩尔多瓦农业的主要经济部门有葡萄种植业、果蔬种植业、畜牧业、粮食作物种植等。

葡萄种植业 摩尔多瓦的葡萄闻名遐迩，摩尔多瓦有"欧洲葡萄园"之称，这是摩尔多瓦人的骄傲。葡萄种植是摩尔多瓦农业中最重要的传统经济部门，其产值约占农业产值的 1/4，是国家预算收入的主要来源之一。摩尔多瓦的土壤和气候条件不仅适合种植白葡萄，而且适合种植红葡萄。早在 19 世纪，摩尔多瓦的葡萄种植和葡萄酒酿造就已成为一个独立的经济部门。葡萄园主要分布在摩尔多瓦中部和南部。苏联时期，摩尔多瓦政府曾对原有的葡萄园进行大规模的改造，并建起一批新葡萄园。葡萄的种植面积从 1950 年的 8.3 万公顷增加到 1981 年的 25.3 万公顷，占苏联葡萄种植面积的 30% 以上。白葡萄占葡萄种植面积的 3/4，红葡萄占 1/4。摩尔多瓦的食用葡萄具有抗病性强、易于储存、储存期长、味香可口等特点，受到消费者的喜爱，畅销乌克兰、罗马尼亚、捷克等国。食用葡萄在摩尔多瓦种植 6000 公顷。葡萄总收获量每年为 70 万吨。

葡萄种植和葡萄酒酿造业是摩尔多瓦经济的支柱产业，受到摩尔多瓦政府的特别重视。摩尔多瓦于 2002 年 10 月 7 日通过《2002～2020 年恢复和发展葡萄种植和葡萄酒生产纲要》，在政府的大力扶持下，该行业发展顺利。根据摩尔多瓦政府制定的到 2015 年葡萄种植业和葡萄酒酿造业发展构想，2014 年全国葡萄种植总面积已经达到 25 万公顷。

果蔬种植业　摩尔多瓦具备良好的条件种植蔬菜和果树。

摩尔多瓦的蔬菜种植区主要分布在德涅斯特河流域以及普鲁特河、列乌特河、贝克河河谷的坡地。土豆种植在北部地区占优势。蔬菜和瓜类总收获量年均为 30 万吨。

果树种植也是高产部门。果园主要分布在北部和东南部，德涅斯特河沿岸地区的园艺技术处于全国领先地位。为改造全国的果园，政府投入了大量的人力和物力，广泛引入种植高产优良品种。2014 年 7 月摩尔多瓦政府与欧洲投资银行签订总额为 1.2 亿欧元的"摩尔多瓦果园"发展计划。全国果园里种植 40 多种苹果树、20 多种梨树和桃树等，李子树、杏树、樱桃树的种植面积约占果园面积的 30%，主要水果是苹果。在果树种植结构中，苹果树、梨树、桃树的种植面积占 70%，其余为李子树、杏树、樱桃树。摩尔多瓦的水果蔬菜仍然是人工采摘，这样可以更多地保留果蔬的芳香气味和纤维含量。

向日葵和甜菜种植　经济作物的播种面积约占全国播种面积的 20%，但其产值占农业总产值的 70% 以上。向日葵是最重要的经济作物之一，也是摩尔多瓦人民非常喜爱的经济作物，全境均有种植，但以南部和西部地区为主要生产基地。2013 年全国种植面积达 18 万公顷，年收获总量近几年超过 25 万吨。葵花籽油的出口占出口创汇的 3%，主要出口俄罗斯、乌克兰、白俄罗斯。独联体国家所需向日葵种子的 80% ~90% 由摩尔多瓦提供。政府十分重视向日葵的研究和开发，全国有两家葵花籽加工股份公司，分别位于别尔策市和奥塔奇市。

甜菜也是摩尔多瓦重要的经济作物。甜菜的栽种区集中在北部，栽种面积超过 8 万公顷，年收获量超过 250 万吨。全国 10 家制糖厂于 1997 年实行私有化以后组建成立糖类加工联合企业，年产砂糖 25 万吨，其中 22 万吨为甜菜糖，50% 的产品出口独联体国家和罗马尼亚。

烟草种植　烟草种植是摩尔多瓦的传统经济部门。20 世纪 80 年代，摩尔多瓦是东欧地区和苏联的主要烟草原料生产基地，95% 用于出口。

1986 年的烟叶产量达到 13 万吨，烟草业的产值占国内生产总值的 20%。2000 年以来，烟草仍然是国家的重要经济作物和出口创汇产品。

烟草种植区集中在中部和北部地区，2014 年全国烟草种植面积为 4000 公顷，其中本国烟草品种占 65%，俄罗斯品种占 20%，美国品种占 5%，其余为其他品种。摩尔多瓦每公顷土地生产的烟草的纯利润为 3000 ~ 6000 列伊，该部门的利润居全国各行业之首。虽然烟草业利润可观，但生产呈下降态势。根据摩尔多瓦国家统计局的资料，1984 ~ 1986 年，摩尔多瓦生产 12 万吨干烟叶，当时的烟草种植面积为 6 万公顷。2002 年种植面积为 9100 公顷，2003 年减少到 5500 公顷。随着种植面积的减少，产量下降，2002 年产量为 13000 吨干烟叶，2003 年生产 5500 吨干烟叶，2010 年生产 6000 吨干烟叶，2013 年生产 2000 吨干烟叶，2014 年生产 1300 吨干烟叶。摩尔多瓦烟草业由国家烟草联合会垄断经营。

粮食作物种植　粮食作物种植遍及全国农业区，主要集中在北部地区和西部地区。2014 年摩尔多瓦粮食种植面积：小麦为 40 万公顷，玉米为 50 万公顷，另有 10 万公顷种植杂粮。全国水利灌溉系统可浇地 22 万公顷。粮食作物的主要品种是小麦和玉米。由于耕种面积稳定，因此每年的粮食收成基本保持在 250 万吨，2010 年小麦产量为 77.2 万吨。国内需求每年为 35 万 ~ 40 万吨。自产粮食完全可以满足本国居民的食品需求和畜牧业用粮。为保证农民种粮的积极性，摩尔多瓦政府每年要为种植小麦的农户提供一定的补贴，最高可达到小麦当年售价的 10% ~ 15%。同时，政府非常重视推广先进的农作物种植技术。

第三节　工业

摩尔多瓦独立时，境内有苏联时期创建的 558 家工业企业，分为电力、石油化工业、机器制造业、冶金业、家具和木材加工及造纸业、建材业、轻工业、食品加工业、民用化工业等门类，拥有 39.18 万名工人。到 2000 年，摩尔多瓦的工业部门虽然保留了原来的生产项目，但由于外资的介入和私有化制的引入，这些企业在生产规模和生产能力及经营理念方面发生了极大的变化。2006 年 10 月 5 日，摩尔多瓦政府通过《2015 年前摩尔多瓦工业发展战略》，规定 2006 ～ 2009 年的目标：第一，加速工业结构改革，包括企业重组和实现私有化；第二，改善企业经营环境；第三，最大限度地鼓励向工业部门投资。2010 ～ 2015 年的目标：第一，采取一切措施保证工业产品具有竞争力；第二，根据欧洲标准创建有竞争力的工业部门，保证经济稳定增长。主要任务：工业生产每年增速 8% ～ 10%；工业在国内生产总值中的比重达到 20% ～ 22%；高科技产品在工业生产总量中占到 2%；2015 年在工业部门的就业人数达到全国就业人数的20% 。

一 工业改革及成果

摩尔多瓦独立以后，由于经济区域协作关系中断，工业经济陷入历史上最糟糕的境地。工业领域的所有企业，其中包括一些由国内提供原料的生产企业的产量直线下降，50% 的企业职工离开了生产岗位。一些大型企业，如机器制造业和军工企业压缩生产，关停并转，轻工企业和建材业均不景气。在国内生产总值、国民收入和预算中，工业经济所占的比重大幅度下跌。其后果是，工业部门的生产指标极大地依赖于食品加工业。也可以说，工业在很大程度上是靠天吃饭。摩尔多瓦工业的致命弱点是极大地依赖外部提供原料、能源和技术。如摩尔多瓦的冶金工厂被认为是欧洲最好的企业。它生产的高质量产品被挑剔的顾客购买。但是本国的原料只能满足企业所需的 15% ～ 20% 。

1994 年，政府开始支持工业生产。为减轻企业负担，政府不再对企业征收天然气增值税。从 1995 年 4 月开始，供给企业的天然气和电力价格降低 20%，由于当时全国金融状况恶化，所以这一措施没有达到预期效果。1995 年初，国家试图重点支持 12 个大型企业来改善工业经济状况，但这一行动仍以失败告终。在经历不断失败以后，政府出台了第一份非常重要的、以市场经济为基点的文件——1995 年 5 月 15 日政府第 306号决议，即《关于使金融 – 经济健康化和重组工业企业的紧急措施》。议会很快批准该决议，并很快按计划工作。为使文件的要求真正落到实处，政府建立了国家债权人委员会，委员会的第一项工作是制定企业和国家债权人委员会签约的程序，同时制定企业申请国家财政支持的办法（冻结债务、获得中期贷款的条件等）。另外，委员会明确提出了企业应尽的义务，制定提高产品竞争力的商业计划。

《关于使金融－经济健康化和重组工业企业的紧急措施》执行以后，工业经济的低迷形势有所好转，许多企业的财政状况有所改善。企业重组以后，产品结构趋于合理，国内市场上的国产商品数量增加，同时企业不断拓展出口空间，国家税收因此增加。为顺应市场的需要，1996 年政府通过第 82 号决议，决定按国际标准重组工业企业。为落实第 82 号决议，政府成立"企业重组代办处"（ARIA），并争取到世界银行的支持。在重组后的企业中，有 2/3 的企业生产的产品附加值增加，需求扩大。这些企业不但降低了生产成本，减少了库存，而且大大改善了企业的财政状况，其中 80% 的企业赢利。同时，企业的组织结构也更趋于合理。

经过十几年的发展，摩尔多瓦工业进入了稳定的发展时期。主要工业部门有：冶金加工、机器制造（电机、拖拉机和其他农用产品）、化工、建筑材料生产、建筑、木材加工、酿酒业、制糖和食品加工、针织服装加工。2013 年摩尔多瓦的工业生产总值为 380 亿列伊（约为 20.57 亿美元），与 2012 年相比增长 6.8%。2013 年增长最快的行业为电器制造业（增长 31%）、冶金加工业（增长 29.9%）、面粉加工业（增长 21.6%）、化工工业（增长 19%）、烈酒业（增长 19.6%）、奶制品业（8.9%）。在工业领域，矿产开采业增长最快，增长 22.2%。运输业发展较快，零售业比 2013 年增长 3.1%，有偿服务业增长 3.1%。

与此同时，产值下降的行业有烟草业（下降 19.4%）、机器和设备制造业（下降 11.8%）、木材加工业（下降 9.7%）、裘皮业（下降 2.4%）、能源业（下降 4.3%）。2014 年第一季度工业生产总值增长 6.3%，其中机器和电子产品制造业增长 34.5%、冶金业增长 30.1%、面粉加工业增长 27.7%、含酒精饮料生产业增长 26.6%。产值下降的行业有：油脂业下降 33.2%、烟草业下降 17.5%、印刷业下降 15%。

二　工业结构

在摩尔多瓦的工业结构中，食品加工业是其支柱产业。葡萄酒现已成为摩尔多瓦的特色产品，在国际市场上具有一定的竞争力，受到国际酒界的好评。

食品加工业　摩尔多瓦的食品加工业比较发达，是工业中的主导部门，主要有酿酒业、果蔬罐头业、榨油业、制糖业和肉类加工业。2013年该部门的产值约占全国工业产值的 40%，就业人口占工业就业总人口的 20%。食品加工业的加工能力可以 100% 地消化本国生产的甜菜和向日葵，96% 的烟草和芳香植物，90% 以上的葡萄，56% 的蔬菜和 50% 以上的水果。摩尔多瓦政府振兴国家经济主要依赖食品加工业的发展，生产出高品质的产品出口创汇，解决国家的资金短缺问题。

第一，酿酒业。酿酒企业遍及全国的各个葡萄种植区，绝大部分集中在中部和南部的葡萄产区。大型制酒企业有：基希讷乌葡萄酒－白兰地联合企业、基希讷乌葡萄酒－香槟酒生产联合企业、蒂拉斯波尔葡萄酒－白兰地酿造厂、卡拉卡什葡萄酒－白兰地酿造厂、贝尔兹葡萄酒－白兰地酿造厂、雷布尼察葡萄酒联合企业。在农工综合体中有 120 家农办葡萄制品厂。20 世纪 70 年代，13 家葡萄种植农场和葡萄酒厂联合建立了 174 家专业化的葡萄酒酿造厂。这些酿酒厂生产摩尔多瓦 90% 的名牌葡萄酒。这里需要特别一提的是，在距摩尔多瓦首都基希讷乌 36 公里处有一座占地 4300 公顷的维季叶赫恩切什季葡萄种植园。这里的葡萄酒酿造技术历史悠久，早在 1866 ~ 1867 年葡萄加工业就已初具规模。在大贵族马努克·别伊统治该地区时，葡萄酒酿造业蓬勃发展，其酿造技术流传至今。1945 年该地区成立国营葡萄酒酿造企业，下设 15 个工业部门。1956 年又在原基础上建造了赫恩切什葡萄酒厂。1988 年又扩建为跨行业的葡萄种植和加工联合企业。1995 年成立维季叶赫恩切什季股份制联合企业。

维季叶赫恩切什季是摩尔多瓦声誉很高的葡萄制品出产地，这里有良好的气候条件，可以酿造出天然的高品质葡萄酒。维季叶赫恩切什季出产的葡萄酒具有无与伦比的香气和色彩,白葡萄酒有碧绿色、黄色、琥珀色,红葡萄酒有石榴红色和红宝石色。现在,该地区的葡萄酒生产已全部实现自动化严格管理,进一步保证了葡萄酒的一流品质。

摩尔多瓦著名的葡萄酒品牌有"卡别尔奈"红葡萄酒,据说这种葡萄酒具有清除人体内放射性物质的功效。另外还有"涅格鲁得布尔卡""科德雷""罗马涅什达"等品牌。上述品牌的葡萄酒不仅是全国知名产品,而且在世界上享有盛誉。在国际评酒会上,这些品牌的葡萄酒共荣获100多枚奖牌。

2014年,全国大多数葡萄酒企业已实现私有化。这些企业的年加工能力为50万~60万吨葡萄,出产3亿~3.3亿升葡萄酒原汁。近几年,葡萄酒产量达1.15亿升,起泡酒产量达122亿升,白兰地产量达约60亿升,酒的品种达100多种。2014年,全国共有200多家葡萄酒厂,其中包括4家白兰地厂和7家香槟酒厂,占国家收入的近40%。摩尔多瓦的葡萄酒酿造业是全国最具活力的产业,葡萄酒是国家出口创汇的主要产品。

2014年1~9月,摩尔多瓦向欧盟国家出口葡萄酒达到1200万升,与2013年同期相比增加了500多万升,这一时期摩尔多瓦葡萄酒的出口总量为5500万升。摩尔多瓦葡萄酒主要销往波兰、捷克、奥地利、立陶宛、拉脱维亚、斯洛文尼亚、希腊、意大利、比利时、荷兰等国。2014年前8个月,摩尔多瓦向白俄罗斯出口2800万升葡萄酒,向哈萨克斯坦出口约300万升,向美国和加拿大共出口27.5万升,向中国出口70万升。

第二,果蔬加工业。全国有20多家大、中型企业和100多家小型企业从事果蔬产品加工。1992年,7家大型果蔬加工企业联合组建成国际浓缩果汁私营企业。他们生产的高品质苹果浓缩汁已进入西欧市场。该行业的年生产能力为15万吨果蔬产品制成品。主要品种有:天然果汁、水果罐头、浓缩苹果汁、豌豆罐头、果酱、醋渍蔬菜和沙拉等。果蔬加工企业主要分布在蔬菜和水果产地。近3/4的罐头生产厂家集中在蒂拉斯波尔、宾杰里、格里戈里波尔等地,这些地区企业所需的生产原料由中部和北部地区供应,生产的果蔬罐头超过100个品牌。该行业最著名的企业是奥尔热伊罐头厂。该厂重视设备更新,投资引进新的生产线并取得了很好的经济效益。改造后的奥尔热伊罐头厂生产能力达到 800 吨／天。其产品在巴黎和巴塞罗那评比会上多次获得欧盟颁发的产品质量奖。该厂生产的罐装苹果汁是欧洲市场上最受欢迎的产品。

第三，奶制品业。独立以来，奶制品业不景气。1989 年，摩尔多瓦奶制品业的年加工能力为 120 万吨。以后，奶制品产量连年下降。从 1998 年开始，国家开始对奶制品出口征收出口增值税。1999 年，国家对奶制品的销售税提高 9 倍，大大打击了奶制品业的生产。同时，国家对进口奶制品仅征收 15% 的进口税，奶粉则免税。这样，国产奶制品无论从外包装上，还是价格上都很难与进口奶制品相抗衡。

该行业中的佼佼者是契米什利奶制品厂。该厂是 1994 年成立的股份制企业。法定资本 75 万列伊，其中劳动集体占有 42% 的股份，经营者占有 49%，国家占有 0.07%，其余股份为个人所有。契米什利奶制品厂用传统方法生产绿色奶制品。牛奶和酸奶均不含防腐剂，从而最大限度地保留了奶制品中的营养成分。该厂一贯坚持严把原料关，提高产品的技术含量，雇用有经验并有高度责任心的专业人员从事生产，以确保产品的品质始终如一。在全国奶制品企业普遍不景气的时候，该厂在没有国家投资的情况下，年利润仍然不断递增。

第四，烟草业。苏联时期，摩尔多瓦以最大的烟叶种植基地著称。全苏 40% 的卷烟厂所需的烟叶原料来自摩尔多瓦。苏联解体以后，该行业效益一落千丈，失去了当年国库摇钱树的风采。摩尔多瓦的股份制烟草工厂，国家拥有大部分股份，但是国家并没有发挥应有的影响作用，该行业的经营状况每况愈下。如恰迪尔伦加烟草公司，它创建于 1965 年，经过几十年的发展，已拥有四条生产线，年生产烟草超过 10000 吨。2005 年以后，虽然有南方区为其提供干烟叶，但企业生产从未达到过设计能力。国家在该厂占有 95% 的股份。

第五，糖果业。摩尔多瓦的糖果品种多，质量好。糖果企业每年生产 1.5 万吨糖果点心类食品，其中有 130 多种巧克力糖，40 多种硬糖，70 种果仁夹心糖，以及 30 多种奶油糖及其他儿童食品。

能源工业 摩尔多瓦缺少能源，保证全国的能源供应和电力供应一

直是摩尔多瓦经济发展中的大问题，受到国家的重视。摩尔多瓦独立以后，所需的石油和天然气主要靠从俄罗斯进口，电力基本靠本国的电厂提供。

第一，电力。摩尔多瓦独立时，全国电站的年发电能力达到170亿千瓦时。全国形成了由水电站和火力发电站组成的动力系统，并向保加利亚和罗马尼亚出口电力。摩尔多瓦国内规模最大的电站是位于德涅斯特罗夫斯克的摩尔多瓦国营地方发电站，1971年建成并运营，装机容量为200万千瓦。该电站在正常运行的情况下，每昼夜消耗煤1.8万吨。除了煤以外，电站还使用天然气和燃料油。另外，基希讷乌和贝尔兹的中央热电站、杜博萨雷和科斯杰什水电站，以及一些制糖厂所属的热电站均是保证全国电力供应的重要部门。在经济过渡时期，能源部门开始结构调整，调整后的能源部门包括：政府下辖的能源和燃料能源资源局；国家能源调控中心，它的主要职能是制定税收政策，签发能源生产、销售、分配许可证；国家企业"摩尔多瓦电能过境公司"；另外还有5家经营电能的股份制企业。

摩尔多瓦的电力系统通过高压线路与乌克兰、罗马尼亚和保加利亚的电力系统联网，这便于使用本国的高压网实现电力的进出口和转输工作。

第二，石油和天然气。摩尔多瓦的石油和天然气严重依赖从俄罗斯进口。1998年，摩尔多瓦曾经爆发全国性的能源危机，政府被迫宣布全国进入紧急状态，拖欠电费和天然气费的厂矿企业被切断能源供应，居民的用电用气也受到严格控制。天然气公司只有在确认了消费者的支付能力以后，才会提供服务。造成上述局面的主要原因是摩尔多瓦政府长期拖欠俄罗斯天然气公司天然气款。截至1999年12月，摩尔多瓦天然气公司欠俄罗斯天然气公司4.97亿美元，另外还有滞纳金2.78亿美元。摩尔多瓦国内消费者欠摩尔多瓦天然气公司约11亿列伊。为追回欠款，俄罗斯天然气公司对摩尔多瓦减少50%的供气量。1999年12月8日，俄方停止向摩尔多瓦供应天然气。摩尔多瓦境内以天然气为燃料的发电厂因此无法正常运行，造成全国供电紧张。

为解决在能源方面过分依赖俄罗斯的局面，政府于1998年10月制

定了《2005 年前的国家能源战略》，主要内容是：在能源生产和销售领域建立竞争机制，实行节能措施，关闭耗能大户，制定能源企业利润、价格、税率三者间相平衡的经济政策，能源企业进行改组和私有化，能源资源经营多样化，通过与有关邻国的合作确保对居民的能源供应，减少能源系统对环境的污染。同时，摩尔多瓦政府在国际社会的帮助下，积极实现能源来源的多样化。2012 年 3 月，摩尔多瓦政府成立跨部工作小组，制定能源自给"路线图"，在摩尔多瓦境内寻找石油和天然气资源。

摩尔多瓦的工业还包括建筑业、轻工业、机器制造业和化工业，只是这些产业的生产规模都有限，产品主要满足国内需求。建筑业的产值在国内生产总值中居第 3 位。钢筋水泥吊装结构和摩尔多瓦的传统建筑材料是摩尔多瓦广泛采用的建筑方式和建筑材料。摩尔多瓦建筑工程队的机械化装备程度为：土方工程达到 95%、钢筋水泥的吊装工作达到 93%、水泥搅拌达到 84%。

摩尔多瓦的轻工业以来料加工为主，自产为辅。摩尔多瓦生产的地毯、针织品、天然丝绸、成衣、裘皮、鞋销往 50 多个国家。轻工业工厂主要设在基希讷乌、宾杰里和贝尔兹。机器制造业主要生产电器和农用机器，化工业主要生产塑料制品和颜料等。

第四节　服务业

摩尔多瓦独立以后，服务业不断发展，交通、通信、零售业被投资者看好，现已成为支撑摩尔多瓦经济发展的三大重要行业。

一　交通

摩尔多瓦的交通运输部门门类齐全，已形成空中、陆路、水上的交通网络。铁路和公路运输在全国的交通运输中占主导地位。在货物运输中，有公路运输、铁路运输、空运、水运。居民出行选择交通工具的排位依次为公共汽车、火车、出租车、无轨电车、轮船、飞机。2013 年运输部门

（包括铁路、公路、河运和航空）运输货物 1381.91 万吨，与 2012 年相比增长 26.75%，其中公路运输货物总量同比增长 23.8%，为 818 万吨；河运增长 12.8%，为 16.26 万吨；但空运减少 18.4%。全国有 7.3 万人在交通运输部门工作。

铁路　铁路运输在摩尔多瓦已有 140 多年的历史，第一条铁路建于1865 年，1871 年第一列火车驶出首都基希讷乌。2014 年全国铁路线总长1328 公里，投入运营的铁路线 1070 公里，年运出货物能力为 1380 万吨，占外运货物运输量的 95%。2014 年运进货物 2450 万吨，运送乘客 1010 万人次。铁路通达乌克兰的敖德萨、基辅、利沃夫和罗马尼亚。主要铁路干线有：拉兹杰利纳亚—蒂拉斯波尔—宾杰里—基希讷乌—温格内—贝尔兹—奥克尼察—切尔诺夫策；贝尔兹—雷布尼察—斯洛博特卡；宾杰里—比萨拉比亚—列尼。摩尔多瓦的铁路是欧洲国家中唯一没有实现电气化的铁路。

公路　公路运输在国内交通和国际交往中发挥着重要的作用，摩尔多瓦政府根据欧盟发展跨欧洲运输线的基本原则规划本国的公路交通网。交通运输业的年产值在国内生产总值中占 13.5%，是继农业、工业之后的第三大经济部门。2014 年国内可使用公路总长 9500 公里，其中硬路面8900 公里，其中 3300 公里为国家级公路。主要公路干线有：蒂拉斯波尔—宾杰里—基希讷乌—贝尔兹—利帕卡内—切尔诺夫策；基希讷乌—卡托夫斯克—科姆拉特—博尔格勒；蒂拉斯波尔—杜博萨雷—雷布尼察—基希讷乌—卡拉拉什—温格内。

2004～2014 年，摩尔多瓦汽车的千人保有量增加了 30%，达到65%，高于发达国家的水平。

河运　内河航运是交通运输的一个补充。德涅斯特河已全程实现航运，内河航线全长 1200 公里，连接摩尔多瓦的许多城市和乡村。全国建立了 6 个内河港口。

航空　2014 年全国共有 5 个机场，其中基希讷乌和贝尔兹两市的机场为国际机场。摩尔多瓦的航空运输主要由摩尔多瓦国家航空公司、摩尔多瓦航空公司和摩尔多瓦国际航空公司三家经营。摩尔多瓦国家航空公司组建于 1992 年 2 月 2 日。该公司 90% 的业务是国际客运。首都基希讷乌是摩尔多瓦的重要航空港，基希讷乌国际航站楼建于 1970 年，1987 年开辟了 80 多条航空线，直达苏联的 80 多个城市。1995 年 5 月 31 日，基希讷乌机场升级为国际机场。1999 年，欧洲复兴开发银行提供资金帮助摩尔多瓦改造基希讷乌国际机场。2000 年完成改建工程。2014 年，基希讷乌国际机场每小时可运送旅客超过 400 人次，每天为来自欧洲、亚洲和中东地区的航班服务。

1994 年，摩尔多瓦组建第一家私人航空公司。这家航空公司的航线是基希讷乌—莫斯科、基希讷乌—布达佩斯，以及从基希讷乌飞往布拉格、威尼斯、维罗纳、博隆、安塔利亚。该公司的业务已占摩尔多瓦航空市场 20% 的份额。这家私人航空公司已应联合国邀请参加《巴尔干重建计划》。

摩尔多瓦独立以后，加入了国际航空联盟。摩尔多瓦的航空运输业有了长足发展，已和世界上 70 多座城市通航。摩尔多瓦没有航空学院，所需人员均送往国外学习培训。

二 通 信

摩尔多瓦的通信业发展缓慢。1890 年，第一座电话局在基希讷乌落成。57 年以后，首都建成了自动电话局。又经过 42 年，程控电话局投入使用。摩尔多瓦独立时，摩尔多瓦只可以和所有独联体国家、罗马尼亚、保加利亚、希腊进行直接电信联系。摩尔多瓦同世界其他地区的电信联系需依靠卫星经设在加拿大蒙特利尔和丹麦首都哥本哈根的两个过境电话交换站实现。1999 年，首都市区和郊区共建有 50 多家自动电话局和电话所，装机容量为 26 万台电话机，已有 242944 台电话机投入使用。2000年底，电话局继续增容，增加 5500 个机号。市内公用电话已满足用户的需要，电话亭已没有排队现象。2005 年 10 月摩尔多瓦电话局改制为股份制公司以后，投资 7.2 亿列伊提高电话的覆盖面（覆盖国土面积的 80%）和扩大电话服务范围。

摩尔多瓦的信息产业起步较晚。1998 年 6 月 15 日，"摩尔多瓦在线"正式成立，其技术中心设在基希讷乌。1999 年，"摩尔多瓦在线"技术中心开始为第一批网络用户提供服务。同一年，"摩尔多瓦在线"商务中心投入使用。为推进本国信息产业的发展，摩尔多瓦政府制定并实施名为《锝》的国家信息工程计划。该计划的一期任务是把摩尔多瓦的信息技术推向市场并形成集团优势。计划的二期任务是扩大互联网在国内的覆盖面。《锝》计划的主要目标是将"摩尔多瓦在线"的互联网用户纳入一个统一的信息空间，然后向他们提供收费信息。政府计划在4年内完成国家信息网的建设。届时全国将建立43个网站和48个商务服务中心，其中5个设在首都。上述任务完成以后，"摩尔多瓦在线"的员工将会超过530人，可为45000个客户服务。这项计划得到挪威泰德网络公司和微软公司、摩尔多瓦阿格罗恩银行和维多利亚银行的资金支持。2006年12月政府通过专项决议落实建设信息化社会的国家战略，2010年12月政府投资实施起草关于信息技术标准的国家计划。该计划的核心是保证电子服务的安全性；净化信息交换环境；建立信息交换过程中的风险评估体系。经过多年的努力，2014年摩尔多瓦的网络普及率超过了罗马尼亚和乌克兰，居世界第77位。为进一步提高信息产业在国内生产总值中所占的比重，2014年摩尔多瓦政府计划在国内建立首个享受税收优惠的IT产业园。

摩尔多瓦移动通信发展速度较快。1998年10月27日"Orange"公司正式进入摩尔多瓦；半年以后，"Moldcell"也进入摩尔多瓦通信市场；2007年"Unite"在摩尔多瓦通信市场获得成功。根据2010年的数据，在摩尔多瓦移动通信市场中，"Orange"占64%的份额，"Moldcell"占31%，"Unite"占3.6%。2014年，摩尔多瓦移动通信市场中的主要移动通信运营商有"Moldcell""Orange""Unite"，其中"Orange"在摩尔多瓦社会获得了良好的声誉，其网点遍布摩尔多瓦全国各地。"Unite"拥有最多的个人用户。2013年"Orange"移动公司在摩尔多瓦举办的国家"年度贸易商标"竞赛中获金奖，获得"最具社会责任"公司的称号。

三 零售业

零售业在摩尔多瓦经济中占有重要地位，2008年经济危机导致国家对零售业投资减少。之后，这种情况有所改善，在2012年的投资总额中，交通业和通信业占第一位，占到投资总额的 22%；不动产项目约占 16%，居第二位；加工业居第三位；零售业的投资居第四位，约占投资总额的 12.3%。零售业的重要性在于该行业是解决居民就业的重要部门，在 2006～2012 年劳动力人数减少 11.02 万人的情况下，零售业的就业人数年均增加 1.3 万人。全国职工中有六分之一的人从事贸易活动。这在一定程度上证明，摩尔多瓦经济正在从工业经济向服务经济转变。2013 年 11 月 25 日摩尔多瓦政府通过《批准关于 2014～2020 年发展内需战略和行动计划的决议》，该文件是《2007～2009 年发展内需战略》的延续，并参考《摩尔多瓦 2020 年战略》《国家区域发展战略》《2012～2020 年中、小企业发展战略》《摩尔多瓦政府 2013～2014 年活动计划》等诸多文件的内容规划制定。2014～2020 年发展内需战略认为，新时期国内贸易已经不是一般意义上的简单零售业，而是通过提升服务质量，促进国内消费市场稳定发展，实现国内消费市场的现代化。

零售业在摩尔多瓦国内生产总值中所占比重呈现增长的趋势，2006 年占国内生产总值的 11.5%，2007 年占 12.6%，2008 年占 13%，2009 年占 13.2%，2010 年占 12.8%，2011 年占 13.5%，2012 年占 14%。

2006 年最终消费总额为 509.72 亿列伊，高于国内生产总值，2012 年增长至 1029.54 亿列伊，出现了国内消费依赖进口商品的趋势。摩尔多瓦 2006 年零售总额为 233.566 亿列伊，2007 年为 282.201 亿列伊，2008 年为 346.844 亿列伊，2009 年为 321.430 亿列伊，2010 年为 387.658 亿列伊，2011 年为 515.689 亿列伊，2012 年为 518.738 亿列伊。

第五节 财政与金融

摩尔多瓦独立以后，财政金融状况一直令人担忧，严峻的财政状况是各届政府急需解决的难题之一。国家解决财政赤字的主要办法是向摩尔多瓦国家银行贷款、国家发行有价证券、向外国贷款（这已成为摩尔多瓦政府解决财政赤字的主要办法）、动用预算外资金。摩尔多瓦的财政系统分为国家财政和地方财政两级。地方的财政预算由地方管理机构自行审

批，中央不干预。地方项目收入全部纳入地方财政，中央不得擅自挪用地方财政收入。

一 税收与国家财政

摩尔多瓦的国家财政收入主要来自税收。

税收 摩尔多瓦独立以后，一直进行税制改革，税法也处于不断完善的过程之中。2000年，税务部门的体制结构已按国际标准构建，全国各县均设立了税务监察机关。税务监察机关的主要职能是解决税收管理、核算、监督上交国家公共预算的税额；加强税务纪律；制定和检查税务工作的评估办法；向先进的税务部门发放相应的物质奖励。税务监察机关还要广泛宣传税法和纳税人的义务，防止逃税漏税现象的发生。

摩尔多瓦税制改革的目的是使纳税人的纳税额更趋合理、国家预算收入稳步增长，改善经商环境，简化税收程序和行政管理手段。摩尔多瓦独立以后，已制定出土地税法、税收行政管理法等。为进一步完善税收政策，1999年政府实行以下税改措施：实行与贸易对象国和商业伙伴一致的商品增值税征收制度，以简化该税种的行政手续；为维护自由贸易制度，实行低海关税率（0，5%，10%，15%）；为扩大征税范围，体现在纳税制度面前纳税人平等的原则，政府取消了对个人的纳税优惠政策。

从2000年起，政府进一步限制账面结算收入，增加现金收入。摩尔多瓦的税法规定，摩尔多瓦的法人和自然人，以及在境内从事经营活动，或者有个人收入及财产的外国人均需纳税。

税种有收入税、利润税、商品增值税、有价证券交易税、自然资源使用税（包括土地税）、法人和自然人的财产税以及商品生产、服务等项目的增值税等。

摩尔多瓦的税收分国税和地税两种。国税包括增值税、企业利润税、证券税、个人税、银行收入税、有价证券交易税、保险收入税、国税和印花税、海关税、进出口税等。地税包括企业不动产税、自然资源使用和排污税、道路税、土地税、自然人财产税、自然人收入税、生产性的建设项目税、广告税、疗养区税等。

摩尔多瓦政府的主要税收来源有以下几种。第一，收入税。近几年来，企业收入税在政府预算收入中的比重不断下降，而自然人收入税的比重不断上升。1999年，企业收入税的税率从32%降至28%，同时政府决定对金融机构的贷款投资提供优惠的征税条件。为保护和刺激地方投资，政府对投资收入税减免50%。1999年以前，在国家预算收入中，自然人的收入税所占比重很小。在政府对不同的人群实行不同的合理征税政策以后，该税种在国家预算收入中的比重不断上升，但是，个人所得税中仍然存在许多不合理的现象。为保证低收入居民免交所得税，从2000年起，个人所得税的起征点定为月收入210列伊（2000年以前为175列伊）。根据摩尔多瓦的现行法律，自然人需向税务部门申报并交纳收入税的项目如下：自然人工资收入以外，出租不动产所得年收入超过2100列伊以外部分；以工资形式（但有别于工资）获得的收入（年收入超过13000列伊）；遗产；境外收入。税率分为10%（年收入不超过6000列伊）、15%（年收入为6000～10800列伊）、28%（年收入超过10800列伊）。另外，纳税人每年可免交收入税2100列伊。伤残军人、烈属、切尔诺贝利核事故的受害人、残疾人、遭受过政治迫害的养老金领取人可免税10000列伊。

第二，土地税。土地税是最大的一项税种。土地税的收入全部纳入地方预算。土地税的税率是按照每公顷土地所获得的列伊计算。现在，该项税中没有包含土地的市场价值，而是仅依据土地的质量来决定征税额度。这在一定程度上影响了土地税的合理性。农业生产单位逃税现象普遍存在。1999年，摩尔多瓦尚没有设计出土地价值评估体系。1998～2000年，土地税率一直保持不变。地方财政在这方面的收入没有增加。同时，依据土地税法，议会有权每年依据通货膨胀率来重新审定税率。

第三，不动产税。该项税收存在许多问题，主要是这项税收政策不稳定。政府忽而实行优惠政策，忽而提高不动产税率，严重影响税收工作的开展。1999年，不动产税主要依据不动产的价值和面积计算出的税率征税，手续繁杂，而且不动产税收机构缺少必要的不动产清单，或者是现有的清单与实际不符，造成征税困难，纳税人不满。为顺利开展不动产税征收工作，2000 年政府决定实行两项措施。一是在 2001～2003 年完成合法的不动产纳税人登记注册；二是制定新的符合市场价值规律的不动产税法。2000 年，摩尔多瓦根据有关系数计算征收不动产税。不动产税和土地税是地方财政收入的两个主要渠道。

第四，增值税。这一税种是预算收入的基本来源之一。这一税种征税面宽，但仍有许多商品种类和服务行业不交纳增值税，减少了该税种的收入，并增加了管理难度。这一税种体系中存在的不合理因素是造成逃避交纳增值税的主要原因。为解决这一弊端，政府在 2000 年把东部地区实行的加算增值税的办法推广到全国。

除此之外，为扩大征税面，并更有效地管理天然气消费，政府建议对天然气进口和销售征税。最初进口天然气和液化气的增值税税率为 5%。这项税收每年可为国家创收 7000 万列伊。依据税法，年收入在 2 万列伊以下的经济人不必交纳增值税，所以这项优惠政策取消以后，不会对小公司的生存构成威胁。另外，对农产品免征增值税的政策并没有促进这一行业的发展，反而为一些商业代理人利用优惠条件逃税创造了条件。农民并没有从这项优惠政策中得到实惠。

第五，消费税。消费税在政府预算收入中占有相当大的比重。征收消费税影响到出口独联体国家产品的竞争力，因为出口独联体国家的商品是根据商品产地规定消费税附加额。摩尔多瓦政府通过与有关国家就征收消费税的原则进行谈判，改变不利于摩尔多瓦出口商的税收制度。另外，根据商品单位的列伊价格计算出的消费税税率不能真实反映出消费税的税额。政府考虑用一种相对稳定的货币单位计算消费税税率。这样，这些商品（如汽油、柴油、香烟、家用电器）的零售价将根据列伊兑美元的汇率变动，其他商品的税率仍然按照商品价值计算。

2013 年国家税收比 2012 年增加 5.5%，税收在国内生产总值中的比重占 16.8%。与 2012 年相比，最终消费支出增长 5.6%。2013 年国家预算收入为 369.085 亿列伊，比预期减少 0.4%，比 2012 年实际收入增加 10.1%。在国家预算收入中，国家行政部门预算收入占 60.0%，国家社会保险收入占 21.1%，地方预算收入占 13.5%，医疗保险基金占 5.4%。

2013 年税收为 321.928 亿列伊，占总收入的 87.2%，比计划收入多 0.3%，比 2012 年实际收入增长 11.5%。常规收入没有达到预期目标，为预期收入的 94.3%，但实际收入仍然比 2012 年增加 1.1%。

财政支出 摩尔多瓦政府财政支出中优先考虑的项目是可以得到经济回报的投资项目和对国家发展具有战略意义的社会性项目。这些项目包括全民中等义务教育、国家向居民提供的基本医疗保证、对少数居民的生活救济、全额拨款单位。

为压缩国家预算赤字，政府严格控制对于能源消费的财政补贴；严格限制国家机关的工作人员人数；有计划地使用金融机构提供的货币资金；进一步压缩国家机关的开支；扩大有偿服务项目，减少免费服务项目；学前教育、小学和中学实行新的基础教育计划。同时，初等和中等教育增加收费项目。职业技术学校分批转交地方政府管理。对科研机构的拨款严格按照国家科研发展政策法实行。

在农业方面，政府建立农业发展中心，协助农业部门筹款，并投资扶持农业小企业发展。国家的主要投资方向仍然集中在建设输气管道等公共基础建设项目方面。

政府为获得国际金融组织的贷款，必须按照国际金融组织的要求实行严格的财政政策，其中包括不能从国家银行取得优惠贷款。为压缩政府开支，政府分阶段不断减少对消费品价格的补贴。政府继 1994 年 6 月完全放开消费品价格以后，又将载能体和其他进口物资的涨价完全转嫁到消费者头上。

2013 年国家预算支出为 401.017 亿列伊，为计划支出的 96.4%，比 2012 年增加 10.2%。2013 年所有的预算支出均没有达到预算计划的目标。其中用于社会领域的预算支出占 67.3%，用于经济部门的占 15.0%，用于国防、社会治安和国家安全的占 7.1%，用于国家机构的占 5.4%。2013 年预算计划赤字为 30.487 亿列伊。

财政赤字和国家债务 2013 年，摩尔多瓦国家债务累计为 235 亿列伊（约为 18 亿美元），相当于国内生产总值的 23%。2013 年债务为 18.2 亿列伊，比上一年增加了 12.1%；用美元计算为 4460 万美元。2013 年应偿还债务 8.695 亿列伊，其中基本贷款额为 6.833 亿列伊，其他为 1.862 亿列伊。同时，2013 年国家内债增加 5.169 亿列伊（8.4%），达到 66.758 亿列伊，到期应还 3.064 亿列伊。截至 2014 年 4 月 30 日，摩尔多瓦的国家外债为 179.8 亿列伊。截至 2013 年年底，摩尔多瓦央行黄金储备为 28 亿美元。

二 货 币 政 策

1990 年 7 月，摩尔多瓦议会在通过向市场经济体制过渡的决议时，决定从 1991 年开始发行本国货币。但是当时摩尔多瓦没有能够发行货币的大银行，因此这项工作进展缓慢。摩尔多瓦在宣布其独立后的最初两年里仍沿用苏联货币卢布，依靠苏联银行供给卢布。卢布大幅度贬值，致使摩尔多瓦陷入遏制不住的通货膨胀之中。1993 年 1 ~ 9 月，通货膨胀率月均达到 30%。通货膨胀是摩尔多瓦独立后面临的最尖锐的经济问题。政府把遏制通货膨胀的希望寄予发行本国货币上。1992 年 1 月 23 日，摩尔多瓦国家《货币法》正式颁布实行。《货币法》规定摩尔多瓦的货币单位是摩尔多瓦列伊，相当于 100 巴尼。列伊和巴尼有纸币和硬币两种形式，是摩尔多瓦境内合法的支付手段。

在使用本国货币之前，摩尔多瓦政府曾先后发行过黑白有价证券、彩色有价证券和卢布券（亦称库邦）等过渡性的国家货币。到 1993 年 8 月，发行流通的卢布券已占现金支付的 90%。1993 年 11 月 24 日，摩尔多瓦总统米尔恰·斯涅古尔发布命令，自 1993 年 11 月 29 日起，摩尔多瓦境内使用本国货币，正在境内流通的俄罗斯联邦银行和苏联银行发行的货币均应在 1993 年 12 月 2 日 18 时以前到当地银行兑换成列伊（卢布和库邦兑换列伊的比值为 1000∶1）。从 1993 年 12 月 2 日 18 时起，列伊是摩尔多瓦境内唯一合法的支付手段。当时，国家银行确定列伊兑美元的汇率为 3.85∶1。之后，列伊的兑换率通过国家银行外汇交易所的市场调节。列伊发行以后，摩尔多瓦境内不再用外汇（包括自由外汇）销售商品和进行服务支付。

摩尔多瓦独立以来，国家货币政策的核心任务是抑制通货膨胀。发行

本国货币以后，通货膨胀受到遏制，1994 年通货膨胀率降至 116%，1995 年降至 24%，1996 年降至 15%，1997 年降至 11.2%。1998 年，受俄罗斯金融危机的影响，当年 9 月，摩尔多瓦列伊首次出现动荡。摩尔多瓦国家银行迅速抛出了 8000 万美元，暂时将汇率稳住。11 月初，当摩尔多瓦外汇市场再次发生动荡时，摩尔多瓦央行已经无力出面干预。11 月 2 日，摩尔多瓦列伊兑美元汇率暴跌 40%。这一天，摩尔多瓦外汇市场的开盘价为 6 列伊兑换 1 美元，收盘时跌至 10 列伊兑换 1 美元。国家银行 3 日宣布撤销当天的外汇交易结果，并将汇率硬性规定为 6.4 列伊兑换 1 美元，央行还规定各商业银行必须在一周内将各自社会资本的 15% 存入央行。在俄罗斯金融危机的冲击下，摩尔多瓦列伊贬值 50%。到 2000 年 10 月 31 日，列伊兑换美元的汇率基本稳定在 12.3 列伊兑换 1 美元的水平上。

为降低通货膨胀率和减慢经济衰退进程，银行制定出台了《货币政策的主要方针》《1996 年摩尔多瓦国家银行信贷和外汇政策》等文件。在外汇市场进行交易的大部分货币是可自由兑换货币。在外汇市场交易中，可自由兑换货币占 80%，俄罗斯卢布占 17%，其他非可自由兑换货币占 3%。摩尔多瓦外汇市场实际上是实行自我调节，国家银行对外汇的需求平衡不进行严格的干预，国家银行的外汇储备量基本可以满足银行债务和国民经济的需要。从 1995 年开始，摩尔多瓦外汇储备一直呈上升趋势。

1995 年 7 月，摩尔多瓦议会通过《国家银行法》以保证和维护国家货币的稳定。为进一步加强这项工作，2010 年 12 月 30 日，议会通过《2010 ~ 2012 年摩尔多瓦国家银行货币战略》。

2006 年以前，保证国家货币稳定的政策具有双重性质。一方面要维护国内货币市场的稳定，即抑制通货膨胀；另一方面要维护国家货币在国际市场上的稳定，即维护汇率的稳定。1994 ~ 2008 年，货币政策的实现目标是选择一种符合摩尔多瓦国家经济现实的货币联动制度，以稳定宏观经济和抑制通货膨胀，降低投资领域中的风险，增强国民对国家金融体系的信心，以促进有效的社会改革。

2009 年，摩尔多瓦央行放弃了货币联动制度，确定当年的通货膨胀率为 9.0%。这一时期，国际经济危机严重冲击了摩尔多瓦经济，致使市场上的货币量大幅度减少。为稳定宏观经济和货币市场，央行实行了干预。

2010～2012 年货币政策的战略方向为：第一，实行货币干预政策。为抑制通货膨胀，央行通过"定价"手段控制由消费价格指数增长引起的通货膨胀。具体做法是，国家每月向社会公布消费价格指数和通胀率；公民可随时查阅有关消费价格指数的数据，这些数据不能更改；相关机构根据数据遏制通胀率。摩尔多瓦货币政策的主要目标是抑制通货膨胀。第二，保证经济增长和就业率。

维持低通胀率和保持物价稳定是央行货币政策最重要的任务。摩尔多瓦央行认为，这样才能鼓励长期投资和保持经济实体在国内和国际市场上的竞争力；促进金融稳定和防止投机行为；保持经济长期增长，创造就业机会，提高生产力和改善人民的生活水平。基于上述设想，摩尔多瓦央行规定 2012 年的通胀率不得超过 5.0%。为达到这一目标，央行采取的主要手段是建立了开放性市场交易，以实现货币市场的平稳运行，补充手段是实行储备金原则和对外汇市场进行干预。

根据摩尔多瓦国家银行的资料，2013 年摩尔多瓦全国的通货膨胀率为 5.2%，2013 年第四季度的通胀率为 4.9%，同比增长 0.8%，主要与食品价格上涨有关。2013 年 12 月消费价格指数与 2013 年 11 月相比上涨 8%，与 2012 年 12 月相比上涨 5.2%（2012 年 12 月消费价格指数比 2011 年 12 月上涨 4.1%）。2013 年食品价格平均上涨 7.6%，其中新鲜蔬菜价格上涨 15.5%、鸡蛋上涨 12.9%、肉类上涨 5.0%、肉类半成品上涨 8.4%、含酒精饮品上涨 5.1%、牛奶和奶制品上涨 8.3%。非食品类商品价格上涨 4.6%，其中燃料上涨 3.4%、服装上涨 6.1%、装修用的建筑材料上涨 4.7%、烟草制品上涨 7.6%。居民有偿服务价格上涨 2.9%，飞机票价格上涨 17.1%，国际公路客运票价上涨 15.0%，出租车价格上涨 6.0%，水费上涨 6.9%。同时，一些商品和服务价格下降，如有核水果降价 26.0%、植物油降价 4.8%、煤降价 3.4%。

2014 年第一季度，摩尔多瓦的通胀率为 5.4%，与上一季度相比增长

0.5%，但低于预期的 5.7%。摩尔多瓦央行设定 2014 年通胀率为 5.2%，预计 2015 年通胀率为 4.3%。

三 银 行

摩尔多瓦国家银行系统始建于 1991 年，1993 年形成两级银行制，国家银行履行央行的职能，不介入商业银行的活动。1995 年 6 月和 7 月，议会通过两项关于摩尔多瓦银行和金融机构的法律，规定了央行的权力与职责。摩尔多瓦的银行系统分为摩尔多瓦国家银行和商业银行两大部门。

1. 国家银行

摩尔多瓦国家银行是国家的中央银行，主要职能有：确定并落实国家的货币、贷款和金融政策；行使国家银行和国库的职能；调控和监管金融机构的活动；监管摩尔多瓦全国的支付系统并促进银行间支付系统的有效活动；发行国家货币；与政府协商后确定国家货币的汇率；管理国家黄金储备；组织票据的交换与清算；对摩尔多瓦国内进行金融调控并调控资本比例，为所有的商业银行规定风险资本的最低额度要求。在法律上，国家银行独立于国家政府机构，对议会负责，主要目标是通过货币市场，运用市场手段，维护国家货币的稳定。

国家银行在摩尔多瓦向市场经济过渡时期发挥了重要的作用。1991～2014 年，国家银行出台了一系列稳定货币和关于贷款的有效政策。央行最重要的措施是自 1993 年 11 月 29 日起流通本国货币列伊及后续的反通货膨胀政策，稳定国家货币的汇率。摩尔多瓦央行有权发行本国货币的纸币和金属币。根据摩尔多瓦议会于 2006 年 6 月 3 日通过《关于 1995 年 7 月 21 日摩尔多瓦国家银行法的修正案》，摩尔多瓦国家银行的主要任务是保证和维护价格稳定，除此之外，央行还要支持以市场原则为基础的金融系统正常运转，支持国家实现经济总政策。摩尔多瓦国家银行实行浮动汇率政策，这也是确定列伊兑换美元汇率的基本原则，因此摩尔多瓦国家银行为保持汇率稳定有权进行货币干预。1995 年摩尔多瓦议会通过《摩尔多瓦国家银行法》和《金融机构法》。根据《摩尔多瓦国家银行法》，国家银行独立执行其职能，对议会负责。从 1998 年开始，摩尔多瓦国家

银行根据货币市场的规则，对国家货币兑换美元实行浮动汇率。2004 年 7 月 1 日，摩尔多瓦国家银行建立存款保证金制度。为与国际标准接轨，2006 年摩尔多瓦国家银行启动银行间自动支付系统。

2. 商业银行

2000 年，摩尔多瓦全国有 16 家商业银行。摩尔多瓦银行资本部分来自国内投资基金，部分来自境外投资。摩尔多瓦银行分 A、B、C 三个等级。A 级银行可以进行主要的银行业务，有权在国内市场进行外币兑换业务。B 级银行除了可从事 A 级银行的业务以外，还有权开展国际银行业务。C 级银行可以进行所有国内和国际银行业务，包括兑换外币和从事投资活动。根据摩尔多瓦议会 1995 年通过的《金融机构法》，银行的权限取决于资金的规模。国家银行为保证国家银行系统稳定、减少非偿还贷款的风险、保护储户的利益，规定所有银行都必须保持充足的资本。根据摩尔多瓦央行的要求，从 2006 年 1 月 1 日起，A 级银行的最低资本额提高到 5000 万列伊，B 级银行为 1 亿列伊，C 级银行为 1.5 亿列伊。

1996 年，摩尔多瓦银行业陷入危机，银行周转失灵，利润率急剧下跌，许多银行被迫停止营业。1997 年，银行业逐渐摆脱困境。1997 年与 1996 年相比，银行定额资本总和增加了 84%，达到 5600 万列伊；存款基数增加；发放贷款总额增加 26%；国家有价证券的存量增加 3 倍；银行利润增加 1.6 倍。综合上述指标，摩尔多瓦国家股份制银行在全国商业银行排行榜中居第二位。1999 年，银行董事会发生了很大变化，能源部门和部分大企业的领导人被选入董事会，这些人中有摩尔多瓦天然气公司、摩尔多瓦铁路、摩尔多瓦电力等一些大公司的头号人物。摩尔多瓦商业银行与英国、德国和俄罗斯的大银行开展业务合作。

从 2002 年起，摩尔多瓦商业银行的金融状况有所改善。商业银行的资本总额比上一年增加 4.1%，超过了 17 亿列伊，同时一级资本增加了 9.3%。2002 年银行系统的资本额为 79.43 亿列伊，比 2001 年增加了 32.9%。根据央行的资料，2002 年摩尔多瓦银行的优质资本达到 28.50 亿列伊，比 2001 年增加了 37.4%。2002 年居民的存款增加了 42.5%，超过 20 亿列伊。2002 年摩尔多瓦银行发行了 9.74 万张银行卡，到 2003 年

1月1日全国有14.8万张卡，完成150万笔交易，境内交易总额为7.333亿列伊，境外交易总额为1.104亿列伊。境外银行卡在摩尔多瓦交易额为2.322亿列伊。

1992年，摩尔多瓦加入国际货币基金组织。在国际货币基金组织的帮助下，摩尔多瓦建立起了确保贷款返还的严格制度，其金融服务水平在独联体国家中列前几位，因此也是外国投资最多的行业。大量外国投资进入摩尔多瓦银行系统，成为摩尔多瓦银行系统的显著特点。截至2013年，全国有3家商业银行完全属于外国投资，12家银行是合资企业，只有1家银行属于摩尔多瓦。截至2013年末，外国资本已占到摩尔多瓦银行总资本额的60%，较大的外国投资者是欧洲重建和发展银行、俄罗斯卢克石油公司和美国投资基金。

摩尔多瓦银行的储蓄额一直呈增长态势。2003年与上一年相比，储蓄总额增加了40%，为5.19亿美元（68亿列伊）。列伊存款比例（不包括活期存款）增加5%，达到70%，外币存款占存款总额的30%。2003年银行贷款总额为61亿列伊（3亿美元），其中列伊贷款占57%，外币贷款占43%，该数据不包括银行间拆借和政府组织的贷款。截至2003年末，摩尔多瓦银行系统的总资产为7.38亿美元（占2003年国内生产总值的38%），其资本为1.46亿美元。2003年摩尔多瓦5大银行的资产占到全国银行资产的71%，资本占56%、储蓄占77%、贷款占65%。

2012年欧元区发生的主权债务危机对摩尔多瓦经济产生了一定的影响。从2012年1月1日起，摩尔多瓦境内银行必须采用国际标准会计制度。2012年根据国际标准会计制度，摩尔多瓦银行资产达583.044亿列伊，比年初增加90.224亿列伊。截至2012年12月31日，不良贷款占贷款总额的比重比年初增加1.6%，占14.5%。2012年银行资产和资本的收益率分别为1.1%和5.6%，比2011年降低0.7%和5.0%。截至2012年12月31日，摩尔多瓦银行长期灵活资金占资金总额的0.7%（最多为1.0%），短期灵活资金占32.9%（最少为20.0%）。截至2013年上半年，摩尔多瓦银行的纯利润为4.888亿列伊，其中75.5%（3.6893亿列伊）是由三大银行即摩尔多瓦储蓄银行（1.3298亿列伊）、摩尔多瓦农业银行

（1.2846 亿列伊）、摩尔多瓦维多利亚银行（1.0749 亿列伊）创造的。

2012 年摩尔多瓦国家银行采取措施抑制通胀，使通胀率从 2012 年初的 6.1% 降至 2012 年 12 月的 4.1%。同时，2012 年 1 月国家银行决定降息，存款年息从 8.5% 降至 6.5%。2 月国家银行再次将年息从 6.5% 降至 4.5%。2012 年末，国家官方美元储备为 25.150 亿美元，与上一年同期相比增加 28.0%，可保证 4.7 个月的进口费用（2011 年可保证 3.6 个月的进口费用），相当于短期债务总额的 110.6%。

四　证券市场

摩尔多瓦于 1995 年在首都基希讷乌开办了第一家证券交易所，开始经营有价证券业务。2000 年，证券交易所的所有业务已全部纳入自动化系统。自动化系统可以迅速而精确地确定参加交易的每张有价证券的市场价值，从而加速交易的核算过程，赢得了投资者的信任。1999 年，在交易所可以买到 300 多家摩尔多瓦企业的股票和 16 家商业银行发行的 21 种股票。

摩尔多瓦的证券市场由独立的国家证券市场委员会进行调控。1999 年 6 月 30 日，摩尔多瓦成立国家证券市场委员会，全权负责制定证券市场的交易规则，规范证券市场行为。委员会的主要职能是监督摩尔多瓦证券市场中介机构和经纪人、独立注册人、投资基金和信托公司的活动。为保证证券市场的透明度，摩尔多瓦国家银行从 1996 年 6 月开始每周发布一次证券市场信息快讯，报道国有证券在二级证券市场上的交易总量。同时，国家银行指定商业银行发行有价证券，并在该领域与国家证券市场委员会进行合作。

1995 年 3 月，摩尔多瓦政府开始发行有价证券。有价证券分为国家有价证券和企业有价证券两种。国家有价证券的面值为 1000 列伊，国家按优惠价格卖给投资者。另外，国家还通过上市、转让、账面记录等方式发行国家有价证券。有兴趣购买国家有价证券的投资者，可以通过任何一个持有摩尔多瓦国家银行原始经纪人许可证的摩尔多瓦商业银行来办理。身为原始经纪人的银行可以帮助外国投资者购买从事证券活动的国家许可证。

外国投资者也可以购买企业公司的股份。摩尔多瓦发行的有价证券只能在证券市场进行交易。有些证券可在上一级市场进行交易，上一级市场必须在证券市场进行注册登记。摩尔多瓦不允许投资基金和信托公司之间进行兑换交易。为保护信托公司执盘人的权利，国家对信托公司从账户上取走的资金额度做出了限制。

摩尔多瓦规定上市的投资基金不能超过 20 家。国家证券市场委员会无权取消可疑的或是非法的交易。从 1998 年 7 月 1 日起，投资基金不得用收入进行再投资。1998 年摩尔多瓦全国有 2300 家股份公司没有进行第一次股票发行注册，1000 家左右的股份公司注册以后，没有向独立注册人递交注册文件。

目前，摩尔多瓦证券市场逐渐走上良性发展的轨道。2008 年是摩尔多瓦证券市场大发展的一年，全年证券流通额为 9.968 亿列伊（9590 万美元），参与交易的股票从 1020 只增加到 1032 只。全年总交易额超过 4.68 亿列伊（4470 万美元）。2012 年证券市场收益为 210 万列伊，比 2011 年增加 1.4 倍，共有 1011 只股票参与交易。2012 年证券市场的自有资本为 182 万列伊。

第六节　外国资本

在摩尔多瓦的经济发展进程中，外国资本和外国援助具有举足轻重的地位。摩尔多瓦自独立至今，一直得到欧美国家的大量经济援助。

一　外国援助

摩尔多瓦的主要贷款来源是欧洲复兴开发银行、欧盟和世界银行。1994 年摩尔多瓦与外国及国际金融组织签署的协定贷款总额为 6.74 亿美元，实际落实的外国贷款额为 2.5 亿美元。主要贷款者为国际货币基金组织、世界银行和欧共体。1995 年初，美国向摩尔多瓦提供 2200 万美元技术援助和 1000 万美元农业贷款。到 1995 年 12 月底，欧洲复兴开发银行

对摩尔多瓦的贷款已达 1.12 亿美元。

欧洲复兴开发银行的贷款主要用于改造基希讷乌国际机场、改造市政道路和更新基希讷乌的供水和供热系统。1995 年 5 月，欧洲复兴开发银行向基希讷乌市供热公司提供 1160 万美元和 1570 万德国马克，用于改造老化的供热管道系统。同年 7 月，欧洲复兴开发银行以参股形式向摩尔多瓦维多利亚银行贷款 425 万美元，用于支持私人商业活动。1995 年 8 月，欧洲复兴开发银行向摩尔多瓦农业银行提供 2000 万美元的信贷，以扩大该银行对农业、服务业、旅游业的贷款规模。1997 年 5 月，欧洲复兴开发银行向摩尔多瓦的主要商业银行通用银行提供 100 万美元信贷用于扶持摩尔多瓦的中小企业。同时，欧洲复兴开发银行联合瑞士和美国向摩尔多瓦小企业贷款 500 万美元，其中欧洲复兴开发银行提供 340 万美元，瑞士政府提供 16 万美元。另外，英国和瑞士政府分别提供 40 万美元和 120 万美元用于技术援助。

1995 年 11 月，欧洲复兴开发银行向摩尔多瓦政府提供总额为 2860 万美元的贷款，用于摩尔多瓦境内 238 公里国际公路干线的现代化改造项目。这笔贷款主要用于对工程的监督、购买铺路设备，对项目的指导和技术合作。根据摩尔多瓦和欧洲联盟委员会签署的《关于 1996～1999 年欧盟对独联体国家进行技术援助活动计划》的财政备忘录，欧盟将向摩尔多瓦提供 3600 万埃居，支持摩尔多瓦企业重组、能源和农工综合体的改革计划。

1993 年 3 月 15 日，世界银行向摩尔多瓦提供 2600 万美元的紧急贷款，以帮助摩尔多瓦克服旱灾带来的严重后果。1994 年，世界银行批准了第一笔（6000 万美元）用于国家行政机关改革的贷款。1996 年 2 月，世界银行提供总额为 3500 万美元的贷款用于发展私营经济。1997 年 10 月，世界银行和摩尔多瓦政府签署了向后者提供 1 亿美元贷款的协议。从 1997 年开始，世界银行每年向摩尔多瓦提供 1 亿美元用于发展投资项目。

1997 年，国际金融公司向摩尔多瓦蔬菜和水果罐头生产和出口集团提供 1 亿美元，并出资 200 万美元购买了该企业 27% 的股份。国际金融公司另外投资 2000 万美元用于改革摩尔多瓦的教育体系。1999 年 7 月 7

日，世界银行决定向摩尔多瓦提供两笔共 5100 万美元的长期低息贷款，偿还期长达 35 年，外加 5 年以上的宽限期，年息仅为 0.75%，以推进摩尔多瓦的改革进程和完善社会保障体系。

1999 年 8 月，国际货币基金组织决定向摩尔多瓦提供 2500 万欧元（3400 万美元）贷款。但其前提条件是，摩尔多瓦必须实行严格的财政政策，加速结构改革，最重要的是进行税收政策改革。国际货币基金组织要求摩尔多瓦政府加强公共财政体系，控制相互账面结算的水平（低于10%），有比例地向教育卫生部门拨款。

世界银行和国际货币基金组织是摩尔多瓦的两大债权人。截至 2000 年，世界银行共向摩尔多瓦发放贷款近 3 亿美元，国际货币基金组织对摩尔多瓦贷款总额为 2.4 亿美元。摩尔多瓦外债总额约为 13 亿美元，占国内生产总值的 60% 以上。

2000 年以后，摩尔多瓦经济逐渐走上正轨，欧美国家对摩尔多瓦的直接经济援助改变为项目援助（详见本书第八章第五节"与欧美国家的关系"）。

摩尔多瓦急需外部援助来摆脱经济困境，2010 年 3 月 24 日，摩尔多瓦政府代表团出席由世界银行和国际货币基金组织共同主持的"摩尔多瓦发展伙伴论坛"，并提交《复兴摩尔多瓦》战略报告，详细阐述了摩尔多瓦未来的经济改革走向、改革措施、改革成本、融资需求，以求获得国际社会的经济援助。摩尔多瓦政府在《复兴摩尔多瓦》战略报告中指出了 2010~2013 年的三大改革方向。

第一，完善政府管理职能，改善商务投资和融资环境，在改善民生方面采取有效措施，使摩尔多瓦政府成为负责任的政府。摩尔多瓦政府在这方面的战略目标是，建立符合民主原则的高效、专业、忠诚和透明的公共管理体系，为摩尔多瓦公民提供高质量的服务。具体包括建立高效的公务员队伍，进行反腐败活动，下放财政和行政权力，建立电子政府等。

第二，刺激经济复苏。政府制订和出台一系列稳定和复兴经济计划，在国际货币基金组织的支持下，使摩尔多瓦回归到宏观经济可持续发展的道路上来，为此大幅度改善公共服务、加大投资基础建设、向出口型和以

知识为基础的经济体转变。(1)改善商业条件,重新审议所有许可、授权、牌照发放需求,并提出一项取消商业限制的行动计划,促进市场的放松管制,建立一站式服务窗口,简化商业登记和清算的程序。(2)刺激商业发展,帮助创业者和中小企业融资,向中小企业提供补贴或部分贷款保证金,继续资助400位年轻人的私人创业项目,支持在农村建立240家新企业,帮助企业取得国际上的认可证明。(3)计划在全国建立5个工业园区,需投资7300万欧元,融资需求为6070万欧元。工业园区的重点发展项目是信息技术和与此相关的服务行业,使摩尔多瓦成为欧盟和独联体国家的服务中心。政府为工业园区建设适当的基础设施和公用网络,邀请出口导向型公司投资这些工业园区。为促进工业园区的发展,政府对农业用地转换为工业用地实行免税,简化申请和批准程序。(4)支持高附加值农业的发展,计划重建11个大型灌溉系统,为1.55万公顷农业用地提供可靠用水,实现土地交易自由化,将改变土地使用权从中央下放到地方,将信息技术引入农业部门,提高农业部门的生产效率。(5)政府加大对基础设施的投资,其中包括公路建设。政府修订道路集资法,为保证充足的道路维护资金提供更可靠的机制,加紧对公路基础设施的公共投资,恢复采用公共-私人部门合作模式,重建主要市区道路;改进饮用水和污水处理基础设施,政府将发展水供应和污水处理设施视为优先解决的问题;实现能源基础设施现代化,政府计划扩大国家联合供热公司和能源分配系统的现代化和生产能力;促进信息通信技术的发展;政府帮助建立区域发展基金,解决区域发展不平衡问题。

第三,在人道主义领域加强国际合作,积极参与国际人道主义援助。根据2014年人类发展指数,摩尔多瓦在187个国家中排第114位。摩尔多瓦政府确保对教育的财政支持,公共卫生服务水平采用欧盟国家标准,完善医疗服务,实施有针对性的社会援助等。

为支持摩尔多瓦政府的改革计划,欧美国家认同了《复兴摩尔多瓦》战略报告中的改革计划,并与摩尔多瓦政府签署《2011~2013年对摩尔多瓦援助计划》,摩尔多瓦获得了19.36亿欧元(约合26亿美元)的经济援助和贷款,其中52%为援助款,48%为优惠贷款。在上述援助资金和贷款中，欧盟出资 5.5 亿欧元，欧盟成员国提供 1.87 亿欧元，美国提供 2.27 亿欧元，其余由国际金融机构提供。

二 吸引外资

摩尔多瓦位于西欧和独联体国家通商路上的十字路口，是商家投资的理想场所。虽然摩尔多瓦国内经济不景气，但仍具有引进外资的有利条件。第一，摩尔多瓦的国家货币列伊兑换硬通货的汇率基本保持稳定。第二，通货膨胀率在独联体国家中较低。第三，拥有相对便宜和高素质的劳动力和极大的生产潜力。第四，经过多年的经济转轨工作，市场经济的基础证券交易所、银行体系和保险制度日趋完善。摩尔多瓦与独联体国家、罗马尼亚实行自由贸易，并对外贸活动提供一系列优惠政策，为投资商进入邻国市场提供了机会。第五，外商可以不受限制地将赚取的钱兑换成美元汇回本国。

摩尔多瓦的农业发达，葡萄酒业和食品加工业是外商的投资热点。农业、烟草业、建筑材料生产、基础设施建设、医药卫生也是大有开发潜力的投资部门。

摩尔多瓦政府十分重视吸引外国资本进入本土的引资工作，希望借用外国资本推动本国的社会经济发展。在这方面，摩尔多瓦政府做了大量工作，政府已参加了世界银行多边投资担保局的工作，并同许多国家签署了保护和鼓励双边投资协议和国际多边投资保护协定，为投资人提供额外担保，还为外国投资商避免政治风险提供保障。

摩尔多瓦议会为吸引外国投资采取了一系列的措施。首先，摩尔多瓦议会于 1997 年 12 月 18 日批准在国家经济和改革部设立开发和外国投资局。该机构是一个常设的国家非商业性协调和评定机构，它在投资活动中与中央专门机构和地方政府协调合作。

其主要职能是：制定并完善国家投资政策；完善国家关于吸引和利用国内外投资的计划；在与国际金融组织和投资机构合作的领域中协调中央专门机构和地方政府的活动；对国际金融组织和投资机构提出的投资计划进行分析，提出建议，然后交由政府决策；研究国际金融组织和投资机构

的活动；吸引国内外资金参与摩尔多瓦的经济建设；审批部委级单位的投资计划；检查国民经济重点部门的投资利用和计划实施情况；对有关投资计划的提议进行评定。

其次，摩尔多瓦政府在借鉴其他国家吸引外资的经验以后，在首都基希讷乌按国际标准建立全国第一个自由经济区。该区占地 30 公顷，区内拥有四星级和五星级宾馆。自由经济区中的商务中心拥有全套自动化办公设备，可以向自然人和法人提供咨询服务，对投资项目和商业计划做出评估，并能提供培训。自由经济区中建有 1.3 万平方米的展览中心，4000平方米的娱乐与休闲中心，内设酒吧、游戏厅、音乐厅、综合厅、运动与健康中心、网络中心和咖啡厅。自由经济区中还有大型仓库和银行。进入自由经济区的企业法人可以从事有关国际商务、贸易等活动。外国投资者可以通过下列方式在自由经济区内投资：与摩尔多瓦自然人或法人共同建立股份制企业；建立独资企业；购买资产、股票或其他证券；获得土地管理权；等等。自由经济区为企业举办展览会、信息发布会、做广告，开展租赁、银行和保险业务。

自由经济区的居民享受特殊的海关和税收制度。他们在下列活动中享受免税待遇：输入最终消费在自由经济区的商品；从自由经济区输出到摩尔多瓦关税区的商品；在自由经济区内企业生产的输出到摩尔多瓦关税区以外的商品；经自由经济区企业输出到摩尔多瓦关税区以外的商品（无论产地在哪里）。自由经济区的法人应缴纳的利润税税率为 15%（国内其他地方的利润税税率为 32%）。在自由经济区内生产的商品和服务不缴纳增值税（在自由经济区以外地区的增值税税率为 20%）。在自由经济区内投资 2.5 万美元或 2.5 万美元以上的投资人 5 年内不缴纳利润税。区内居民从事农产品生产所获利润可免征所得税。

到 1997 年 12 月，自由经济区内已有来自 21 个国家的 60 家公司，其授权资本超过 200 万美元，外国资本在总授权资本中占 60% 以上。在自由经济区运营初期，有 53% 的公司是贸易公司（政府决定把贸易公司在自由经济区中所占的比例逐步减少到 15% ~ 20%），服务公司占 36%，生产性的公司只占 11%。2004 年，基希讷乌再建一个新的自由经济区，主

要生产出口商品。同年 1 月至 6 月，该自由经济区销售的工业产品产值为
3.216 亿列伊。截至 2012 年，摩尔多瓦全国共建有 9 个自由经济区，主
要生产工业出口产品。

最后，摩尔多瓦政府为取得外国投资人的信任，早在 1992 年 4 月 1
日就颁布了《外国投资法》。该项法律是东欧和独联体国家中最自由的一
部法律。根据该法第 35 条和第 36 条的规定，运进摩尔多瓦的作为构成含
有外资企业法定基金和扩大该法定基金的物资、为生产出口产品而进口的
商品（原材料、半成品等）免交关税。与此同时，合资企业，如外商投
资份额在企业法定基金中超过 25 万美元，其中 50% 以上的收入来自自产
产品的销售，则有权在 5 年内享有 50% 的利润税优惠。另外，政府已实
施的《企业和企业经营法》和《所有制法》均对外国投资者的活动和权
利及对外国投资的保护做出规定。与《外国投资法》配套的法律还有：
《经济代理人的国家注册程序》（1994 年 1 月 17 日生效），该文件规定财
政部和国家注册局负责外资企业、外资企业的分支机构和代表处的注册工
作；《对外资企业、银行和机构的鼓励和经营程序》《关于合资企业注册
费的决定》《关于实施申报合资企业制造出口产品的规则》《关于外资企
业和外国法人所得税的计算和支付程序的规定》。

上述法律法规对外国投资做了如下规定。

第一，投资领域。从事企业活动的外国个人和法人实体，以及在所有
国家和永久居住地注册的各种团体均可在摩尔多瓦的经济部门组建企业、
开设股份公司，购买企业股份以及股票和其他证券、知识产权等。外国投
资人在经摩尔多瓦经济和财政部批准以后，可以购买国家债券。租赁给外
资企业的土地和其他不动产的期限可以长达 99 年。投资人在获得建筑物
的产权和建设许可证时，也同时获得该建筑物和建设所占土地的使用权。
投资人对投资企业拥有土地所有权。外国投资人可以用现金购买私有化项
目。另外，经摩尔多瓦政府特许批准以后，外国投资人可以在摩尔多瓦境
内进行自然资源的勘探、开采和加工。

第二，投资方式。外国投资者可以用货币、实物、有形资产和无形资
产，包括知识产权进行投资：以现金形式进入企业公共资本及流入国内的

外国投资，必须转至外国投资人在摩尔多瓦国内一家银行开设的账户，或以现金支付；实物投资必须是从国外输入或在摩境内购买的物品。外国投资人可以将其在摩境内的收入进行再投资。

第三，申请手续。外国投资人在申请商业注册时除与国内企业注册时所提供的文件相同以外，还应提交下列文件：书面的注册申请；企业创办人大会的会议记录（摘要）；创办协议和企业章程；基本合同和注册证书的副本；外国投资人居住国的商业注册的摘要；为投资人服务的银行证明，证明其投资规模和偿付能力；租赁不动产的契约或确认外资企业法律地址的担保书；如果企业的法律地址是企业创办人的住宅，应提供其住宅由公证处确认的法律地址和确认房屋产权副本；外国投资人提交的文件副本必须翻译成摩尔多瓦官方语言，并由相关的使馆（领馆）确认有效。

第四，对外资企业的监督。税务和国家监管机构可以审查公司的账目和文件，摩尔多瓦和外国的审计组织可以对企业进行税务检查，如果发现外资企业上报给国家监管机构的材料与实际情况不符，将根据摩尔多瓦法律对其进行制裁，同时企业应该承担监管机构因进行上述检查所花费的全部费用。

第五，对外资企业的优惠政策。外国投资人带入摩尔多瓦的用作公共资本的捐赠物品免交海关税；外资企业有权进口自产产品（工程和劳务）和出口自产产品（工程和劳务）；外资企业进口用于生产出口商品的物品（原材料、半成品等）将免交关税；如果外资在公共资本中超过25万美元，销售产品收入超过50%的企业可在5年内获得减免利润税50%的优惠。在减免利润税期间，外资企业也免除新基本建设投资税，一旦签订了避免双重征税双边条约并获得批准，付给外国投资者的分红免交利润税。

第六，保护外国投资的政策。外国投资不能被剥夺、被收归国有或成为任何类似措施的目标；一旦外资被征用，要及时对被征用的投资价值进行相应的补偿。补偿须于自采取上述措施的3个月内做出。补偿要根据支付日之前的银行利息连本带息一起计算。补偿金必须以投资所使用的币种支付。补偿可以不受限制地转移至国外；如果根据国家监管机关的倡议暂停外资企业的活动，但结果并未发现该企业有违反摩尔多瓦法律规范和企业基本文件的行为，上述机关应该补偿企业因此而遭受的损失（包括损失的利润），如果监管机关没有资金，则由国家预算补偿企业的损失；由于企业清算或由于外国投资人退休而产生的外国投资人的物质价值可由外国投资人自由带出国境。投资人将外汇转移到境外的有关规定：首先，按规定纳税后，外国投资人有权将收入款项汇到境外，包括红利、利息、对技术援助和技术服务的支付、许可证、佣金和其他类似收入；根据汇款单及其有经济价值的其他要求支付给投资人的款项；投资人源于企业清理、出售、撤出投资和投资物品而获得的款项。其次，外国投资人有权将其合法所得免税转移到境外。再次，当外国投资人从其参与的企业中撤出资本，或这类企业撤销时，国家将担保将这部分资本从摩尔多瓦列伊兑换为外汇。最后，外国投资人和外资企业有权将作为工资的外汇收入和其他收入汇出境外。

在摩尔多瓦一系列优惠政策的吸引下，进入摩尔多瓦的外国资本逐年增多。1997 年 10 月 1 日，进入摩尔多瓦的外国直接投资总额已达 2.33 亿美元。2000 年全国外资参与的企业有 2050 家，其中 1394 家为合资企业，656 家为外资独资企业。随着摩尔多瓦经济环境的好转，2010 年外国直接投资比上一年增加 1.535 亿美元，达到 2.496 亿美元。2012 年 5 月 29 ～ 30 日，基希讷乌举办了"摩尔多瓦与欧盟：对话贸易投资"论坛，进一步加强与外国公司的合作。

在摩尔多瓦投资的主要国家有俄罗斯、罗马尼亚、美国、德国、爱尔兰、西班牙、法国等国。2012 年，共注册外资企业 584 家，开展经营活动的有 314 家。

外国投资的主要领域是电力、天然气、供水（这 3 项占投资额的 54.4%）、加工工业（14.7%）、商业（14.5%）、外贸（4.2%）。外资参与的国家重大项目有：在法列什蒂镇修建供水和天然气系统的管道，由罗马尼亚承建；在巴尔特西市建立分拣甜菜籽的工厂，德国参与了该厂的建设；制定和通过重建基希讷乌国际机场的项目，该项目需要 3000 万美元，由欧洲复兴开发银行负责筹资。

在摩尔多瓦的国家发展中，世界银行发挥着举足轻重的作用。2012

年，摩尔多瓦与世界银行合作满二十年。在世界银行的帮助下，摩尔多瓦完成了一系列改善经济、金融、社会状况的计划。世界银行为帮助摩尔多瓦建立有竞争力的经济体制、提高经济稳定性、保护环境、发展人力资源、提高国家管理水平，于2013年6月出台针对摩尔多瓦的《伙伴关系战略》。同时，为帮助摩尔多瓦政府实现其提出的2020年发展纲要，世界银行起草针对摩尔多瓦的《2013年7月～2017年发展战略》。

2012年，世界银行向摩尔多瓦提供1000万美元用于卫生领域，其主要目标是建设农村医院。2012年3月，世界银行向摩尔多瓦教育部门提供追加援助100万美元。世界银行对摩尔多瓦教育部门的总援助为1000万美元，其主要目标是发展农村教育，使摩尔多瓦农村的孩子能够受到与欧盟国家同样质量的教育。如果前期投入顺利，世界银行还将继续投入3000万美元用于该项目。2012年，世界银行向摩尔多瓦提供3400万美元贷款用于支持家庭经济发展。

除了上述项目以外，世界银行于2013年向摩尔多瓦食品加工业投资1800万美元，以提高食品安全。

世界银行认为，2013年摩尔多瓦经济的抗风险能力大大提高，主要得益于外汇的高储备、良好的银行系统、严格的税收金融政策。世界银行将帮助摩尔多瓦政府在社会保障领域进行改革。

第七节　旅游业

摩尔多瓦是一个拥有旅游潜力的国家，优越的地理位置和迷人的自然风貌、各种形态的自然保护区和自然景观，独特的文化历史遗产，为旅游业的发展创造了先决条件，在政府的支持和各部门的努力下，开发并形成了具有本国特色的旅游项目。

一　旅游政策

摩尔多瓦政府十分重视发展本国的旅游业，1997年10月通过的《摩尔多瓦2005年前旅游发展构想》，2000年5月通过的《旅游法》，2003

年9月通过的《2003~2015年稳定发展摩尔多瓦旅游业战略》，把发展商务、民俗、科技、疗养、乡村等旅游项目列入发展战略中。政府不仅从政策上，而且从财政上支持旅游业的发展。在各部门的努力下，2011年摩尔多瓦旅游部门接待的游客比2010年增加20.5%，旅游收入比上一年增加21.4%。全国在旅游业就业的人数有8万人，其中基希讷乌为1.5万人，每年到基希讷乌的外国人约为2.6万人。

当前，摩尔多瓦旅游基础设施落后制约了旅游业的发展，其中最重要的是宾馆设施不足，2014年首都基希讷乌有20多家宾馆。摩尔多瓦境内两星级或三星级宾馆数量不够，价格太高。如果按国际标准衡量，摩尔多瓦旅游业还有待提高。摩尔多瓦旅游产业80%~90%的基础设施需要投资改造，摩尔多瓦政府将有重点地对旅游基础设施进行更新改造。2014年，摩尔多瓦政府投入1.7亿列伊完善旅游基础设施，吸引更多的外国游客到摩尔多瓦旅游，预期未来6年的旅游收入每年为4400万列伊（2014年为1600万列伊）。同时开发国内旅游，争取摩尔多瓦国内游人数从2014年每年370万人次增加到每年465万人次，旅游利润从9200万列伊增加到1.56亿列伊。

近几年来，摩尔多瓦政府全力打造"葡萄之路"旅游项目。在政府和联合国开发计划署的支持下，在摩尔多瓦国家旅游署的直接参与和摩尔多瓦葡萄种植及酿造研究所的全面合作下，建立起具有本国特色的"葡萄之路"旅游项目。这不仅是摩尔多瓦政府近几年来努力向世界游客推荐的旅游项目，也是摩尔多瓦最具特色的国家名片。众所周知，葡萄种植和葡萄酒酿造业是国家财政收入的主要来源之一，为了更好地通过"葡萄之路"旅游项目达到振兴经济和发展旅游业的双重目的，2004年5月摩尔多瓦议会专门通过了《摩尔多瓦"葡萄之路"旅游项目国家计划》，规定从2012年起，每年10月的第二个星期日为全国葡萄酒日，举行庆典活动、轻音乐会、民族音乐会、酒类品尝会。在为期10天的时间里，游客无须签证即可进入摩尔多瓦。在葡萄酒节期间，游客不仅能品尝美酒，还可以了解摩尔多瓦在葡萄种植及葡萄酒酿造领域的成就及文化传统，其中包括游览葡萄种植和加工区、摩尔多瓦境内具有历史意义的景点，如修

道院、建筑遗址等。游客可以通过以上活动品尝当地产的各类葡萄酒，了解民俗民风及当地的文化娱乐生活。"葡萄之路"旅游项目已成为世界各国人民更好地了解摩尔多瓦，提升摩尔多瓦国际形象的品牌旅游项目。

二　旅游项目

在政府的大力推动下，摩尔多瓦旅游业走上了良性发展的轨道，形成了以特色旅游为主的较为成熟的旅游经济模式，重点发展"葡萄之路"旅游、宗教旅游、生态旅游、乡村旅游和历史旅游等专题旅游项目。

其中最具特色的旅游项目有以下一些。

第一，葡萄酒窖旅游。摩尔多瓦有数千年的葡萄酒历史，形成了独特的葡萄酒文化，建造了一个又一个令世人叹为观止的地下大酒窖。现在，对于很多赴摩尔多瓦旅游的外国游客来说，必不可少的项目就是参观摩尔多瓦的地下酒窖、葡萄园和葡萄酒酿造工艺。在地下酒窖，游客可以一边体验摩尔多瓦独特的葡萄酒文化，一边品尝各种馥郁芬芳的葡萄佳酿。

除了闻名世界的克里科瓦酒窖以外，游客不可错过的酒窖还有以下几个。

米列什蒂·密茨酒庄　摩尔多瓦葡萄酒业的皇冠，以储藏红葡萄酒和白葡萄酒闻名，现收藏有 200 万瓶高品质陈年葡萄酒，2005 年被列入吉尼斯世界纪录。米列什蒂·密茨酒庄的酒窖内的湿度常年保持在 95% 以上，温度保持在 12℃ ~ 14℃，适合储藏高品质葡萄酒，地下酒窖隧道总长度超过 200 公里。米列什蒂·密茨酒庄为保证所产葡萄酒的品质，始终坚持使用固定比例的手摘葡萄。他们的产品向世界上三十多个国家出口。

普尔卡尔酒窖　具有法国建筑风格的建筑群，创建于 1827 年，离基希讷乌 120 公里。普尔卡尔葡萄酒厂是摩尔多瓦最古老的葡萄酒厂，酒窖内使用法国橡木桶珍藏普尔卡尔生产的葡萄美酒。在 1878 年法国巴黎葡萄酒国际展览会上，该厂生产的一款 "Rosu de Purcari" 酒获得金质奖章。

瓦黛丽酒庄　摩尔多瓦现代酒庄的代表，拥有大型的现代化葡萄酒加工车间，也是中部和南部区域使用顶级欧洲葡萄品种酿造高级葡萄酒的企业，年生产赤霞珠、梅洛、黑品诺、霞多丽、长相思、琼瑶浆等葡萄酒达250万瓶之多，每一位游客都可以找到属于自己的一款葡萄酒。瓦黛丽酒庄2005年生产的"赤霞珠葡萄酒"获得2007年德国国际葡萄酒大赛最佳品质奖，2006年"琼瑶浆葡萄酒"获得2007年国际葡萄酒大赛铜奖，2006年"麝香葡萄酒"获得2008年伦敦迪肯特世界葡萄酒大奖赛铜奖。

勃雷涅什酒庄 属于巴斯维涅克斯公司，创建于1996年，拥有摩尔多瓦大型地下葡萄酒窖，位于地下60米深，占地面积75公顷，总长58公里，藏有大量的法国和南斯拉夫产的葡萄酒。在常年温度为16℃的条件下，保存着约1万吨葡萄原料。酒庄位于北纬46°~48°，离首都40公里的勃雷涅什村，该地区的地质条件与大名鼎鼎的罗曼尼康帝处于相同纬度，气候更恰似勃艮第地区，加上葡萄酒厂装备着现代化的意大利设备，其产品享誉葡萄酒界，被视为摩尔多瓦葡萄酒的瑰宝与骄傲。

第二，修道院游。摩尔多瓦修道院本身不仅拥有宗教价值，还有文化和历史价值。摩尔多瓦的东正教修道院不仅是僧侣的修行处所，也肩负着文化教育中心的职能。截至2014年，摩尔多瓦境内注册登记的修道院超过40座，其中最著名的有以下几处。

凯普里亚纳修道院 摩尔多瓦最古老和最漂亮的修道院之一，被认为是摩尔多瓦文字、音乐、建筑的摇篮。凯普里亚纳修道院位于基希讷乌西北40公里，始建于1429年。该修道院曾长期作为摩尔多瓦教区都主教的住所。摩尔多瓦编年史史官叶弗吉米和摩尔多瓦的第一位诗人季普里扬都曾在此居住。最初，修道院为木结构建筑，1545年修建圣·乔治教堂时开始采用石料。该修道院保存着1821年以前的各类珍贵的宗教文献。凯普里亚纳修道院在苏联时期遭到破坏并关闭，1989年重新开放并恢复宗教活动。现在，凯普里亚纳修道院被摩尔多瓦人民视为民族复兴的象征。

圣·三子修道院 位于基希讷乌北部120公里风景秀丽的峡谷间，潺潺的溪水、茂密的丛林、清新的空气营造出神圣的氛围。圣·三子修道院占地650公顷，建于17世纪，是摩尔多瓦最大的东正教徒的朝圣地之一。修道院的主建筑入口处建有对称的钟楼，修道院因此得名圣·三子修道院。

圣·三子修道院早期的教堂是木结构，后来又修建了具有摩尔多瓦古代风格的教堂，如1818～1821年修建的圣·三子夏季教堂和1863年修建的圣母冬季教堂都属于石制建筑。修道院内建有圣水池，据说可以祛病消灾，一年四季都有全国各地的摩尔多瓦人来此祈求平安吉祥。

赫厄恩库修道院　离首都基希讷乌54公里，于1678年12月9日落成，是女性僧侣进行宗教活动的场所。赫厄恩库修道院建筑庄严精致，于1835～1841年修建的圣母升天教堂和圣女神教堂都体现了罗斯－拜占庭的建筑风格。1884年修道院内设立了孤儿院，开始收养孤儿。赫厄恩库修道院周围风景如画，享有摩尔多瓦最美修道院的称号。

赫厄恩库修道院命运多舛，在鞑靼人入侵时，修道院被烧毁。修道院重建以后，在两次世界大战和苏联时期又遭受重创。在20世纪50年代停止宗教活动，修道院改作呼吸道疾病患者的疗养院。1992年修道院恢复宗教活动，并于同年9月10日重新组建了僧侣组织，被占土地和财产得以归还。现在，赫厄恩库修道院是游客到访最多的摩尔多瓦宗教圣地。

齐波沃修道院　是游客必到的修道院，开山凿石，依山而建，融历史文化和自然景观于一体，至今仍然保留着1746年时的建筑和环境原貌。早期，齐波沃修道院主要是东正教徒们避难的地方，后来逐渐演变为修行的场所。1776年，齐波沃修道院大兴土木，规模扩大。苏联时期，修道院被关闭，但作为宝贵的历史文化遗产受到国家的保护。1994年，齐波沃修道院重新开始进行宗教活动，并对广大游客开放。

齐波沃修道院的景观独一无二，遍布修道院周围的瀑布和如画的景致令游客流连忘返。同时，齐波沃修道院也是摩尔多瓦国内最大的凿山修建的多层石窟修道院，属于国家级文化历史遗产。

库尔基修道院　库尔基修道院是坐落在橡树林中的东正教修道院，建于18世纪至19世纪期间。离基希讷乌55公里。库尔基修道院由两个主教堂、1个设有9间修道室的建筑、一座花园、石制喷水池组成。仿照基辅修道院修建，风格华丽。1958年库尔基修道院改作疗养院和医院，虽然1992年政府通过决议恢复库尔基修道院的宗教活动，但直到2002年政府的决议才得以落实。2014年，修道院仍然在不断整修。

第五章

军　事

摩尔多瓦国小兵寡，根据摩尔多瓦国家宪法的规定，摩尔多瓦为永久性中立国，不谋求拥有核武器，禁止在其境内部署、转运、保存其他国家的大规模杀伤性武器。摩尔多瓦宪法明确禁止在其境内驻扎其他国家的武装力量，曾多次要求俄罗斯撤出其驻扎在"德左"地区的部队。

第一节　概述

摩尔多瓦共和国国家武装力量创建于 1991 年 9 月 3 日，这一天成为摩尔多瓦建军节（摩尔多瓦共和国国家军队日）。1995 年 6 月 6 日议会通过《摩尔多瓦共和国军事学说》，2007 年 8 月 16 日政府通过《关于批准国防部组织和职能及核心机关的结构与编制的条款》的第 939 号决议，摩尔多瓦武装力量组织建设基本形成。

一　军事改革

苏联时期，苏联国防部没有在摩尔多瓦境内派驻战略武装力量，只驻扎了一个正规师的兵力。1991 年 9 月 3 日，摩尔多瓦总统斯涅古尔颁布《关于组建武装力量》的第 193 号令，决定在其境内苏联军队的基础上建立国家武装力量。最初，国家武装力量的管理机关只是原军事局下辖的一个处，以后在军事局的基础上建立了摩尔多瓦国防部和国民军总司令部。

1992 年 3 月 17 日，摩尔多瓦议会通过《国防法》《武装力量法》《摩尔多瓦公民兵役法》《军队和接受军训的公民及其家属的社会保障和法律保障法》。同日，摩尔多瓦总统斯涅古尔就任摩尔多瓦武装力量总司令，宣布苏联驻摩尔多瓦的军队、装备和设施归摩尔多瓦所有，并在此基础上组建摩尔多瓦国民军。1993年，筹建本国武装力量的第一阶段工作完成时，摩尔多瓦已拥有一支具有军事指挥系统，并能够执行保卫国家基本任务的常规战斗部队。

1994年3月16日，摩尔多瓦加入北约《和平伙伴关系计划》以后，借鉴西方部队的设置、军官培训、维和部队训练等方面的经验建设军队。1997年，摩尔多瓦开始按北约集团的标准进行军事改革，这一年摩尔多瓦完成了军事机构的建设。改革的目的是建立一支各兵种之间相互协调配合的职业化军队，同时进一步完善军队的军事装备。也就是说，摩尔多瓦领导试图通过这次军事改革建立一支人员少而精、武器装备达到现代化标准要求的精锐部队。为此，摩尔多瓦军方领导层积极与美国、北约其他成员国和罗马尼亚的军事部门开展合作。合作内容包括定期进行军事代表团互访、派军队干部到西方国家军事院校去进修。为实现军队现代化，摩尔多瓦始终奉行在美国、北约其他国家和罗马尼亚为职业化军队培养高素质干部的政策。

1999年，摩尔多瓦国防部公布了3年改革规划，计划于2002年完成。改革分为两个阶段：第一阶段主要任务是改革国防部编制体制；第二阶段的主要任务是精兵简政，为建设职业化军队创造条件，定于2002年完成。2002年以后，摩尔多瓦武装力量根据新的现实要求，继续改革，主要任务是更新装备，淘汰还在服役的老旧装备，实现军队现代化，增强国家军队的战斗力。这一时期的军事改革分为三个阶段：2002~2004年为第一阶段，主要任务是起草和通过国家武装力量建设与发展规划，确定国家军事技术和军事经济政策的优先方向，同时实施一些中短期计划，达到优化军队机构和兵员的目标。2005~2008年为第二阶段，主要内容是根据军事改革项目进行针对性的财政支持。这一时期的改革计划要求国防预算从占国内生产总值的0.4%提高到2.5%，并建立起科学的国防保障体系，包括成立国防部军事学院。第三阶段为2009~2014年，主要任务是充分保证常规部队的物质技术水平，尤其要提高士兵的军事素质和军事修养，同时提高士兵的待遇，补足军队编制。摩尔多瓦军事改革的远景目标是建设一支强大的职业化军队。

摩尔多瓦的军事改革得到了北约的大力支持，双方在《摩尔多瓦与北约单独国家伙伴关系计划》框架内，以北约标准改革摩尔多瓦安全和国防体系，并根据北约标准完成对摩尔多瓦武装力量的改造，不断推进摩尔多瓦军队的民主化和现代化。2011 年 6 月 2 日，美国无偿赠予摩尔多瓦军队价值百万美元的设备，包括医疗救护车、客车、自卸卡车、牵引车、制冷机、客货两用车、吉普车等。2012 年美国再向摩尔多瓦提供 160 万美元援助，用于改善军事教学的基础设施。

由于摩尔多瓦军队长年军费不足，军人的生活十分清苦，许多适龄青年不愿意服兵役。如首都基希讷乌适龄青年中，只有 30% 的人应征入伍。农村青年成为摩尔多瓦军队的主要兵员。由于农村青年的文化水平低，很难掌握先进的武器装备，从而影响到摩尔多瓦军队的整体军事素质。为改变这一现状，摩尔多瓦国防部在改善军队生活条件和军队福利的同时，出台了《2014～2020 年国家军事战略》，明确指出国家军队的主要任务是反恐和反极端主义及预防和遏制武装侵略，为适应这一要求，2020 年前摩尔多瓦将建设一支能够保证国家安全的现代化军队。

二 国防体制

无论在和平时期还是战时，摩尔多瓦总统为武装力量的最高统帅，即武装力量总司令，总参谋长、国防部长、副总司令负责军事指挥。武装力量由国防军、边防军和警察部队（宪兵）组成。国防部实施对国防军的领导，此外还有边防军总局和警察部队总局（属内务部管辖）。在和平时期，国防军总参谋部负责制定武装力量的军事训练计划。如遇战争，总参谋部将在武装力量总司令的领导下，领导军事单位实施保卫国家的活动。

国防部监督与监察机构，负责高级指挥人员的教育训练、对外关系以及行政管理；装备部门从国防部编制内划出，转隶属政府其他部门；总参谋部设决策与组织机构；总参谋长作为"军事总司令"，即使在和平时期亦为武装部队最高指挥。

国防部设三部四局（不含总参谋部）。第一副部长兼总参谋长，另外3名副部长分别兼任总监察长、教育工作部长和后勤部长。总监察部设监察局，下辖3个处（作战训练处、装备与后勤处、财务监察处）；教育工作部设国防教育局，下辖社会与法律保护处；后勤部设2个局（后勤局和军医局）和1个处（军事经济处）。国防部直属4个局：军事政策局、干部与训练局、对外关系局和预算与财政局。此外，国防部直辖秘书处、礼宾处和新闻中心。总参谋部设5局13处。作战局辖4个处（作战处、战役战术训练处、作战指挥机构处、测绘保障处）；装备局下设2个处（炮兵与导弹处、卡车与装甲车辆处）；动员局辖2个处（作战训练处和动员处）；无线电通信局辖3个处（计划与行动处、技术保障处、自动化处）；炮兵局辖2个处（计划与行动处、特种训练处）。总参直辖部队有勤务处、机要处、侦察处、空军处、防空军处、工程与三防处和财务办公室。

摩尔多瓦领导人在组建国家武装力量的同时，组建了与之平行的另一个国家权力机构的核心部门——国家安全部。摩尔多瓦国家安全部是在1991年9月9日总统宣布取消苏联摩尔多瓦克格勃以后组建的。原克格勃的大多数军官留任国家安全部工作，他们宣誓忠于摩尔多瓦和摩尔多瓦人民。苏联解体以后，国家安全构想发生了实质性的变化，克格勃的许多职能已自动消亡。新组建的摩尔多瓦国家安全部主要履行其情报职能。它的主要活动是预防及消除危害和影响现有社会制度的行为和事件，同时兼具反走私活动和反有组织犯罪的政府职能。1997～1998年，国家安全部在反走私和反有组织犯罪的活动中，为国家挽回760万列伊的损失，侦破74起重大刑事案件。摩尔多瓦所处的地理位置和透明的边界线使摩尔多瓦成为反对第三国的理想活动地点。鉴于这一点，摩尔多瓦国家安全部的主要任务是进行反侦察活动，维护领土完整，巩固边防安全。

摩尔多瓦实行义务兵役制，每年征兵2次（每年5月和11月），共征召7000人，其中一半到军队，另一半到内务部队和边防部队服役。士兵服役期为12个月，退伍后编入预备役部队。根据2012～2014年国防部战略发展计划，入伍的士兵都要与部队签署入伍公约。就其历年征兵的情况看，全国有 8% ~ 10% 的适龄青年的身体状况不符合征兵要求。

三 国防预算

摩尔多瓦国防预算长期在低位徘徊，为欧洲国家中国防开支最少的国家，如罗马尼亚的国防开支占国内生产总值的 1.3%，乌克兰占 3%，俄罗斯为 4.1%，摩尔多瓦只占 0.4%。摩尔多瓦历年的国防预算均不能满足国防开支的需求，如 1998 年的国防预算为 9600 万列伊（200 万美元），国防开支为 2.8 亿列伊（5200 万美元）。在摩尔多瓦经济转轨时期，国防预算支出仅能满足国家军队需求的 50%。2006 年这一情况有所改变，政府为支持军队的现代化进程，大幅度增加了国防预算，投入1.26 亿列伊，同比增加 8.8%。2009 年，国防预算开支为 2.5 亿列伊（1600 万欧元），但 65% 用于支付官兵的工资，只有 35% 用于军队的训练、医疗保险、伙食和装备。2012 年，摩尔多瓦国防部认为，年度国防预算最少需要 4.5 亿列伊，除了军人的工资、服务费用、设备、伙食以外，还要用于军人的培训支出和军队发展计划。为支持军队的现代化进程，政府继续增加国防预算，计划从 2013 年的 2.85 亿列伊增加到 2020年的 4.77 亿列伊。国防支出主要用于培训维和部队、恢复军事基础设施、购买武器装备等。

第二节 国防政策

摩尔多瓦国防政策的主要目标是保证人民和国家的军事安全，防止战争和武装冲突。为实现上述目标，摩尔多瓦在全球层面，积极加入国际社会防止战争和武装冲突、和平解决有争议问题的活动；在受到外部军事威胁的情况下获得国际组织的帮助；积极参与建设统一的国际集体安全体系；在区域国家的双边和多边层面，保证高水平的相互信任和军事领域的开放性，在集体安全受到威胁时相互帮助。在国家层面建立足以保障国家军事安全的武装力量。

一　基本原则

摩尔多瓦国家安全的基本方针是保证摩尔多瓦人民的生存条件，这也是摩尔多瓦国防政策的目标。国家武装力量必须保证国家独立、主权与领土完整、宪法秩序、民主发展和国内安全及加强摩尔多瓦国家体制。国家安全不仅是摩尔多瓦社会和境内公民的安全，还包括境外公民的安全。摩尔多瓦的军事学说否认战争是实现政治目标的工具；奉行和平对外政策；不以损害他国和共同安全来保证本国的军事安全；不允许利用本国领土进行反对他国的军事行动或部署外国部队（不包括根据相关协议驻扎外国维和力量）。

摩尔多瓦是一个小国，地处强国和大国的利益交汇点，地缘政治形势常常处于紧张状态，有爆发军事冲突的潜在危险。摩尔多瓦认为对本国安全的主要威胁来自以下几方面。第一，其他国家对摩尔多瓦的领土要求。第二，其他国家干涉本国内政，制造国内政治局势动荡不安的企图。第三，境内驻扎的外国军队。第四，利用武装暴力破坏领土完整的分裂组织的活动；建立非法的武装组织。第五，"德左"地区冲突是分离组织破坏摩尔多瓦统一法律体系的活动。第六，摩尔多瓦是多民族国家，因此民族主义和分离主义及沙文主义仍然有一定的市场。第七，国际恐怖主义的威胁。第八，经济威胁。全球经济危机和区域性的经济动荡都会影响到摩尔多瓦的经济稳定，尤其是摩尔多瓦电力和天然气对外国垄断公司严重依赖。第九，社会性的威胁。毒品、艾滋病和其他传染病、低出生率导致社会不稳。第十，信息技术领域中的威胁。第十一，人类活动导致的环境灾难和自然灾害，如爆炸和火灾、核事故、交通事故、辐射等，自然灾害包括地震、水灾等。第十二，有组织犯罪和腐败。

为更好地应对上述安全威胁，摩尔多瓦在军事上奉行永久中立和防御性的国防政策，其优先方向为：在政治方面和平解决国家间矛盾，不使用军事手段；在国家关系中尊重独立国家的主权和领土完整；在军事方面，保证国家拥有保卫国家安全的军事能力，加强信任措施，在尊重主权、独立和不干涉内政的原则基础上扩大与他国互利的军事合作。摩尔多瓦国防政策的基本原则包括以下几方面。

第一，摩尔多瓦的军事政治方针不承认战争是达到政治目的的手段；奉行爱好和平的对外政策；不以牺牲他国的安全来保证本国的军事安全；禁止利用本国领土进行反对他国的侵略行动，除根据国际条约进驻的维和力量以外，禁止外国军队在其境内驻扎。

第二，摩尔多瓦奉行国家边界不得侵犯和和平解决国际争议的原则；不把任何国家当作本国的敌人；不向其他国家提出领土要求，也不接受他国对本国的领土要求；禁止动用本国军队以实现个人、政党、社会政治组织的利益。

第三，动员摩尔多瓦武装力量的情况：出现对国家主权、独立、领土完整的威胁，如其他国家试图干涉本国内政和国内政局动荡；外国军队进入摩尔多瓦境内、分离组织试图利用武力破坏国家领土完整；出现非法武装力量。

第四，摩尔多瓦不生产、不保存、不研制大规模杀伤性武器，同时禁止在本国境内部署、存放、转运其他国家的大规模杀伤性武器。

第五，国家必须拥有独立保证本国军事安全的能力。摩尔多瓦的中立政策意味着摩尔多瓦不会加入任何形式的联盟，但并不意味着放弃与国际社会的合作。中立国地位决定摩尔多瓦不成为军事联盟成员国，不允许在本国境内部署外国武装力量，永久中立国地位是国家安全构想的基本原则和基础，国家权力部门均以此为出发点确定保证国家安全的活动和构建国家安全体系。

第六，国家武装力量建设依照以下原则组建：首先是民主管理国防领域、军事指挥机构、高级将领；其次是尊重全体公民的权利和自由，社会对军人的优待应符合其军务的特点；最后是优先保障部队的物质和财政需要。

2013 年，摩尔多瓦周边安全局势发生了很大的变化，俄罗斯与乌克兰爆发武装冲突。这些事件极大地刺激了摩尔多瓦政府领导人。执政党提出本国奉行的军事中立政策只对和独联体国家的军事关系而言，并不包括与欧美国家的军事合作关系。在政治方面，摩尔多瓦执行和平解决国家间冲突、不损害他国主权和独立的原则；在军事方面，摩尔多瓦奉行防御性的国防政策，保证国家军事安全、加强信任措施，在尊重主权、独立、不干涉他国内政的原则基础上开展互利军事合作。

从上述目标出发，根据欧洲国家的建军经验，结合本国的实际情况，摩尔多瓦选择了仅建立必要的常规部队，同时备有一定数量的且训练有素的预备役部队的军事构想。2003年7月25日通过的《国防法》规定，武装力量的目的是维护和平、加强国际稳定和安全，并根据本国签署的国际条约参与国际维和或以人道主义为目的的国际行动。虽然摩尔多瓦宪法规定摩尔多瓦是永久性的中立国家，但作为一个主权国家和国际社会的全权成员，有义务承担起保证地区和平与稳定的责任，这是摩尔多瓦建设本国军队的出发点。这也决定了摩尔多瓦国防政策的首要目标是保卫摩尔多瓦的独立和领土完整，确保国家和人民的安全，维护国家宪法和国家体制不变，并按照国际法的准则预防战争和军事冲突。

今后，摩尔多瓦将大力加强常规部队的建设。摩尔多瓦部队不仅执行国土防务任务，同时还参加国际军事演习，担负抢险救灾和维护德涅斯特河沿岸地区和平的任务。上述军人的职责已被列为国防政策的主要任务。1999年9月，摩尔多瓦首次进行正规军、边防军、警察部队联合军事演习。自独立以来，摩军队多次参加国际军事演习。军事训练的目的是要求士兵不仅要掌握军事技能，而且要热爱自己的祖国。为达到这一目的，部队与文化部、教育部、东正教会进行合作，在部队开展经常性的爱国主义教育。

二　国防体系及权力分配

摩尔多瓦的武装力量应保证国家的军事安全。国家在和平时期通过军事设施和武装力量的建设，构建稳定的国家和军事管理体系，建立备战的物质资源及保证武装力量战时所需的国家经济资源。军事基础设施、机构、武装力量人数和装备及训练水平不能超过应对潜在的军事威胁的需要，但也不能低于组织有效国家防御的水平。2011年12月28日，摩尔多瓦议会第五次通过《国防法》修正案，进一步确立了国防机构、组织基础、国防保证、国家权力部门在国防领域的责任和权力分配、国防力量的领导、组织和任命。该法对国防、国家防御体系、武装侵略、战役、防御行动、军队等概念从法律的角度进行了明确的界定。

摩尔多瓦国防体系包括指挥、武装力量、境内基础设施。武装力量最高统帅是摩尔多瓦共和国总统，国防军的最高军事指挥为总参谋长。和平时期，国防军总参谋部负责制定武装力量训练计划，组织部队训练。战时或军事威胁时期，摩尔多瓦共和国总统为武装力量的总司令，指挥和领导总参谋部和所有军队进行国家防务。国家武装力量包括国防军、边防军和警察部队（宪兵），是保证国家安全的力量。国防体系的组建必须符合足够防御的原则，在发生武装侵略的规模超出国家国防体系的战斗能力时，可以动员全国的人力和物力资源。

国防指挥机构的职能　确定国防政策和军事建设的基本原则；批准国家的军事学说；发展军事科学和军事艺术；创建国防力量的法律基础；分析军事政治态势和预测国家面临的军事风险和威胁；确定国家在国防领域的优先利益，确定政治、外交和其他非军事性的综合措施，为保证国防安全创造良好的国际环境；训练保证国防安全的力量，维持高水平的战备和动员能力；保证一定数量的现代化武器和物质技术装备用于国防；与其他国家和国际组织合作，对潜在的军事威胁发出预警，并努力降低军事危险；完善军事干部培训系统；进行战时动员；保证对国防力量的民主监督；实施国家在国防领域的其他政策。为保证国家的国防能力，建设高素质武装力量，加强战斗能力、战斗效率、动员、战斗意志、信息、指挥、训练。

议会　有权对国防系统进行法律监督，具体权力为：批准国家安全构想和国家军事学说；批准武装力量总体结构和人员数量；批准国防预算；宣布军事状态；宣布动员令；实施宪法规定的在国防领域中的权力。

总统　武装力量总司令，对国防体系的状况负有宪法责任。总统有权对国防体系进行统一指挥并协调权力机关在国防领域中的活动；向议会提交《国家安全构想》、《国家军事学说》、武装力量构成和人员数量、军事章程。有权批准最高安全委员会条款、总参谋部条款、建设和发展武装

力量纲要和计划、武装力量动员计划、使用武装力量计划、军事章程、国防部军事机构建制；协调国际军事合作领域的活动；对国防体系所需的资源进行统一领导；颁布征兵和解除预备役部队的命令；进行签署国际军事条约的谈判并依法律程序递交议会批准；依法任命和解除武装力量高级军官的职务；授予法律规定的最高军衔；法律规定的在国防领域中的其他权力。总统有权在和平时期与最高安全委员会就保证国家安全问题进行磋商。

政府 组织和实施法律规定的国防领域的措施，具体权力：协调各部委落实保证国家防御能力的措施；为组织和动员武装力量所需的财政和物质资源提供保障；落实国家建设、发展武装力量计划和国际军事合作；提交国防预算；保证每年的征兵活动；在和平时期保证战时所需的物质资源；起草并提交议会批准国家经济动员计划；解决退役军人的养老金和社会保障问题；保证国际军事条约的执行；履行国际条约规定的其他权力。

国防部 组织、协调和领导执行国防领域措施的中央部门机构，对发展和建设国家军队、执行国防任务负有责任。国防部的权力：研究和评估军事政治形势，确定军事风险和威胁等级，保证国防需求，向国家权力部门提交组织和准备国家防御体系的建议和措施；参与起草军事学说及防御政策和军事建设的原则，起草对国防法律的修改建议，提出军事预算；组织军事科学研究，保证研究成果转化为军事活动；对常规部队执行规定任务进行规划、组织和监督；实施落实国家军事预算；保证部队装备处于良好状态；领导征兵活动；组织培训军队执行任务的能力；组织军校的教学活动；改善军人的生活条件；保证退伍军人的社会保障；向社会通报军队的活动。国防部长为国家武装力量副总司令。

第三节　军种与兵种

摩尔多瓦的武装力量是在苏联驻摩尔多瓦境内的部队的基础上组建的。这支军队原来有21000多人。2014年武装力量人数约为1.6万人，其中 6000 人组建成空军、陆军、海军和内务部队、边防军等，不在编制内的边防部队为 3500 人，宪兵为 5000 人。民事和紧急情况局为 1500 人。

摩尔多瓦陆军军官由基希讷乌军事学院培养，北约国家、俄罗斯、乌克兰和白俄罗斯的军事院校也帮助摩尔多瓦培养军事人员。摩尔多瓦的军事指挥员全部毕业于军事院校，其中许多军官毕业于罗马尼亚、法国、英国、德国、美国、俄罗斯、乌克兰、白俄罗斯的军事院校。

摩尔多瓦义务兵入伍年龄为 18 岁，服役时间为 12 个月（原来为 18 个月），每年有 2 万多人符合征兵条件。2014 年预备役部队约有 5.8 万人。

一 陆军

陆军是摩尔多瓦国家武装力量的主力，分为三个步兵营、一个炮兵营和其他力量。第一步兵营驻扎在贝尔兹，同时还驻扎一个物质技术保障营。第二步兵营驻扎在基希讷乌。第三步兵营驻守卡古尔。炮兵营驻扎在温格内。一个独立维修营设在涅格列什塔，独立通信团、警卫营和国防部服务营、特警营（由特警连和伞兵连组成）驻扎在基希讷乌，其主要职能为消灭敌人的战略项目，开展特别行动、侦察、反恐行动、搜救、心理战。

2014 年摩尔多瓦陆军的主要装备有：

装甲系列 苏制装甲装备：44 辆苏式 БМД – 1 型、10 辆苏式 БТР – Д 型装甲车，55 辆苏式 МТ – ЛБ 型多用途装甲车，11 辆苏式 БТР – 80 型装甲车，91 辆罗马尼亚产苏式 TAB – 71 型装甲车。

火炮系列 11 门苏式"飓风"火箭炮、9 门苏式 САУ 2С9 型 120 毫米口径"音符 – С"高炮、31 门苏式 Д – 20 型 152 毫米口径榴弹炮、21 门苏式 2А36 型"风信子 – Б"152 毫米口径加农炮、17 门苏式 M – 30 型 122 毫米口径榴弹炮、7 门美式 M120 型 120 毫米口径迫击炮、52 门美式 82 毫米口径迫击炮。

反坦克武器 71 个苏式"巴松管"、19 个苏式"竞赛"9M113、27 个苏式"冲击"反坦克导弹系统，138 个苏式 СПГ – 9 火箭筒，36 门苏式 МТ – 12 型 100 毫米口径反坦克迫击炮。

高射炮 26 门苏式 ЗУ－23－2、26 门苏式 С－60 型 57 毫米口径高射炮。

二　空军

摩尔多瓦空军共有 1040 人，由"德切巴尔"空军基地和驻扎在基希讷乌独立混编航空兵旅（只装备有运输机）组成。截至 2013 年，空军拥有 6 架米格－29 歼击机、2 架安－72 运输机、1 架安－26 运输机、两架安－2 多用途飞机、1 架雅克－18T 教练机，直升运输机米－8MTB－1 和直升搜救机米－8ПС 共 6 架。摩尔多瓦空军设立了保卫首都的防空营，装备有 23 门 ЗУ－23－2 高射炮、11 门 С－60 高射炮、12 架小半径 С－125 导弹装置。

三　内务部队

摩尔多瓦内务部队根据摩尔多瓦总统的命令于 1991 年 12 月 12 日以苏联驻摩尔多瓦境内的内务部队为基础组建。内务部队由宪兵部队和宪兵警察两部分组成，约有 5000 人，隶属内政部领导，营地主要设在首都基希讷乌、贝尔兹、索罗基等地。内务部队由司令部、团、区域营组成，拥有 19 辆装甲车。1992 年"德左"地区爆发武装冲突以后，内务部组建成立了特种部队，约有 1000 人。

根据 1991 年 12 月 12 日颁布的《摩尔多瓦内务部队法》，内务部队的主要任务是利用自身的力量或与警察共同维护社会秩序，保护公民的基本权利和自由、个人财产，维护社会治安，防止破坏法律的行为出现。摩尔多瓦警察是保卫公共权力的武装机构，约有 1000 人，他们担负着保护公民生命、健康、权利和自由，保护社会和国家利益免受犯罪分子和其他违法行为侵犯的职责。从这个意义出发，摩尔多瓦内务部队同时也是国家武装力量的组成部分，参加国家的军事联合行动。

四　边防军

根据 1992 年 6 月 10 日摩尔多瓦国家总统令，摩尔多瓦边防军在苏联边防军摩尔多瓦边防总队的基础上组建而成，这一天也是法定的边防军日。建军初期，军队中的干部只有编制的 10% ~ 15%，士兵只有 30%。同时，苏联留下的装备和沿边界线的通信线路损坏严重，不能正常使用。

摩尔多瓦边防军由 500 ~ 600 名军人组成，隶属国家安全部，负责 8 个边防指挥部和 65 个边防站的工作，拥有两艘拉脱维亚海防部队赠送的快艇，用于保卫河界的安全。边防军的巡逻任务十分繁重，仅在摩尔多瓦和罗马尼亚边境一段每年发生约 4000 起偷渡事件。

五 "德左"地区武装力量

1992 年，"德左"地区组建武装力量，于 1992 年 3 月 17 日正式成立人民军。1992 年 9 月 3 日，"德左"地区通过《人民军建设构想》。

2013 年，人民军总人数约为 7500 人，服役期限为一年半，部队编制为营。人民军拥有 18 辆 T-64БB 型坦克、122 门高射炮、30 门榴弹炮以及加农炮和多系列的反坦克装置。另外，人民军还拥有多架米-8 直升机、4 架米-2 直升机、3 架安-2 飞机、1 架安-26 飞机、2 架雅格-18 飞机。"德左"地区蒂拉斯波尔大学内设有军事学院，"德左"地区设有一个独立特种营。2014 年，俄罗斯仍然在"德左"地区驻守部队，约 1500 人，组建为第 8 摩托化步兵营和高射炮团。

第六章

社　会

摩尔多瓦独立二十多年来，社会政治和经济生活处于转型过渡阶段，社会关系发生了深刻的变化。随着市场经济的确立，社会中出现了一批富人并形成了富人阶层，形成了以雇主与雇工关系为主导的社会关系形态。为保证社会稳定发展，摩尔多瓦政府出台了一批保证公共服务的法律文件。

第一节　国民生活

摩尔多瓦虽然经受了 2008 年世界经济危机的冲击，但是国民生活水平比独立之初有了极大的改善，国家经济自 2010 年以来逐渐走上了正常发展的轨道。

一　独立前夕的国民生活状况

独立前夕，摩尔多瓦国民生活在苏联 15 个加盟共和国中处于中等水平。

居民就业情况　1990 年就业的职工人数与 1989 年相比减少 3.9 万人，国营单位的职工人数继续大幅下降。这是合作社的活动进一步扩大和国家农业组织改革即由农场变农庄造成的。1990 年，全国有 97.6 万人需要劳动安置服务机构安排工作，其中 70.6 万人实现了再就业。失业人数最多的城市依次为基希讷乌、杜博萨雷、列齐涅。1990 年，摩尔多瓦开

始企业重组工作。1991年初，全国企业重组建成2个康采恩、1个企业集团、18个生产联合体，其中1个为股份制企业。512家企业注册获得"小企业法人"资格，其中工业企业占小企业注册总数的31%，建筑行业为15%，居民服务业为13%。

据国家统计局1990年9月15日的统计资料，全国有154家企业和组织实行租赁制，其中有65家工业企业、38家建筑公司、17家农业组织。这些企业和组织中的工作人员共计6.04万人，占总职工人数的4%。经济租赁主要在大城市中实行，基希讷乌有59家，贝尔兹有7家，宾杰里有18家，蒂拉斯波尔有10家。1990年，投入运营的合作社增加了1500个。1991年初，注册登记的合作社有6200家，合作社平均每年吸纳劳动力4.2万人。1990年，全国有12.5万人在合作社工作，年创产值15亿卢布（1989年为11亿卢布）。应指出的是，合作社中，有60%以上的职工从事消费品和建材生产，劳动和服务业的产值仅占合作社总产值的13%。

1990年底，管理机构中的职工总数为15.52万人（不包括农场和合作社中的职工）。全国经济形势恶化的原因之一是生产集体中劳动纪律松懈。1988～1990年，工业企业和建筑部门荒废的工作时间年均超过60万个工作日，相当于每天有2.4万人不在岗位上，每年因此损失6700万卢布。

居民收入情况 1990年，居民的货币收入超过80亿卢布，比1989年增加17%（计划增加15.5%），增加部分的70%来源于提高劳动工资。养老金和奖学金增长13%。居民向国家和合作社出售的农产品由于国家提高收购价而增加收入50%。1990年，工人和职员的月均工资为225卢布，比1989年增加11%，集体农庄庄员的月均工资为180卢布（比1989年减少9%），合作社社员的月均工资达到430卢布，劳动合同工的月均工资为320卢布。截至1991年1月1日，居民银行存款额达45.316亿卢布，比上一年增加6.436亿卢布。国家发行无息专用债券5430万卢布，自由流通债券3150万卢布，国库券470万卢布，彩券2400万卢布。国家向居民提供消费品价格补贴25.542亿卢布，比1989年增加7.3%。

国家统计局的资料显示，家庭人均货币收入比 1989 年增加 11.5%，城市家庭月收入为 494 卢布，农庄家庭月收入为 433 卢布。1990 年，工人和职员家庭每月用于购买食品的支出增加 10.9%，其他支出增加 18.2%。农庄家庭上述两项指标分别增加 4.2% 和 7.9%。截至 1990 年年底，全国领取养老金的人数超过 84 万人，其中 1/4 的人未达到领取养老金的年龄。

二 独立后第一个十年的国民生活状况

在摩尔多瓦独立后的第一个 10 年内（1991～2000 年），居民的贫富差距不断拉大，富人和穷人之间的收入差距悬殊。根据 1997 年联合国用国际通行的国家经济发展水平指标（平均寿命、教育水平、人均国内生产总值）对 175 个国家的评估结果，摩尔多瓦居世界第 110 位。其指标分别为：平均寿命为 67.7 岁、教育水平 98.9%、人均国内生产总值为 1576 美元，人类潜在发展指数为 0.612，人均国内生产总值居世界第 137 位。1999 年，摩尔多瓦的社会经济发展水平已降至世界第 113 位。按购买力平价法计算的人均国内生产总值居世界第 136 位。

死亡率超过出生率，1998 年新生儿出生率为 10.9‰（1990 年为 18.9‰），死亡率从 9.2‰增至 11.1‰，年龄超过 60 岁的人只占全国人口的 13%。

摩尔多瓦独立以后，经济持续走低，人民生活水平不断下降，贫富差距拉大，贫困人口大幅度增加。到 2000 年，摩尔多瓦全国有 2 万名儿童生活在贫困线上，4000 个多子女家庭抚育 14000 名儿童。全国有 700 多名孤儿，许多儿童缺衣少食。摩尔多瓦全国保护儿童权利中心在全国范围内开展"帮帮孩子"的活动，号召有能力的各界人士为孩子们捐衣捐物。

2000 年 5 月，摩尔多瓦政府出台《减少贫困人口的国家纲要》。该文件规定的"贫困线"为人均月收入低于 70 列伊的家庭和个人。根据国家统计局专家的意见，政府所定的贫困线标准过低，国内维持最低生活标准人均月需 233.1 列伊，要使全国居民达到这一生活标准，政府应拨款 30

亿列伊。

根据国家统计局的资料，2000 年，全国有 3/4 的公民生活水平低于最低生活标准，每 5 位公民中就有 1 位公民的月收入不足 70 列伊。全国大约有 30 万贫困人口需要国家的救助。

摩尔多瓦国内贫困的人群是多子女家庭、单亲家庭、年轻夫妇家庭、残疾人和领取养老金的人。2000 年，国家拨款 1.038 亿列伊用于改善这部分人的生活状况。到 2000 年，全国仍有 14 万个家庭没有自己的住宅，而国家每年只能解决 5% 的住房需求。

贫困问题已引起摩尔多瓦政府的重视。布拉吉什政府采取了减少贫困的具体措施，并通过旨在与贫困做斗争、保护低收入人群的国家纲要。该纲要的基本方针是：

——确定基本的社会保障标准，建立社会保障体系；

——改革面向贫困居民的社会保障体系；

——清偿，并且不再拖欠工资、养老金和奖学金；

——为达到上述目标，政府改变针对贫困人口的补偿优惠办法。

2000 年，摩尔多瓦议会通过了针对贫困居民的《社会保障法》。作为该法规的配套文件，政府还颁布了《关于有针对性地对贫困人口进行补贴的决议》，规定了发放补贴的额度和标准。关于国家基本生活标准的法案于 2000 年 7 月 25 日提交议会讨论。同时，政府还向议会提交了《关于改革劳动计酬办法的提案和提高最低工资标准的办法》草案。

政府在经济十分困难的情况下，1999 年向 3000 名老人提供疗养证，每天有 1126 位老人在 16 家国际非政府组织资助的食堂中就餐。在各地有 5 万名老人需要帮助，但国家无力使老人得到很好的照顾。经济主体欠社会基金的债务达 7.75 亿列伊。地方政府不愿承担建养老院的义务，1998 年由地方出资建的养老院为 34 家，到 1999 年仅存 16 家，有 1/3 的老人需要解决住房问题。

在摩尔多瓦独立后的第一个十年里，摩尔多瓦绝大多数居民收入不高，主要依靠工资收入生活，工资是大多数人的主要收入来源。摩尔多瓦的许多企业实行两种工资：一种是法定的工资，另一种是影子工资。影子工资可以逃避个人所得税，但制约了社会福利事业和社会保障体系的发展。截至 2000 年 6 月，全国职工的月平均工资为 502 列伊；在金融部门工作的职员的月平均工资超过 3000 列伊；教育、卫生部门的职工月平均工资低于全国平均工资水平，只有 200～230 列伊。居民月基本消费支出平均为 1000 列伊。

摩尔多瓦独立以后经济不景气，失业人口不断增加。到 2000 年 9 月 1 日，全国登记的失业人口有 3.74 万人，其中 56% 是妇女。

根据摩尔多瓦独立后颁布的《劳动法》，职工有权要求在安全和卫生的劳动条件下工作。《劳动法》规定，职工每周的劳动时间为 40 小时，午饭时间为 1 小时，特别艰苦的劳动必须有额外的休息时间。超时工作或是给予经济补偿，或是给予额外的休息时间。在星期日和公共节假日工作，雇主必须支付额外的工资。雇主可以安排职工在星期日和夜间工作。但是，妇女不能上夜班。

每年标准的最短休假时间为 24 个工作日。妇女可以在生产前 70 天和生产后 56 天内享受带薪休假。应女职工的请求，哺乳期放宽至 1 年半。在这种情况下，职工可以从社会安全基金获得帮助。在 1 年半的哺乳期之后，女职工可以再要求停薪留职 2 年。

雇主不可随意解雇职工。职工有权要求雇主提前 2 星期通知终止合同。雇主终止合同需要劳动争议委员会（雇主和工会代表共同组成）的批准。为维护职工的利益，摩尔多瓦成立了全国性的群众组织——摩尔多瓦独立工会联盟，该联盟由全国各行业中的 23 个工会组成。工会在政治上是独立的，参加工会的员工达 97%。

三 独立后第二个十年的国民生活状况

2000 年以后，摩尔多瓦人民的生活逐渐安定下来，人民生活方式发生了极大的变化，生活水平有不同程度的提高。摩尔多瓦 2007～2012 年主要社会指标见表 6-1。

表 6 – 1 2007～2012 年摩尔多瓦主要社会指标

	2007 年	2008 年	2009 年	2010 年	2011 年	2012 年
居民人数(千人)	3669.7	3631.9	3592.9	3564.3	3543.9	3518.4
出生率(%)	12.1	12.2	12.3	12.3	12.3	12.2
死亡率(%)	13.4	13.4	13.4	13.4	13.3	13.2
城市人口(千人)	1640.3	1651.7	1664.3	1677.5	1690.9	1705.0
0～14 岁居民(%)	17.6	17.2	16.9	16.7	16.6	16.6
15～64 岁居民(%)	71.1	71.5	71.9	72.1	72.2	72.0
65 岁及以上的居民(%)	11.3	11.3	11.2	11.2	11.2	11.4
男性居民(%)	47.5	47.5	47.5	47.4	47.5	47.5
女性居民(%)	52.5	52.5	52.5	52.6	52.5	52.5
男性平均寿命(岁)	64.4	64.6	64.9	65.3	65.4	65.6
女性平均寿命(岁)	72.1	72.2	72.5	72.7	72.9	73.1
儿童死亡率(%)	15.8	15.3	15.0	14.7	14.5	14.4
成年居民识字率(%)	98.1	98.3	98.5	98.5	99.0	99.1

资料来源：根据摩尔多瓦国家统计局公布的数据汇总。

劳动移民　摩尔多瓦的经济社会发展水平在欧洲国家中处于末位，到境外谋生成为摩尔多瓦公民致富的重要途径。摩尔多瓦劳动移民的目的地国家主要是俄罗斯、乌克兰、意大利和葡萄牙。前往俄罗斯和乌克兰的主要是农业人口、家庭业主、拥有中等和中等专业教育文凭的男性公民。对于这部分人来说，外出打工是第二种就业形式，带有明显的季节特征。他们主要从事建筑业、贸易、交通业、农业、工业、采矿业。前往欧盟国家的劳动移民主要从事服务业和建筑业。

根据世界银行的资料，摩尔多瓦在国外工作的人数超过 70 万人，也就是说有劳动能力的人群中有 1/2 在国外工作，这直接导致国内劳动力市场低迷，并对国家人口安全构成威胁。根据摩尔多瓦劳动部的资料，截至 2014 年年初，摩尔多瓦超过 50 万人在国外工作，在俄罗斯有合法工人 24 万人，在意大利有 12.4 万人，在西班牙的超过 3 万人，在葡萄牙有 2.4 万人，其他人前往希腊、法国和英国。但是独立经济学家认为，摩尔多瓦在国外打工的人超过 100 万人。这在一定程度上影响到了国内的用工形势，近 5 年来工业领域减少了 2 万个工作岗位，建筑业减少 1.8 万个工作岗位。有工作能力的人更愿意在私营单位工作。

2014年，在前往国外谋生的人群中，城市人口占25%，农村人口占75%。在外出谋生的人群中，18~44岁的人占78.5%，其中18~29岁的人占29.2%，30~44岁的人占49.3%。另外45~65岁的人占劳动移民总数的21.5%，举家移民的数量占总数的70%，移民中受过高等教育的人占28%，受过中等教育或职业教育的人占63%。劳动移民潮也波及知识分子阶层，占知识分子（工程师、医生、教师、律师和经济学家）人数的18%。

摩尔多瓦劳动移民群体可划分为三大类：第一类是短期移民，主要在俄罗斯从事季节性工作。第二类是长期移民，主要在欧盟国家。第三类是合法长期移居美国和加拿大。摩尔多瓦劳动移民有以下三个特点，一是从独联体国家向欧盟国家转移；二是从短期和季节性劳动移民转向长期移民；三是前往美国和加拿大的移民数量增加。

绝大多数摩尔多瓦公民具有双重国籍。根据官方公布的资料，1994~1999年9月，司法部国籍管理局发放了29.91万份申请获得另一国国籍的证明材料。到2000年，全国已有20多万人获得了罗马尼亚国籍，另有2000人在排队申请获得罗马尼亚国籍。在罗马尼亚学习的摩尔多瓦大学生和研究生中已有1200人得到罗马尼亚国籍。双重国籍在摩尔多瓦少数民族中盛行。许多人具有俄罗斯、乌克兰、保加利亚、土耳其和以色列的国籍。2009~2011年，摩尔多瓦的出国定居人数超过了50万人。

国内经济政治形势不稳定，生活水平低下，工资收入不高，社会保障缺失等是造成移民潮的主要原因。2010年以来，摩尔多瓦政府采取了一系列措施吸引居住在国外的摩尔多瓦人回国创业，如政府出台了《2009~2011年支持中、小企业发展国家计划》。从2012年1月1日起，政府对在欧盟国家大学毕业后回国就业的摩尔多瓦籍毕业生进行物质奖励。

当前，移民向国内汇款已经成为摩尔多瓦政府的一项重要财政收入来源。从1999年开始境外汇款呈现稳定增长态势，1999年移民汇款额总计为8962万美元，2008年达到16.60亿美元，占到国内生产总值的36%。2013年从境外汇入摩尔多瓦的现金为16亿美元，同比增长7.7%。2013

年摩尔多瓦外出工作者从境外汇款超过 16 亿美元，比 2012 年增加了 1.14 亿美元。

居民收入　2013 年摩尔多瓦的平均工资为每月 3765.1 列伊，比 2012 年增长 8.3%。如果考虑到通胀率，实际增长仅为 3.5%，如果用美元计算，只有 278.8 美元。截至 2013 年 12 月，排第一位的高收入人群为金融部门代表，约 9600 列伊；第二位的是能源部门（供热、电力、天然气、供水），为 6800 列伊；第三位的是不动产交易部门，高于 5500 列伊；第四位的是国家公务员，约为 5400 列伊。教育和医疗部门仍然属于低收入部门，月人均工资分别为 3100 列伊和 4400 列伊。

2014 年前 6 个月，摩尔多瓦平均工资增长 7.3%，为 4320 列伊，其中最高工资为信息通信业的员工，月人均工资为 8215 列伊，农业和林业部门职工工资最低，平均每月为 2501 列伊。居民收入的主要来源是工资，占到总收入的 42.6%；第二个收入来源是社会补贴，占收入的 20%；第三个来源是境外汇款，占收入的 17%。城市居民的收入比农村居民的收入人均多 647.2 列伊，城市居民工资在收入中占 57.6%，农村居民工资占收入的 25.7%。城市居民的可支配收入月人均为 1869 列伊，农村居民为 1242.8 列伊。同时，城市居民的现金收入占可支配收入总额的 96.1%，农村居民为 80.6%。

居民消费　2013 年居民月平均消费支出，城市居民为 1888 列伊，比 2012 年增加 12%。根据世界银行公布的人均收入排名，在 213 个国家中，摩尔多瓦居第 157 位，人均年收入为 2070 美元。但居民的月消费支出超过收入的 6.17%，人均为 1731.9 列伊，其中食品占 43.9%、公共服务占 18.6%、服装支出占 10.4%、就医占 6.6%、交通占 4.4%。摩尔多瓦全国消费支出最高的城市为基希讷乌和贝尔兹，分别为月均 1692.8 列伊和 1644.5 列伊。1 岁前的婴儿月最低生活费为 1533.9 列伊，7~17 岁的未成年人每月生活费为 1724.2 列伊。城市儿童的最低生活开支比农村儿童高出 8.1%，而城市 1 岁前婴儿的生活开支比农村高出 16.5%。

养老金　根据 1998 年 10 月 14 日摩尔多瓦议会通过的《国家社会保险养老金法》的规定，所有有劳动能力并长期或临时居住在摩尔多瓦境内的自然人都必须购买养老保险。截至 2014 年 4 月 1 日，摩尔多瓦月平均退休金为 1116.76 列伊，但 2013 年退休人员的月均生活费为 1326.9 列伊。现在月平均退休金的购买力只相当于 1990 年的 52%。

解决养老金偏低的问题是政府急需解决的重大社会问题。截至 2014 年 1 月 1 日全国退休人数为 65.96 万人，比 2013 年 1 月 1 日增加 9700 人。2014 年 7 月 31 日，摩尔多瓦劳动部决定在 2015 年增加 15% 的社会保险预算，达到约 140 亿列伊，其中 90 亿列伊用于支付养老金。

失业人数　截至 2013 年底，摩尔多瓦有劳动能力的人数为 132.8 万人，就业人数为 127.7 万人，男性与女性的比例相当，分别占 50.8% 和 49.2%。2013 年失业率为 3.9%，城市为 5.3%，农村为 2.7%，男性为 4.1%，女性为 3.6%。2013 年登记的失业人数为 4.35 万人（比 2012 年减少 15.4%）。2014 年 1 月登记的失业人数为 2.09 万人，妇女占 55%，其中有 11% 的人可以获得失业救济金，月平均为 1056.2 列伊。

住房　摩尔多瓦弱势群体可临时租住社会住房，渡过经济困难期。国家向从没有申请过公租房的贫困人群提供社会福利房，其租金远低于市场价格。承租人要与政府相关部门和法院签署承租合同并定期向当地政府机构提供个人经济情况说明。

第二节　社会管理

摩尔多瓦独立以后，社会生活和社会制度均发生了极大的变化。在政治制度民主化和社会经济市场化的发展进程中，形成了新型的社会劳动关系，其中最基本的社会群体为雇工、企业主、雇主。社会关系更加复杂，出现了失业者，居民因收入水平不同而两极分化，出现了新的阶层，社会关系紧张。

一　公民社会建设

摩尔多瓦独立以后，社会改革的主要目标是实现向公民社会过渡，确立新型的社会经济、民族、宗教、人与人之间的关系，首先是重新构建权

力部门之间、政党之间、利益集团之间及相互之间的和谐关系。2008 年 12 月 11 日议会通过《2009～2011 年发展公民社会战略》。摩尔多瓦建立公民社会的进程具有自身的特点和复杂性，现阶段摩尔多瓦建设现代化公民社会的特点如下。

——还未形成完整的公民社会机构体系，存在大量不作为的社会组织，公民通过法律保护自身利益的意识薄弱；

——在引进市场经济的同时，社会竞争加剧，社会分化为穷人和富人，精英和普通人，官员和其他人，核心人物和边缘化人物等；

——公民社会的基础中产阶层尚未形成；

——未形成社会统一的价值观（信任、团结、社会责任、尊重生命、人格、尊严等）；

——缺少明确的利益表达，导致社会组织建设落后；

——公民不热心参与社会政治生活；

——公民社会组织对权力机构的影响力不够。

综上所述，摩尔多瓦离标准的公民社会还有很大的差距。摩尔多瓦公民社会建设的最大障碍是国家机关和社会生活中普遍存在的腐败现象。摩尔多瓦议会于 1996 年 6 月通过《反腐败法》以后，摩尔多瓦政府又于 2004 年 12 月批准《预防与反腐败国家战略》和实施该战略的《行动计划》。根据这两项文件，政府加强和扩大社会组织在预防和反腐败行动中的作用，与社会组织联合推动反腐败行动。

同时，摩尔多瓦政府把建设信息化社会作为公民社会建设的重要组成部分。2003 年摩尔多瓦议会通过《关于信息化和国家信息资源法》，2004 年 3 月 19 日摩尔多瓦总统颁布《建设信息化社会》的命令。2000～2006 年，摩尔多瓦全国个人电脑拥有量大增，到 2007 年底全国已有 11.1 万人拥有电脑，但只有 3.22% 的人使用互联网。在 2009 年和 2010 年的议会选举中，摩尔多瓦使用了新的信息技术，所有选区都配备了电脑，通过互联网，国家选举中心能够第一时间掌握投票情况。

摩尔多瓦政府为推动公民社会、信息化社会的建设，在社会生活中努力建立和发展新型的社会劳动关系，被称为"社会伙伴关系"。"社会伙伴关系"体系是涉及全国居民、企业、工会、国家之间建立契约关系的综合性机制，政府通过在全社会倡导建立"社会伙伴关系"，促进社会各群体达成共识，缓和市场经济条件下的社会矛盾，解决好社会劳动关系，使社会和谐发展。2014 年，摩尔多瓦在劳动关系方面基本建立起了社会伙伴关系的法律基础，规范劳动领域中的社会伙伴活动。摩尔多瓦议会在 1999 年 4 月通过《发展社会对话体系构想》、2000 年 7 月 7 日通过《摩尔多瓦共和国工会法》、2003 年 3 月 28 日通过最新版本的《摩尔多瓦劳动法》。摩尔多瓦已在"社会伙伴关系"的原则下，形成了稳定和多层次的"社会伙伴关系"的调解体系。当前面临的关键问题是，进一步完善"社会伙伴关系"体系，加强国家与企业、雇主与雇工之间的对话，逐渐降低国家在经济生活中的作用，提高工会等组织的作用。

二　社会组织

家庭是社会结构中最基本的单位，关系到社会的稳定发展，摩尔多瓦是非常重视家庭的国家。2000 年 10 月 26 日摩尔多瓦议会通过《家庭法》，对摩尔多瓦公民婚姻、家庭关系、家庭财产、儿童权利、父母对子女的义务、姓和名的选择等做出了明确的法律规定。摩尔多瓦家庭和家庭关系受到国家的保护。只有持有摩尔多瓦国籍并在法律机构缔结的婚姻才能够受到该法律的保护。该法律规定，夫妻双方在家庭中享有平等权利，优先照顾儿童。通过协商解决家庭中出现的问题，不允许他人干涉家庭事务。

该法律规定了缔结、停止及宣布婚姻无效的条件、程序，是解决私人非物质和物质关系及由婚姻产生的其他社会关系的依据。摩尔多瓦法律规定结婚法定年龄为 18 岁，为尊重风俗可降低年龄，但不能低于 16 岁。结婚前必须在正规医院进行婚前体检。摩尔多瓦禁止同性婚姻和近亲（四代以内的表兄妹）结婚。非婚生子女与婚生子女享有同等权利。对于未满 18 岁的未成年人，父母须培养、发展其个人能力，保护其自由思想，维护其尊严。

除了家庭以外，与摩尔多瓦公民社会生活关系最为密切的是各种社会

组织或非政府组织，这些组织是建立公民社会和执行公共政策的主体，在社会发展的各个领域，如医疗卫生、教育、社会保险、体育、艺术、商业等方面发挥重要作用。在这方面，摩尔多瓦政府一直努力加强国家与社会机构之间的信任。在国家和社会机构的重新建设进程中，除了代表各个集团利益和凝聚各个社会阶层的政党体系以外，还需要借助一批社会组织将政党外的国民组织和团结起来。

1996年5月17日摩尔多瓦议会通过《社会组织关系法》，该法对社会组织的概念、社会组织创建的目标和活动、社会组织创建和活动的原则、社会组织活动的禁区、社会组织的形式、国家与社会组织的关系、社会组织的范畴、社会组织的机构、社会组织成员和领导人、名称和组织徽标、社会组织章程和注册等方面进行了详细的规定。该法明确指出，社会组织活动必须保护公民经济、社会、文化和其他合法权利和自由，发展社会正能量和公民的独立性，发展在科学技术和文学创作方面的创造力，保护公民的健康，引导公民参加体育活动，保护自然、文物，进行爱国主义教育，扩大国际联系，加强各国人民之间的和平和友谊，不从事非法活动。该法还明确指出，国家支持能够促进国家文化科学发展计划的社会组织，这些社会组织通过与国家签约的形式协助国家完成各类社会发展计划。摩尔多瓦政府通过积极发展与政府保持良好关系的社会组织来削弱受到外国资助的非政府组织的影响力。

摩尔多瓦法律明文规定，社会组织不得从事以暴力改变宪法体制的活动，不得破坏摩尔多瓦国家领土完整，不得宣传战争、暴力、种族歧视、民族和宗教歧视及从事其他违法活动。必须尊重社会公平、社会团结的原则。禁止建立社会军事集团和武装组织。禁止建立破坏公民合法利益、损害公民健康和社会道德的组织。国家公职人员不能参与社会组织的活动。社会组织及其法人无权利用外国法人、自然人、政党、社会政治组织和某些竞选公共权力机构的候选人资助的金钱和物质财富。

《社会组织关系法》在国家与社会组织关系一章中特别指出，国家支持社会组织，视其为实施社会、科学和文化项目的合作伙伴。从事有益于社会公益事业的社会组织，国家将根据税法对该组织提供免税优惠待遇。国家将从物质和财政上支持青年和儿童社会组织的发展。

三　社会现象

摩尔多瓦独立以来，始终笼罩着经济危机的阴影，出现了各种各样的社会问题，其中较为尖锐的问题如下。

第一，社会贫富分化。摩尔多瓦政府早在 2002 年就制定了经济增长和降低贫困的国家战略。2006 ~ 2010 年摩尔多瓦贫困人口状况见表 6 - 2，2001 ~ 2010 年摩尔多瓦月人均最低生活支出见表 6 - 3。但是截至 2014 年，60% 的摩尔多瓦居民生活在绝对贫困线的边缘，80% 的居民的生活低于最低生活标准。

表 6 - 2　2006 ~ 2010 年摩尔多瓦贫困人口状况

年份	绝对贫困线（列伊/月）	绝对贫困率（%）	极度贫困线（列伊/月）	极度贫困率（%）
2006	747.4	30.2	404.2	4.5
2007	839.3	25.8	453.9	2.8
2008	945.9	26.4	511.5	3.2
2009	945.9	26.3	511.5	2.1
2010	1015.9	21.9	549.4	1.4

资料来源：根据 2006 ~ 2010 年摩尔多瓦经济部公布的资料汇总。

表 6 - 3　2001 ~ 2010 年摩尔多瓦月人均最低生活支出

年份	每月最低支出（列伊）	年份	每月最低支出（列伊）
2001	468.7	2006	935.1
2002	538.4	2007	1099.4
2003	628.1	2008	1368.1
2004	679.9	2009	1187.8
2005	766.1	2010	1373.4

资料来源：根据摩尔多瓦统计局公布的资料汇总。

摩尔多瓦社会中的寡头占全国人口的 0.5%，富人占 1.5%，中产阶层占 34%、穷人占 64%。如果按照传统的中产阶层的标准（具有稳定的收入、能够广泛满足个人的物质和社会需求、受过良好的教育和职业培训）划分，或根据世界银行规定的中产阶层家庭人均月收入在 3500~8000 美元的标准，摩尔多瓦还没有形成中产阶层，只有穷人与富人之分。

2012 年摩尔多瓦排名前十位的富人：第一位是阿纳多尔·斯塔蒂，在 2008 年资产达到 20 亿美元，是摩尔多瓦最大的企业家。第二位是尼古拉·切尔内，资产为 3 亿~5 亿美元，他在摩尔多瓦、乌克兰、罗马尼亚和俄罗斯拥有自己的大型企业，还拥有一家足球俱乐部。第三位是加勃利埃尔·斯塔蒂，任摩尔多瓦青年和大学生联盟主席，摩尔多瓦 Ascom 金融工业集团副总裁和 Stati-Holding 公司总裁。第四位是弗拉特·普洛霍纽克，生于 1966 年 1 月 1 日，摩尔多瓦的企业家和政治家，非常成功地管理不同领域的企业（石油、银行、宾馆、媒体和房地产），2010 年资产达到 3 亿美元。第五位是约·斯图尔扎，出生于 1960 年 5 月 9 日，曾于 1999 年任摩尔多瓦共和国总理。第六位是弗拉吉米尔·费拉特，出生于 1969 年 5 月 6 日，曾于 2010 年任摩尔多瓦共和国总统。第七位是维亚切斯拉夫·普拉多恩，银行家、投资人、证券商、企业家。第八位是弗拉吉米尔都主教，是东正教界代表人物。第九位是伊兰·绍尔，出生于以色列，大企业家，摩尔多瓦对外经济关系和投资联合会主席。第十位是奥列格·沃罗宁，摩尔多瓦寡头之一。

这些富人无法改变摩尔多瓦是欧洲贫困国家的现状，2010 年摩尔多瓦国内生产总值按购买能力计算人均为 3088 美元，在世界 182 个国家中居第 132 位。

第二，留守儿童问题。所谓的留守儿童是指父母均出国工作，无人照料生活而失学的儿童，留守儿童问题现已经成为摩尔多瓦严重的社会问题。由于长期的经济危机，国家无力执行有效的社会政策，大量居民出国工作导致出现这一社会问题。摩尔多瓦全国大约有 1/5 的儿童由于父母出国打工，无人照顾或由祖父母照顾。76% 的 2~14 岁的儿童受到过体罚或产生心理压力。全国有 1.2 万名儿童离开父母，这些孩子的各项权利无法得到有效保护。2014 年全国发生了 3500 起虐待儿童事件。虽然摩尔多瓦是《东部伙伴计划》参与国中唯一在《联系国协议》中加入保护和促进儿童权利条款的国家，但摩尔多瓦还没有建立起明确的机制保护这些留守儿童。2014 年大部分留守儿童（51%）与祖父母生活在一起，10% 与兄弟姐妹生活在一起，28% 与叔叔婶婶生活在一起，8% 与其他亲人生活在一起，3% 由外人照顾。在留守儿童中，63% 的学生学习成绩不好，24%的人与父母没有任何联系，38% 的孩子需要医生照顾。这个问题已经引起政府的注意，2009 年摩尔多瓦建立了 83 个全天儿童帮助中心。

第三，离婚率逐年提高。摩尔多瓦离婚率逐年提高，贫困和经济问题成为离婚的最主要原因。但富人家庭中缺乏共同的语言成为离婚的主要原因。现代人越来越追求个性和自我，这也是离婚率升高的社会背景。2014年，摩尔多瓦的离婚率居世界第五位，居前四位的是白俄罗斯、拉脱维亚、立陶宛、俄罗斯。2013 年摩尔多瓦注册离婚的超过 6000 件。为稳定家庭，摩尔多瓦政府出台了养育三个以上子女的家庭可享受国家补贴的优惠政策。生产第三个孩子时可获得一次性补贴（2012 年生育第一个孩子为 2300 列伊，生育第二个孩子以上为 2600 列伊）；国家每月补贴伙食费（为近 6 个月月均收入的 30%，不少于 300 列伊）至孩子满 3 岁；每月补贴照料费（需交纳生育保险并离职照顾孩子，不少于 300 列伊）至孩子满 1 岁半。

第四，摩尔多瓦正步入老龄化社会阶段。为应对这一挑战，摩尔多瓦政府决定于 2015 年建立国家老年人问题委员会，该机构将采取措施吸引老年人参与社会公共事业，提高自我管理能力，加强政府对老年人的服务工作。2013 年初，摩尔多瓦年龄超过 60 岁以上的老年人有 52.76 万人，根据摩尔多瓦科学院对摩尔多瓦人口的预测，2015 年摩尔多瓦的劳动人口将减少 10.72 万人，将迈入老龄化社会。

第三节　医疗卫生

2013 年摩尔多瓦全国居民为 355.95 万人，其中 149.22 万人（41.9%）居住在城市，206.73 万人（58.1%）居住在农村。妇女占总人口的 51.9%，

男性占 48.1%。摩尔多瓦人口出现老龄化趋势，与 2006 年相比，2013 年
0～14 岁人口所占比重从 18.3% 下降至 16.1%，同时老年人（65 岁以上）
从 9.8% 增至 9.9%。摩尔多瓦政府根据本国的人口情况和发展趋势，建立
起以公立医院为主、私立医院作为补充并满足部分人的特殊需求的医疗卫
生体系。

一 独立后第一个十年的状况

摩尔多瓦独立时，全国有 365 个医疗机构，有医生 1.7 万人，每千人
有 4 名医生；护士 4.8 万人，每千人有 11 名护士；医院床位 5.57 万张，
每千人有 13 张床位。

另外，全国还设立了 400 多个诊所向居民提供医疗帮助。国内有 2 个
国家级医疗队在各企业单位进行巡回医疗，有 31 个卫生站为基层职工服
务。全国共有 300 多家医药商店、1300 个药房。另外，摩尔多瓦全国还
有 44 家卫生防疫站。这些单位组成了摩尔多瓦的医疗保健网。血液循环
系统的疾病和恶性肿瘤是造成摩尔多瓦居民死亡的两大杀手，病毒性肝炎
和结核病也是居民中的高发病，疟疾、沙眼、脊髓灰质炎、肺结核和皮肤
病已得到根除，白喉、破伤风、百日咳、麻疹的感染率已大大降低。艾滋
病感染继续扩散，到 1999 年，全国有 19 例艾滋病患者。

全国建有高等医学院和中等医科专业学校。这些学校除为卫生界培养
专业人才以外，还常年开设培训班，对在职的医务人员进行培训。全国建
有儿童疗养院、退休人员休养所。

1999 年 6 月，政府在世界银行的帮助下，开始对本国的医疗卫生体
系进行改革。改革的重点是：第一，重组医疗服务系统；第二，减少重复
环节，加强门诊能力；第三，实现收费服务合理化；第四，改变门诊部的
资金使用方向；第五，废止就医全额公费医疗制度。摩尔多瓦议会已通过
了《基础医疗免费服务法》。根据这项法规，每位公民每年可享受价值 70
列伊的公费医疗服务，超额部分需自费。世界银行要求摩尔多瓦政府将国
家用于医疗卫生预算拨款中的 60% 划拨给医院门诊部。

摩尔多瓦独立以来，医疗卫生系统不仅缺少资金，而且医院设备陈

旧，急需更新换代。世界银行帮助摩尔多瓦建立类似欧洲国家的社会医疗卫生体系。世界银行根据摩尔多瓦医疗机构的改革进度分批提供贷款，支持摩尔多瓦的医疗制度改革。

在医疗卫生方面，居民的基本医疗费用仍由国家财政拨款，实行免费就医，超出国家规定的就医费用由病人自己负担。国家对医疗部门拨款中的35%必须用于基本医疗服务项目。国家和县一级医疗卫生部门实行私有化及出售设备等财产的收入归本部门所有，不上交国家财政。

二　医疗卫生体系

2004～2014年，摩尔多瓦政府对医院进行了分阶段的改造重组，其中最重要的任务是减少医院的机构，提高医院的效率，改革医疗体系的目标是要保证每位国民可以平等地享有同等水平和质量的医疗服务。专业化的医疗机构从2005年的655家增加到2012年的818家，同时医院从114家减少到85家。2014年，全国有42家疗养院、96家独立诊所和医疗点、138家急救站和分站。医院系统中有区级医院、市级医院、国家级医院、私立医院。急救网由4个区级急救中心、44个分中心和90个急救站组成。

从2009年开始，政府计划在各个居民区设立家庭医生，病人经过家庭医生的初诊之后方可转入区医院。这项计划的重点是要在农村完善医疗服务体系，2013年政府投资2480万欧元在农村建立了11个健康中心。另外，这些健康中心提供400名医生和1200名护士的工作岗位。2014年政府投资9800万列伊建设两个急救中心，每年可服务于1.4万人，保证450名医学专家的工作。

2014年，摩尔多瓦全国有32家区级医院，另设立了国家中心医院、国家肿瘤医院、国家妇幼中心医院，政府还计划建立急救中心。2012年医院共有床位2.2万个。每年约有60万人住院治疗，年床位使用率为87.7%。

近年来，私人医疗机构逐渐得到摩尔多瓦居民的认同，2012年全国有583家私人医院，有约2000名医生、1300名中级医务人员，居民越来

越认同私人医院的服务。2005 年 3.5% 的病人到私人医院就诊，2012 年为 4.8%。在私人医院中，口腔科是最受居民认可的一个科室，约占私立医院就诊人数的 38%；就诊人数最多的是体检科，2012 年体检人数占就诊人数的 17%。

欧盟一直帮助摩尔多瓦政府构建现代化的医疗卫生体系。截至 2014 年，欧盟已向摩尔多瓦医疗卫生体系投入 5000 万欧元，另追加 300 万欧元用于更新医疗设备。摩尔多瓦的现代化医疗卫生体系体现在两个方面：一是提高医疗水平，减少医疗支出，通过更加有效的医疗手段减少药物使用；二是医院有效合理地提供医疗服务，根据规定加强对医疗工作人员的奖惩制度。

在欧盟的帮助下，2014 年摩尔多瓦全国开设了 67 个健康中心，欧盟为此提供了数百万欧元的支持。2014 年 5 月新的基希讷乌外科综合医院的外科综合楼（约 1 万平方米）落成，有 16 间现代化的手术室，以及急救室、设备消毒室、快速分析和化验室、血液库和医疗垃圾处理室。该外科综合医院由三个中心组成：脑外科手术中心、胸外科中心、普外中心。每年可接诊病人 2.5 万～3.5 万人。该中心向欧盟国家派出 800 名医生实习。2013 年欧盟提供 300 万欧元帮助摩尔多瓦政府在全国建立了 10 个现代化的医学实验室。2013 年 8 月 29 日，摩尔多瓦全国首个综合性国家医学模拟病研究中心在首都基希讷乌落成运营。欧盟向该中心投资 440 万欧元用于基础设施建设和设备购置，其他国际医疗机构也向该中心提供了各种帮助。

三　医疗服务与保障

摩尔多瓦居民的医生人数稳定在每万人拥有 36 名医生的水平，其中有 7 名全科医生、5 名外科医生、5 名家庭医生、5 名内科医生以及其他医生。二分之一的医生拥有高级职称，18% 的医生为一级医生、11% 为二级医生。2012 年有 41.2% 的医生参加了提高医术学习班。拥有中等职称的医生队伍相对稳定，平均每万人中有 77 名医务工作者。近 20 年来，摩尔多瓦医疗卫生体系中医务工作者严重不足。2011 年全国需要增加医务工作人员 1031 人。

随着医疗卫生事业的发展，近 10 年来定期体检的人数不断增加，与 2005 年相比，2012 年体检人数大幅增加。2005 年每百人中有 19 人进行定期体检，到 2012 年每百人中有 34 人进行定期体检。随着体检人数增加，外科手术也逐渐增多。2012 年的手术超过 16.7 万例，其中产科手术占 17.4%、腹部手术占 16.6%、支架手术占 12.6%。每年人均就医 6.5 次，其中 44% 的人找家庭医生。

2012 年摩尔多瓦全国初诊病人为 117.81 万人，每 10 万人中有 33 个初诊病人，每 10 万人中的病人总数为 7.54 万人。2012 年全国病人中，13.8% 患心血管疾病，12.8% 患呼吸系统疾病，11.7% 患消化系统疾病，死亡 8000 人。成年病人的主要死亡原因是心血管疾病和肿瘤，2012 年这两类病人的死亡率为 3.1%。

心血管疾病 2012 年心血管疾病的初诊人数为 6.91 万人，每 10 万人中有 1900 人患此病。与 2005 年相比，初诊人数减少 47%。截至 2012 年，心血管疾病患者达到 50.45 万人。

呼吸系统疾病 2012 年患呼吸系统疾病的人数达到 36.43 万人。2012 年医院接诊此类病人为 45.52 万人，比上一年减少 14%。2012 年每 10 万人中有 1.28 万人患此病，导致高发病率的主要原因是近几年来出现的季节性流感。

外伤 外伤是摩尔多瓦居民就医的第二大原因。2012 年有 12.85 万人初诊。

结核病 政府关注结核病的防治，近几年就诊人数保持稳定，每年约有 3160 例初诊病例。2012 年全国结核病人为 4675 人。其中男性占到总人数的 70.5%，主要是 25 岁至 55 岁的人群，女性主要为 15 岁至 45 岁的人群。约 64% 的初诊病人是农村居民，36% 的人来自城市。

癌症 癌症病人的数量呈现上升趋势。2012 年初诊病人为 8204 个，每 10 万人中有 231 人；2005 年初诊癌症患者为 6952 人，每 10 万人中有 193 个癌症患者。在初诊患者中有 1/4 的人已到癌症四期，导致这类病人的高死亡率。2012 年全国患癌症的总人数为 4.78 万人，与 2005 年相比

增加了 27.9%。2012 年每 10 万人中有癌症患者 1344 人，约 50.8% 的癌症患者为妇女。摩尔多瓦每年新增 7000 多例癌症患者，每年因癌症去世的人达到 5000 人，主要原因是延误治疗。

精神病 2012 年初诊精神病患者约 1.37 万人（2005 年为 1.28 万人），其中约 81% 的人为心理性的行为失常，需要长期治疗。2012 年有 5.45 万名病人在疗养院治疗。

酗酒 酗酒已成为损害摩尔多瓦居民健康的首要因素。2012 年因酗酒问题初诊人数为 3252 人，每 10 万人中有 91 人。酗酒在妇女中普遍存在，因此就诊人数中 15.8% 的病人为妇女。2012 年每 10 万人中有 1317 人患有酒精依赖症，而每 10 万名妇女中有 381 人患有酒精依赖症。

药物依赖症 每年约有 1000 人初诊药物依赖症，2012 年全国有此类患者 9902 人。

艾滋病 近 5 年来艾滋病病例增加，2012 年新增艾滋病感染者 483 人，其中妇女人数增加较多。2005 年妇女占艾滋病患者总数的 43%，到 2012 年上升至 49.9%。2012 年新增艾滋病患者 153 人。2012 年全国艾滋病病毒携带者有 2840 人，43 人死亡。

摩尔多瓦现有的医疗卫生体系保障了国家的人口安全。2012 年，居民的预期寿命比 2006 年的预期寿命增加了 3 年，与 2010 年和 2011 年相比，2012 年农村地区男性寿命明显提高。妇女的平均寿命比男性长 7.8 岁，城市居民的平均寿命比农村男性居民长 3.6 岁，比农村妇女长 3.8 岁。2012 年注册的新生儿比 2009 年增加 3.4%（1368 名），但出生总趋势呈现下降。死亡率出现下降趋势。死亡原因主要为心血管疾病（57.7%）、恶性肿瘤（14.7%）、消化道疾病（9.3%）、意外伤害（7.8%）、呼吸道疾病（4.4%）。2013 年，1 岁以下婴幼儿死亡率从 2005 年的 12.4‰降至 9.8‰。

第四节　环境保护

摩尔多瓦位于北纬 45°~48°、东经 26°~30°，摩尔多瓦国内河流可直接流入多瑙河下游和黑海。全国水系由 3621 条大小河流组成，总长

1.6 万公里。摩尔多瓦政府重视环境保护和保持生态平衡的工作。摩尔多瓦议会于 1995 年批准《生物多样性公约》，摩尔多瓦环境保护部监督执行。

一 生态现状

2014 年，被列入国家级的珍稀动植物有 29 种，重点保护对象有 500 多个，其中包括自然风景区、地质构造化石、上百年的古树、泉水、具有科研意义的洞窟等。早在 1971 年，政府就建立了科德雷自然保护区，该保护区面积 6177 公顷。保护区内的泉水小溪清澈纯净，泉水可以直接饮用。保护区内的自然景观得到了妥善保护，茂密的森林中有阔叶树林，橡树和鹅耳枥及山毛榉树，平均树龄在 71 年以上。橡树和榉树中混生有鹅耳枥、普通白蜡树、银椴树、尖叶槭树、樱桃树等，还有许多灌木。2014 年在保护区内生长着 800 多种植物，其中 34 种为珍稀植物。

科德雷自然保护区是动物的乐园。经常出没林间的动物有獾、狐狸、貂、松鼠、野兔、鹿、麂、野猪和野猫等。近几年来，摩尔多瓦的环境质量逐年下降。全国各地每年都会发生严重污染水源的事故，致使河流中的氡、铵、亚硝酸盐超标。1999 年，固定污染源向空气中抛撒的有害物质超过 40 万吨，有半数的垃圾得不到无害化处理。

根据国家环保部门 2005 ~ 2010 年连续 5 年的监测结果，摩尔多瓦的生态系统和生态环境已遭到严重破坏，50% 的野生动植物濒临灭绝，农作物和家畜、家禽的种群日趋萎缩。由于对土地的破坏性开发，大片的肥沃土地面临荒漠化的危险，土壤中的腐殖质大大减少，约占全国耕地总面积 37% 的 90 万公顷土地严重退化，盐碱地面积已经达到 14.5 万公顷，可耕地占全国面积的 75.6%，其中 64.5% 的土地常年耕种。生态环境恶化导致食品质量、空气质量、水质量下降，森林面积和饮用水减少，自然灾害频繁发生。20 世纪最后 15 ~ 20 年间，平均每 2 年就发生一次严重旱灾，旱灾严重打击了摩尔多瓦的农业生产。截至 2010 年，摩尔多瓦境内有 18 种动物消失，现在有 110 种动物和 131 种植物被列入红皮书。

二 环保政策

1991年摩尔多瓦独立以后，政府就着手制定环境保护政策，该政策的主要目标是保护生态平衡和动植物及自然景观的多样性。环境保护政策的主要方向：根据市场经济的条件建立新的法规和组织基础；在各经济领域及各部门的改革战略中落实环境保护政策；向国民宣传生态知识；改变生态治理方式；解决实质性的生态问题，引进国内国外资金解决面临的生态问题。

1995年摩尔多瓦政府出台《1995～2020年环境保护行动国家战略计划》和《国家环境保护行动计划》，这两个文件是摩尔多瓦国家执行《生物多样性公约》的具体行动，文件中规定了一系列保护生态多样性的措施。战略计划投资1890万美元，其中60%由国家财政支出，40%由各个国际组织出资。在1997～1998年摩尔多瓦经济困难时期，政府用于生态保护的资金年均为970万列伊，只占到1993年的73%。如果加上其他的资金来源，用于生态保护的投入年均为2900万列伊（约合630万美元）。1999年在世界银行的支持下，摩尔多瓦政府成立国家环保部。

摩尔多瓦现行的环境保护法律文件有：《环境保护构想》（1995年）、《1995～2020年环境保护行动国家战略计划》（1995年）等。摩尔多瓦通过了一系列法规，但由于认识不足、处罚无力、法律内容的相互矛盾，导致这些法律文件落实不力。另外还有《动物法》（1995年）、《森林法》（1996年）、《发展狩猎构想》（1998年）、《关于城市和农村绿地面积法》（1999年）、《环保法》（1993年）、《影响环保的专业生态评估法》（1996年）、《自然资源法》（1997年）、《污染环境处罚法》（1998年）、《保护自然遗产法》（1993年）、《保护岸边法》（1995年）、《城市建设和区域划分原则法》（1997年）。面对严峻的环保形势，摩尔多瓦水文、气象、土壤保护等部门的专家不断呼吁政府采取措施，大力开展植树造林，恢复生态保护林带和湿地，鼓励农民在生产中多用农家肥。根据专家的建议，2000年9月20日政府制定出台了一项为期10年的保护生态多样化全国战略，以改善日趋恶化的生态环境。实施这一战略需要投入1800多万美元。

除了依靠政府拨款外，林业部门和土地所有者也将分担部分费用。此外，政府还通过争取国际援助来弥补资金的不足。摩尔多瓦环境和国土整治部副部长阿·若隆德科夫斯基指出，摩尔多瓦生态环境正面临空前的危机，只有尽快消除威胁生态平衡的各种因素，恢复和保护生态的多样化，才能确保国家社会经济的可持续发展。

摩尔多瓦国内成立了一系列政府和非政府的环保组织：环保部、科学院、教育部、农业和加工工业部、卫生部、国家森林联合会及地方政府机构等都从事环境保护工作。2010 年，全国约有 40 个非政府组织也积极采取环保措施。科学院和其他科研机构向环保工作提供科学支持。关于生态多样性及保护工作状况的研究工作主要由科学院下属的动物所、植物所、生物保护所、微生物所、国家生态所、摩尔多瓦国立大学、摩尔多瓦农业大学等单位共同进行。2013 年，在摩尔多瓦环保部的推动下，建立监测和落实保护国家自然生态多样性的一体化体系。但是，有关国家自然生态的信息仍然不够完整，同时政府也没有及时向全国公民通报自然生态环境的信息。

三　环保措施

摩尔多瓦环境保护的核心内容是保护生态多样性并建立国家生态网。1991 年政府出台保护自然景观构想。主要内容为：建立生态中心；设立生态迁移走廊；重组生态带；绘制出全国生态地图。这些工作确定了国家某些地区的生态保护工作将对欧洲地区的生态环境产生重要的影响。1999 ~ 2010 年《行动计划》确保恢复生态多样性，保护生态多样性，合理利用生态多样性。主要任务：为遏制生态退化，集中关注地方生态体系恢复；加强对濒危动植物的保护；改善生态多样性的治理体系。《行动计划》分为 5 年内的短期措施、5 ~ 10 年的中期措施、10 年以上的长期计划。2014 年国家自然保护区的面积占到国土面积的 1.96%。在国家自然保护区中，森林占总面积的 38.1%、森林草原占 24.2%、草原和湿地占 28.6%。

国家保护生态多样性战略的主要目标是保护、恢复和合理利用生态多样性资源和景观，以保证国家的社会经济发展。必须执行下列基本原则：

保护生态多样性的首要原则是"就地保护";如果生态多样性受到破坏，应扩大保护区面积促使其恢复；自然景观是维护生态多样性最重要的基础；需要有计划地利用生态资源；全社会都要关心保护和利用生态资源。基本目标：承认生态多样性的现实特点获得国家和社会的认同，并对此进行保护；确定和消除人类活动对现有生态体系与动物和植物种类的所有风险；确定通过保护生态多样性恢复自然环境的最佳条件；完善利用和保护生态资源的法律基础，在合理利用国家和地方生态资源的基础上，创造社会和经济福利；完善各类保护生态多样性的组织管理体系；在国民中宣传和加强保护生态环境的意识。

2009～2014年，政府资助500个环保项目，投入资金总额为5亿列伊。2014年7月，摩尔多瓦50个居民点获得国家生态基金的资金帮助，这笔钱主要用于建设水管、垃圾处理站和区域规划。最小的项目获资金2.7万列伊，最大的项目获资金920万列伊。

第七章

文　化

摩尔多瓦共和国的发展道路坎坷，但全国上下一直保持着重视文化、尊重科学的传统。2004 年 7 月 15 日，摩尔多瓦议会通过《摩尔多瓦共和国关于科学与创新法》，并确定每年 5 月 29 日为科学日，同时设立了全国"科学与创新奖"。在国际上，摩尔多瓦的科学发展水平处于中等地位，2014 年摩尔多瓦加入为期 8 年的欧洲"地平线－2020"科学计划，该项目投入的资金总额为 800 亿欧元，这将极大地促进摩尔多瓦的科学文化发展。

第一节　科学与创新

摩尔多瓦政府在科学研究、技术转型、保护高级人才和知识产权等诸多方面的科学与创新政策得到法律的保障和支持。法律对科学研究、基础科学、应用科学、技术开发等概念进行了明确的界定，对科学家的工作从法律层面给予了最大的尊重和保护。2014 年，在摩尔多瓦国家预算中，用于科学与创新的预算支出从 5 年前占国内生产总值的 0.18% 提高到 0.74%。

一　国家政策

摩尔多瓦政府的科学与创新（科学研究和研发、创新和技术转型）政策是国家社会经济、教育文化政策的组成部分，旨在鼓励运用新知识和运用科学技术成果发展科学与创新活动。

科学与创新活动的战略方向　国家科学与创新活动的战略方向是必须在国际层面、国家潜力和国家社会经济需求三方面协调，同时整合资源进行活动。

国家科学与创新政策的优先方向　第一，支持科学研究和技术开发，创造稳定的创新氛围是摩尔多瓦社会经济发展战略的优先方向。第二，科学与创新政策是国家社会经济政策的组成部分并决定着科学与创新活动的目标、原则和机制。第三，国家与科学组织共同推进科学与创新政策，保证相应的法律法规和社会经济基础，通过各种措施促进创新活动。第四，国家确定科学与创新的目标、原则、机制，吸引投资的方式和保证创新活动的组织和社会经济基础。第五，国家对科学与创新活动提供物质和财政帮助。第六，科学院为落实国家科学与创新政策的科学团体。

国家科学与创新政策的目标与任务　第一，主要目标是保证摩尔多瓦社会经济和公民最大限度地利用科学技术潜力，实现稳定发展，建设开放性的民主社会，生产和创造有竞争力的和生态型的产品和服务。第二，国家政策的任务：在所有经济、社会、文化、政治和信息生活中进行创新活动；发展和高效利用科学技术潜力；保证商品生产和服务领域的结构性改革，提高竞争力和生产效率；保护环境、自然景观、文化遗产、合理利用自然资源、保护生态和文化多样性；保护和发展国家的信息资源；系统深化科学与教育合作。

国家科学与创新政策的基本原则　第一，科学与创新是摩尔多瓦社会经济发展的基础。第二，科学与创新的战略方向需符合国家社会经济、文化和教育的优先方向和世界科学发展趋势。第三，在合作和专业化的基础上，国家科学与创新领域合理地与国际和区域活动实现一体化。第四，集中资源用于战略性的科学与创新活动。第五，科学与创新活动需符合社会对社会经济、文化和教育的需求。第六，在竞争的基础上获得国家项目；利用和发展科学、科学技术和科学技术潜力，形成科学与创新基础。第七，保证科学、教育、生产和金融间的互动。第八，科学与创新活动需符合国际标准和原则。第九，国家实行开放性的科学与创新政策。第十，有权在科学与创新活动中提出其风险。

科学与创新领域中的国家政策　第一，对科学与创新活动提供法律、组织和社会经济基础保证。第二，稳定和经常性地增加资金投入，鼓励创建现代化的基础设施。第三，对科学与创新实施税收和关税优惠政策。第四，支持科学与创新活动的战略方向。第五，为保护和发展及利用科学和科学技术成果创造条件。第六，保证培养和培训科学与创新组织中的人员。第七，促进科学、教育、生产和金融领域间的合作。第八，有效利用市场机制扩大科学与创新领域的活动。第九，支持科学与创新领域的企业。第十，促进发展科学与创新领域的基础设施建设。第十一，保护科学与创新领域活动主体的知识产权和其他利益。第十二，司法保证知识产权的移交、有竞争力产品的商标、服务。第十三，根据现行法律向科学与创新主体提供信息保证。第十四，采取措施扩大国际科学与创新合作。第十五，根据技术级别保证科学与创新领域工作人员的社会福利和劳动报酬。

国家在以下几个方面保证科学与创新工作顺利进行：制定保证实施国家科学与创新项目的计划；创造和发展科学与创新的基础设施；培养和培训并提高干部水平；资助在境外针对本国产品的发明创造活动；对某些项目提供补贴；为国外和国内的投资人提供保证；通过税收优惠生产在国际市场上有竞争力的产品；提供关税优惠；保护知识产权；开展科学与创新的国际合作。

摩尔多瓦议会和政府及地方权力部门都要确保科学与创新计划的实施。

议会的权力　第一，通过协调科学与创新活动的法律法规。第二，批准科学与创新活动的战略方向。第三，批准支持科学与创新项目的资金总额。第四，批准科学与创新合作的国际协议。

政府的权力　第一，政府与科学院签署伙伴关系协定，授权科学院在执行国家科学与创新政策中拥有以下权力：发展科学与创新活动战略；确定科学与创新活动的战略方向；根据国家预算法和项目需求提出科学与创新项目资金需求总额。第二，政府组织起草有关科学与创新问题的法规草案并提交议会审议。第三，研究鼓励科学与创新活动和利用其成果的经济机制。第四，签署政府间科学与创新合作协议。第五，促进创建科学与创新基础。第六，颁发科学与创新奖金。

对国家科学与创新项目的要求　项目应是综合性项目，明确所需时间、资源、组织形式。具体要求：发展基础科学和应用科学及方法；发展科学与创新领域的基础设施，完善试验室、计算和预测设备、印刷和出版设备；完善经济技术标准或生产产品标准以保证其在国际市场上的竞争力；研发拥有知识产权的新技术及新产品，在此基础上生产商获得相关的注册商标、知识产权等一系列文件。项目计划需符合下列要求：第一，旨在解决国家社会经济发展中最重要的问题，符合国家科学与创新发展战略方向；第二，在本专业领域拥有科学或技术创新；第三，拥有科学和创收价值。

国家科学与创新项目的审报　政府和科学院根据科学与创新活动的战略方向主持项目。最高科学技术发展委员会进行专家评审和竞标后，开展具体活动，资金需列入国家预算。科学与创新项目通过科学与创新最高委员会主持的公开竞标活动获得。独立专家、由科学院认可的科学团体的代表有权参与竞标。竞标项目和结果在摩尔多瓦官方网站公布，科学院向科学与创新组织颁发国家项目证书。

科学院鉴定委员会是评价项目、计划、执行人及科研成果的机构。独立专家为法人或自然人，具有某领域专业知识的专家。国家、经济实体和个人都可以资助科研项目。政府与科学院间需签署一定期限的伙伴关系协定，科学院要承担实施国家科学与创新政策的职责并享有在科学与创新领域中公共权力部门的全权。科学院的费用由国家预算支出。

二　科学院的地位

摩尔多瓦独立时，全国共有 68 个科研院所（包括大学中的科研单位）。主要的科研机构是摩尔多瓦科学院，该院创建于 1960 年，设在首都基希讷乌。

摩尔多瓦科学院在摩尔多瓦政治经济和社会生活中享有很高的地位，是国家最高科学研究机构，也是全国唯一获政府授权协调全国科学与创新活动的机构，享有国家权力部门科学咨询机构的荣誉。科学院是具有自治地位的法人机构，有独立开展活动的权力。

科学院活动的法律基础 第一，科学院根据摩尔多瓦宪法、科学与创新法和其他法律及伙伴关系协定进行活动。第二，政府授权科学院进行科研和发明工作，推动创新和技术转化领域发挥协调作用；科学院与政府签订为期 4 年的伙伴关系协定，每年 12 月 25 日之前需对该协定进行确认；伙伴关系协定每 4 年由科学院大会提交院长批准，每年由科学院科学与创新最高委员会确认。

科学院工作的主要方向 起草和实施发展科学与创新活动战略，执行国家在科学与创新领域的政策和活动；确定科学与创新战略方向；分配资金；组织起草国家纲要、国际科学和科学技术计划及实施机制；确定鼓励国家科学与创新项目成果的转化并形成产品市场的机制；组织由国家资助的科学与创新项目的兑标；保证科学杂志和著作的出版；保证科学图书馆的资金到位；起草发展科学与创新活动的预测报告；运用政策保护、合理配置、发展知识潜力、科学与创新领域的财产和基础设施；支持创新和技术转化领域的活动；促进科学研究成果和先进技术的运用；推进科学文化领域中的国家和世界价值观；组织协调科学院与院外获得国家资助的科学与创新组织的合作；科学协调科学院与院外未获国家资助科学与创新组织的合作；通过大学和其他机构对科研人员进行再教育，与同类国际机构进行合作。

科学院的权力 组织进行基础和应用科学研究；起草国家构想、计划、纲要，并为国家权力部门就国家有关经济、社会和人文政策中的战略方向提出意见；向政府提交关于科学研究状况的总结并就鼓励创新和技术转化提出建议；组织撰写国家社会经济和技术、人文发展趋势报告；确定科研和教师培养政策；在国家科学与创新的战略方向和社会经济优先方向上发挥指导作用并确定科学院的组织机构；组织国家和国际科学活动。

国家科学与创新项目经科学院审批后报国家登记并受国家官方科学与创新机构监管；科学与创新项目批准程序由科学院确定；科学院向承担国家资助项目的科学与创新组织颁发证书；科学院享有确定国家科学与创新证书的有效期限和取消科学与创新组织和项目资格的权力。

科学院机构设置　科学院下设自然与精确科学部、工程技术部、医学部、农业科学部、社会经济学部、人文科学和艺术部。科学院的辅助部门有国际项目中心、信息中心和图书馆、创新和技术转化局、大学和后大学教育培训中心及其他保证科学院活动的部门。

科学院大会是科学院最高领导机构,科学院大会每年举行一次,职责是通过科学院章程;选举院长和第一副院长及副院长、学术秘书主管;通过每四年一次的政府与科学院伙伴关系协定;通过科学院科学与创新政策和实施战略;选举科学联合会主席;审议年度国家和本部门科学与创新活动报告;审议和批准科学与创新战略和项目;确定科学与创新领域的战略方向。

摩尔多瓦科学院一直秉持"科学无国界"的信念,与俄罗斯、白俄罗斯、德国、乌克兰、欧盟国家开展合作项目。2014 年执行的项目超过12 项。科学院每个研究所都承担多个科研项目,有关干旱问题、食品加工的生物方法、葡萄酒研究、纳米和生物技术方面的研究成果为国家的社会经济发展做出了重要的贡献。

摩尔多瓦科学院在苏联解体时有科研人员 6200 名,其中有 158 名博士,2200 名副博士。摩尔多瓦学术界和世界各国,主要是独联体国家的学术界保持着密切的联系。双方学者共同进行科研工作、定期互访、召开学术会议、交换出版物、培训干部和交换信息。摩尔多瓦科学院在物理、历史等学科和俄罗斯进行合作;在数学、物理、化学、工程科学方面和罗马尼亚、匈牙利、德国、捷克的学术界有着合作关系。

三　重点学科

摩尔多瓦科学家在诸多科学领域取得了令人瞩目的科研成果。

植物生物化学　该学科的主要研究课题是:植物蛋白的化学结构、植物中的氨基酸含量、含香精油植物的生物化学组成和光合作用的过程。摩尔多瓦的科学家在植物生物化学方面的研究工作引人瞩目,他们发现了植物细胞是依靠叶肉细胞间隙中二氧化碳的浓度变化来吸收水蒸气的现象。C. M. 伊万诺夫等科学家长期从事植物营养、生长、发育的研究工作。他们对于果实的生物合成过程与物质的运转和能量的转移过程的关系的研究，对提高园艺作物的质量具有重要意义。防治农作物，包括葡萄和烟草病虫害的科研工作一直受到科学家们的重视。

摩尔多瓦科学院与基希讷乌农学院从事葡萄种植、葡萄酒酿造、园艺研究的专家们制定出小流域划分原则和葡萄等水果专业化种植的规则；葡萄酒酿造的新工艺和生产制度极大地提高了摩尔多瓦葡萄酒的品质。摩尔多瓦的农业以科研为依托，不断发展，新的作物和果蔬品种不断出现。植物学家们绘制的摩尔多瓦植物分布图为摩尔多瓦的植物学研究奠定了基础。这方面的著名专家有从事植物胚胎发育研究的 A. A. 切鲍塔尔、研究果实解剖构造规律的 B. T. 马季延科，B. A. 雷宾有关植物杂交的著作得到了国际同行的好评。

保护植物生态研究所成功探索出四种用生物方法防治植物病虫害的方法：第一，运用害虫的天敌；第二，生产和使用微生物制剂；第三，使用生物活性物质；第四，制定保护植物的生态安全体系。研究所的科研成果为摩尔多瓦的农产品打入欧洲市场打开了绿灯。世界生物法保护植物研究中心设在该研究所。

动物学 该学科在野生动物和圈养动物的基本种群划分、兽医、畜牧学方面的研究成果卓越。Я. И. 普林兹关于葡萄根瘤蚜与农作物之间的营养关系的专著在世界昆虫学界享有一定的声誉。水生生物学家和从事鱼类研究的科研人员共同描绘了摩尔多瓦水生动物的种类，并对国内水库、河流开展渔业养殖的潜力进行了评估。60 年代末，摩尔多瓦开始建立从事微生物学研究的科研机构。与此同时，从石油的碳氢化合物中提取蛋白质和培养氢化酸细菌的设备仪器投入使用。70 年代，微生物发酵试验样本已在葡萄酒生产中使用。

化学 摩尔多瓦科学院化学研究所主要研究生物无机化学和生物有机化学。科学家们利用模拟生物实验系统，研究出许多从植物中提取活性物质的方法和人工合成这些活性物质的方法。利用上述科研成果，摩尔多瓦科学家研发出许多新药方和防腐剂。这项工作同时促进了人工合成牲畜生长激素、杀虫剂以及防治病虫害的科研工作。

在物理化学方面，极谱分析方法得到了广泛应用。苏联首批射频极谱仪样品中有一台是在摩尔多瓦设计完成的。摩尔多瓦物理化学工作者的主要研究项目是金属键的电子结构、吸附过程中的物理化学现象等。

物理学　摩尔多瓦物理研究的主体力量是摩尔多瓦科学院、基希讷乌大学、基希讷乌工学院。60年代，固体物理的实验工作和理论研究工作取得了进展。科学家们研发出获取半金属复杂结晶和玻璃状半导体的方法，并对它们的物理化学属性、能量光谱、变异时的电荷载体动力学和物理变化过程进行了深入的研究。

结晶体生成条件和机械性能的科研工作确定了集成半导体组合的原子结晶结构。这时期，半导体理论和高压刺激电介体的理论有所进展。这方面的主要科研项目是：在激光区域内的电子、分子和中心的状态；半导体的超导作用；覆盖能量带的超导体理论；压力和杂质对超导属性的影响、电磁波的传播、核和核反应理论等。

工程学　该学科的研究工作主要是为发展食品加工业提供新的机器和设计新的工艺流程。科学家们发明的用无菌化果汁半成品制成罐头的工艺已被广泛应用到食品工业中。摩尔多瓦科学院应用物理所一直尝试开发新的电能应用领域。B. P. 拉扎连科对研究用规则的电火花加工和冶炼合金材料的物理基本法则做出了贡献，并发明了用电火花冶炼合金材料的设备。

在科研活动中，科学家们研制出了能源体系中的电能交换线路、管理中的信息传输网络、电能装置参数优选法的控制方法和手段。苏联时期，摩尔多瓦科学家们率先在制造玻璃绝缘体中运用微型导线的生产工艺，并在此基础上设计出具有高精确度和高稳定性的高电阻仪表。

地理学　摩尔多瓦科学院地理所是地理学研究的最高机构。该所主要研究摩尔多瓦的自然资源、自然条件、侵蚀滑坡的发生规律，其研究目的是制定摩尔多瓦境内的建设项目和农业结构布局的最佳方案。地理学科学家们为保护生态环境进行了大量的工作。保护水库和水资源是地理学研究的一项日常研究课题。

地质学和地球物理学　摩尔多瓦科学院地质和地球物理研究所是该学

科的主力军。研究所的工作人员进行了全国大地地质测量，通过大量的钻孔勘探，完成了一系列地球物理的科研工作。主要研究工作是：研究区域地层和山体岩层中的物质成分、地质发展史、国内地震区域划分。在进行上述科研工作时，科学家们发现了建筑材料（石膏、石灰岩、沙、砂石、花岗岩、陶土、天然吸附剂）的新产地，同时开发出许多矿泉水和天然淡水资源。

第二节　教育

摩尔多瓦向来重视教育，教育支出在国家财政支出中所占比例相对较高。2014 年，摩尔多瓦教育支出占国内生产总值的 9.2%，欧洲国家平均为 5.5%，中等职业学校的学生每人每年国家拨款 1.0224 万列伊，中等专业学校的学生为 8709 列伊，大学生为 6802 列伊。

一　独立初期的教育状况

摩尔多瓦独立初期，全国共有 1674 所全民教育学校，其中有 56 所高中，14 所大学。在校生有 71.8 万名，教师有 5 万名，其中 77% 受过高等教育。摩尔多瓦独立以后，全国各地出现了私立教育机构。1999 年，仅在首都就开设了 18 家私立初等和中等教育学校，私立学校可按本校的教育大纲授课。

1995 年 7 月 21 日，摩尔多瓦议会通过《教育法》。《教育法》规定全国实行免费义务教育。教育结构分为学龄前教育、初级教育、中等教育和高等教育。1996 年，政府用于教育的经费为 2.13 亿列伊，占国家预算的 8.9%。1994～1995 学年，全国共有学前教育机构 2215 所，普通中小学校 1515 所，在校生共 63.3 万人。中专学校 50 所，在校生 3.1 万人。高等院校 20 所（其中有 4 所私立高等院校），在校生 5.48 万人。主要高等院校有摩尔多瓦国立大学、摩尔多瓦农业大学、基希讷乌师范大学、医学院、艺术学院、音乐学院、蒂拉斯波尔师范学院、工学院等，其中基希讷乌大学是全国重点综合大学。该校设有哲学、历史、法律、政治、心理、

数学、物理、计算机、化学、生态、生物、语言等系，用 15 种语言进行教学，有 20 多个国家的学生在这里留学。

摩尔多瓦独立以后，教育部门一直受到资金和师资力量不足的困扰。教育系统每年需经费 7.863 亿列伊，而国家每年拨款只能到位 2.17 亿列伊。由于教育经费不足，学校设施跟不上社会发展的需要。全国仅有一半的学校设有计算机教室，有 1/4 的学校没有体育馆，仅有 15 所学校（1%）有游泳池，1/9 的学校仍实行半日制，绝大部分学校没有食堂和小吃部，由于价格太高，仅有一半的学生可以享用热饮料。许多学校甚至无法保证学生的教学用书。1999 年，摩尔多瓦全国 1500 所小学中只有一半的学校可以得到国家拨款进行学校设施维修。1999 年的教育经费为 7720 万列伊，只有 270 万列伊用于校舍维修。

摩尔多瓦师资力量不足日益严重。1996 年师范学院的毕业生为 2222 人，但仅有 650 人进入学校任教。新教师的月工资只有 90 列伊（国内人均消费最低水平为每月 500 列伊）。

由于教育部门收入偏低，每年 3000 名师范大学的毕业生中，从事教育工作的人数不足一半。

1999 年政府拖欠教师工资 1 亿列伊，有的学校近半年不发工资。1999 年，高校的在校生为 5.47 万名，比 1989 年减少 800 名；中专在校生为 5.01 万名，比上一年减少 2000 名。有职业证书的专家人数已低于苏联时期的水平。每千名工人、职员和农场工人中有 253 名专业技术人员，苏联时期的平均水平为 289 人。全国拥有的幼儿园可同时接纳 4.1 万名儿童，而在园幼儿只有 2.1 万名，许多幼儿园的房屋改作他用。

摩尔多瓦独立以后定摩尔多瓦语为官方语言，国内的许多学校采用摩语授课。现在，全国有 1025 所学校用摩语授课，421 所学校使用俄语授课，128 所学校使用摩、俄两种语言授课。全国有 43.42 万名儿童接受摩语教育，28.66 万名儿童接受俄语教育。

二 教育改革

摩尔多瓦独立以后，开始对教育进行全面改革，改革的主要方向是：

否定苏联教育体系；教育人文化；教育的终极目标是学有专长。教育改革的目标是达到欧洲国家的教育水平。摩尔多瓦的教育改革酝酿了近十年，直到 1999 年全国才开展全面的教育改革。教育改革得出教育的目标是：发展学生个性；培养学生对自己的责任心和在自由社会中的相互理解、友爱、克制、平等与合作的精神；培养学生热爱劳动，尊重社会财富和个人财富，尊重他人劳动成果的态度；教育学生尊重父母、本民族的语言和文化价值观及居住国和其他文明；终生热爱体育；必须履行摩尔多瓦共和国宪法规定的公民义务。

随着教育改革的深入发展，国家不再负责大学生的工作分配。用人单位和学校挂钩，定向培养大学生已成为摩尔多瓦高校培养人才的主要方向。1999 年 6 月 24 日，摩尔多瓦教育部下文重申各大学必须严格按照规定的专业录取学生。根据这项规定，摩尔多瓦各大学中共有 16 个专业取消招生资格，其中工学院有 8 个专业不再招生，师范大学哲学系也包括在内。这项决定不适用于私立大学。1999 年，国家向应届高中毕业生提供的大学奖学金名额为 4074 个，仅占应届毕业生的 30%，获学士学位的学生中有 60% 的人可领取奖学金，硕士生中仅有 10% 的人可获得奖学金。

摩尔多瓦独立 20 多年来，采用欧盟国家教育标准和体系。历经 8 年的研究讨论，摩尔多瓦议会于 2014 年 7 月 18 日通过新的《教育法》，以替代 1995 年通过的《教育法》。新《教育法》规定摩尔多瓦 18 岁以下所有公民必须接受免费义务教育，国家将为此每年投入 2800 万美元。新法实行以后，国家每年投入 4 亿列伊用于发展义务教育，6100 万列伊用于教师培养。每年的教育支出约占国内生产总值的 7% ~ 8%。

该法要求进行深入的教育改革，促进摩尔多瓦教育与欧洲国家实现一体化，学校要从应试教育转为知识教育，对学生的评价体系将采用欧洲国家通行的评价方法。摩尔多瓦教育体系结构由 8 级组成：0 ~ 3 岁为一级、学前为二级，博士为八级。各级学校必须使用摩尔多瓦语（国家语言）授课，所有学校必须教授英语，俄语只作为外语的一种。新版《教育法》要求教师必须竞聘上岗，初等教育的教师必须获得硕士学位，

高等教育机构的教师必须获得博士学位。教师工资与教学质量挂钩，学校每年要进行教学年度报告。学校建立由教师、学生和家长组成的学校行政理事会。

摩尔多瓦的教育改革并没有结束，政府将集中力量改革学前教育和义务教育，进一步提出国家考试的规则。改革二十多年来，摩尔多瓦教育仍然没有解决大学教育与劳动力市场协调的问题。摩尔多瓦教育部提出，教育改革首先要改革教育管理体制，而不是教育本身。

三 重点大专院校

2014年，摩尔多瓦国内有35所高等院校，其中16所为公办大学，共有12.6万名在校大学生。学制一般为3～4年，或6年（获硕士学位），博士学位需在硕士毕业后再读3～4年。另外，摩尔多瓦全国有52所职业学校和14所技术学校。

摩尔多瓦著名的大学首推摩尔多瓦国立大学。该校于1992年创建的工业和生态化学教研室在国际上享有很高声誉。生态化学的概念于20世纪80年代主要针对防治环境污染提出。摩尔多瓦生态化学的学术带头人是物理化学家格奥尔格·杜卡，他的代表作是《生态化学导论》，于1995年在莫斯科出版，1999年在布加勒斯特发行罗马尼亚文的版本。2002年在美国加利福尼亚大学的资助下发行英文版本，后在意大利出版意大利文的版本，直到2003年才在摩尔多瓦出版。

摩尔多瓦农业大学也是全国名校，创建于1933年。1998年10月9日，学校隆重庆祝建校65周年。该校的前身是雅西大学农业科学教研室，后扩建为系，1941年改建为农业学院，1991年升级为农业大学。农业大学在进行教学工作的同时，还从事一系列科研工作，已为国家培养出4万名农业专家，第一任总统斯涅古尔即毕业于该校。农业大学设7个系，18个专业，有5000名在校生。农大和境外19所大学建立了合作关系，参与一系列国际科研计划。从1995年开始，农大成为欧洲大学协会会员。

摩尔多瓦的主要大学有：摩尔多瓦高等人类学学校、摩尔多瓦国立国

际关系学院、摩尔多瓦国立体育大学、摩尔多瓦国立大学、摩尔多瓦现代
人文大学、摩尔多瓦技术大学、蒂拉斯波尔国立大学、基希讷乌师范大
学、摩尔多瓦经济学院、贝尔兹国立大学、科姆拉特国立大学、摩尔多瓦
国立医科大学、摩尔多瓦军事学院、摩尔多瓦卡古尔国立大学。作为国立
大学的补充，摩尔多瓦独立后涌现了一批私立大学：摩尔多瓦国际独立大
学、摩尔多瓦经理人国际学院、摩尔多瓦贸易大学、摩尔多瓦斯拉夫大
学、欧洲政治和经济科技大学、欧洲知识摩尔多瓦大学、现代人文学院、
摩尔多瓦通信传媒学院、德涅斯特经济法律学院。

　　在摩尔多瓦各大学里，有来自 50 多个国家的 700 多名留学生。他们
主要集中在摩尔多瓦国立大学和农业大学。同时摩尔多瓦教育部已公派出
3000 多名本国学生去国外学习，其中 2300 人赴罗马尼亚的高等院校
学习。

　　摩尔多瓦教育部与土耳其、乌克兰、保加利亚签有教育协议。摩尔多
瓦的中学毕业生可以申请到这三个国家继续求学，并可获得对方提供的奖
学金。罗马尼亚每年向摩尔多瓦学生提供 1000 个奖学金名额。到中国上
大学的竞争十分激烈，每年有 300 多人申请到中国学习，但只有 4 人可以
获得奖学金。

第三节　新闻出版与文化传媒

　　在摩尔多瓦建设民主政治和公民社会进程中，新闻出版与媒体发挥
着不可替代的作用。各政党和政治派别都需要借助出版社和媒体宣传其
政治主张，尤其在现代社会生活中，媒体的作用越来越受到政府的
重视。

一　新闻出版

　　摩尔多瓦新闻出版在发展的过程中，形成了摩语与俄语两大类出版物
和传媒集团，这两类语言出版物的受众基本没有发生变化。国家控制着两
大传媒集团：国家传媒集团和摩尔多瓦新闻联合会，这两大集团控制着摩

尔多瓦传媒市场 30% 的份额。摩尔多瓦的出版物的内容包括社会政治、经济、文化、儿童、妇女、休闲，门类品种繁多，总体分为商业出版物和非商业出版物两大类。出版商除官方机构以外，还有非政府组织和各政党组织及地方出版商，具有一定影响力的地方出版社有 38 家，在加告兹和"德左"地区均有本地的出版集团和出版物。摩尔多瓦的杂志绝大多数为月刊，一些杂志为季刊或 2 个月出版一次。摩尔多瓦全国发行报纸杂志近200 种，其中半数为摩文版，另外半数为俄文版或摩俄两种文字版。主要报纸有《摩尔多瓦主权报》、《摩尔多瓦独立报》、《摩尔多瓦共青团真理报》、《摩尔多瓦消息报》、《基希讷乌观察》、《摩尔多瓦数据与事实报》、《经济评论》、《星期周报》和《自由报》。主要刊物有《比萨拉比亚》、《摩尔多瓦妇女》、《摩尔多瓦与世界》和《摩尔多瓦文学》等。

二 文化设施

图书馆 全国有 2000 多个公共图书馆，共藏图书和杂志 1860 万册。全国最大的图书馆是摩尔多瓦国家图书馆，始建于 1832 年，2010 年馆藏图书共计 350 多万册。摩尔多瓦科学院图书馆、基希讷乌大学图书馆也是全国知名的图书馆。

2010 年 5 月，摩尔多瓦建成第一家数字图书馆，供摩尔多瓦和欧洲其他国家的居民使用。该项目由摩尔多瓦国家图书馆和欧盟共同投资完成。

2014 年 3 月政府计划投资 1200 万美元进行全国图书馆现代化改造，改造后的图书馆将全部实现电子化。

博物馆和剧院 2014 年全国建有 87 座各具特色的博物馆，共有约 70 万件藏品，其中摩尔多瓦历史博物馆、摩尔多瓦绘画艺术博物馆、民族和自然历史博物馆集中展现了摩尔多瓦的文化瑰宝。另外，蒂拉斯波尔市建有一流的地方志博物馆。

摩尔多瓦绘画艺术博物馆 收藏有从中世纪至 20 世纪的艺术作品3.3 万件，代表摩尔多瓦各个时期的油画、素描、雕塑、装饰艺术的最高水平。馆藏的摩尔多瓦中世纪的圣像绘画尤为宝贵，记述了基督教在摩尔多瓦发展的轨迹和其在摩尔多瓦文化中的作用。另外，馆藏品中还有大量俄罗斯 16～18 世纪艺术大师的作品。

摩尔多瓦历史博物馆　于 1987 年开馆，内设 10 个展厅，分为数个专题展：考古和罗马史、中世纪历史、比萨拉比亚历史、现代历史、珍宝展。该馆总计有 30 多万件具有历史价值的考古文物、文献、古钱币、绘画作品、日常用品。博物馆每年举行 15 场专题展览，已成为摩尔多瓦文化生活中的重要事件。

考古与民族博物馆　通过考古实物讲述了德涅斯特河与普鲁特河流域的历史发展进程，博物馆内搭建的场景，再现了古代人民的生活和劳动场面，令参观者印象深刻。

民族和自然历史博物馆　是摩尔多瓦第一家博物馆，建于 1889 年。该馆的特色是研究摩尔多瓦的自然与文化之间的关系。博物馆内有上万件展品讲述了摩尔多瓦自然文化历史的变迁。该馆的藏品不止一次在欧洲其他国家、美洲、亚洲和非洲作为摩尔多瓦民族文化遗产进行展览。

剧院　摩尔多瓦全国共有 22 家剧院，其中 18 家话剧院、1 家歌剧和芭蕾舞剧院、1 家民族舞剧院和 2 家木偶剧院。首都有 17 家剧院，其他 5 家剧院分布在地方。上述剧院积极参加国际文化节演出，经常在法国、意大利、美国、俄罗斯、日本等国进行演出。

三　广播电视

摩尔多瓦境内共有 150 多个电视节目转播站。1998 年，摩尔多瓦首次播放有线电视节目，并迅速形成了有线电视网络。摩尔多瓦新闻社成立于 1940 年，建在首都基希讷乌。1995 年 10 月 3 日，摩尔多瓦议会通过《广播电视法》。1999 年 8 月 10 日，总统发布命令要求修订《广播电视法》，获得议会批准。修订后的《广播电视法》对语言的使用做出了新规定，即"无论是国有，还是私有广播电视台，其国语节目不得少于节目总量的 65%，通过卫星转播的电视节目和为国内少数民族播放的原籍国家的节目除外"。另外该法还补充规定，"有卫星节目转播权的广播电视台必须转播摩尔多瓦国家广播电视台的节目"。主要通讯社和广播电台有

摩尔多瓦通讯社、巴萨通讯社、因佛达格通讯社，摩尔多瓦国家电视广播公司下设的摩尔多瓦电台和电视台等。

四　互联网

随着网络媒体的迅速发展，摩尔多瓦全国形成了有线电视与无线电视播放系统，并可免费在线收看。截至 2014 年，摩尔多瓦设立了 14 家门户互联网站，使用摩尔多瓦语、罗马尼亚语和俄语播放新闻、电影、评论、动画片等，许多资讯均可免费获得。互联网已成为当今摩尔多瓦人生活不可或缺的组成部分。

第四节　文学艺术

摩尔多瓦各民族人民能歌善舞，爱好文学艺术，其文学艺术成就得到了国际社会的承认和尊重。

一　工艺美术

摩尔多瓦绘画和工艺美术作品最早见于旧石器时代晚期和新石器时期。特利波里耶文化时期的陶器多种多样，绘有复杂风景、人物和动物。公元前 2000～前 1000 年，造型艺术的成就主要体现在金属装饰品、武器、陶制品和铜制品的造型上。公元 11 世纪上半叶，陶制器皿以及金、银、铜制的饰针、耳环、手镯、扣环等均已达到了很高的艺术水平。斯拉夫人留下的陶制工艺品和器皿，广泛传播古罗斯文化，促进了该地区珠宝加工业、石刻业、骨刻业的发展。13～14 世纪，摩尔多瓦的实用装饰艺术受到拜占庭和东方穆斯林艺术的影响。15～16 世纪留下了很多富有节奏感的植物花纹图案和色彩和谐的小型彩绘画。17 世纪，彩绘画更加富有表现力，十分接近彩绘刺绣的风格。在卡沙内的乌斯佩尼耶教堂里保存的 18 世纪的教会长老画像，即是这种绘画风格的生动体现。在这幅壁画中，拜占庭晚期的艺术风格和巴尔干传统绘画技法交融在一起，表现了民族艺术的魅力。18 世纪末至 19 世纪初的圣像画，人物画像的尺寸一般偏大。14～17世纪的刺绣非常讲究色彩的运用，并大量使用金银装饰。18～19世纪的地毯工艺中多用色彩反差大的丝线编织底色花边和各种图案。

19世纪，民间艺术开始发展，首先是肖像画大量出现。19世纪下半叶，出现了一批职业画家，成立了绘画学校（国立美术学校的前身），并经常举办美术作品展览。19世纪末20世纪初，在巡回展览派艺术家的影响下，摩尔多瓦美术界创作了一批现实主义风景画、风俗画和肖像画，其代表作是 B. Ф. 奥库什科和 M. 马列舍夫斯基的画。在比萨拉比亚被占领时期，美术受到现代派的影响，但是现实主义的画派仍然是美术界的主流。A. M. 普拉雅尔的雕塑纪念像和风俗雕塑、M. E. 加姆布尔德描绘农村生活的风景画，A. И. 巴麦尔的人物画像和静物画，Ш. Г. 科甘的铜版画均体现了现实主义的原则。

第二次世界大战期间的美术作品大多表现了摩尔多瓦人民的爱国主义精神。战后，摩尔多瓦的艺术家们主要以表现社会变革和苏维埃政权下人民的精神风貌为题材。在民族艺术方面，石刻、木雕、刺绣、制陶等民间工艺美术行业迅速发展，并出现了一批工艺水平很高的艺术珍品。摩尔多瓦艺术家联盟于1945年在基希讷乌创建。

在当今的美术界，先锋派艺术家米哈伊·采鲁什、抽象派画家弗拉吉米尔·帕拉马尔丘克、摩尔多瓦人民画家米哈伊尔·格列库均是杰出的代表。他们的作品反映了摩尔多瓦绘画艺术发展的进程和对生命的哲学思考。尼古拉·伊斯吉姆日是更负盛名的艺术大师，他的作品《豌豆中的锈蚀》和《自掘》名扬欧洲文化圈。

二 民族音乐

摩尔多瓦的音乐发展和东斯拉夫等民族的音乐发展密切相关。摩尔多瓦民间音乐以7个自然音阶为基础。比较古老的歌曲只有五声音阶，音列不完整。绝大多数民歌是单声部歌曲，但在一些地区，特别是在与乌克兰相邻的地区也有一些双声部歌曲。最古老的歌曲大多是劳动号子和礼仪歌曲（摇篮曲、婚礼曲、葬礼曲等）。抒情叙事诗类的歌曲以歌颂人民反对异族侵略和封建贵族的斗争为主。歌曲的主人公大多是农民起义运动中的

英雄。

在摩尔多瓦民间音乐创作中，生活歌曲（如抒情诗、诙谐歌曲、祝酒歌等）和合唱歌曲占主导地位，其中"多依那"是流传最为广泛、独具特色的一种民歌形式。18世纪末至19世纪初，浪漫的爱情对歌在摩尔多瓦流行。19世纪，民歌先是受十二月党人和平民知识分子歌曲的影响，然后是受传入摩尔多瓦的俄罗斯无产阶级革命歌曲的影响。

摩尔多瓦的主要民间乐器有：弗卢耶尔笛（民间木管乐器）、卡瓦尔（一种木笛）、奈（排箫）、奇姆波伊风笛、特列姆比塔木笛（长约3米）、科勒扎琴（拨弦乐器）、扬琴和口琴。在上述乐器中，"奈"是摩尔多瓦最古老的乐器，曾令摩尔多瓦的贵族们着迷。关于这件乐器的来历有一个美丽的传说。森林和牧羊人的保护神"潘"深深地爱上了一位名叫苏林达的美丽少女。但当苏林达看见"潘"长着像羊一样的腿时，惊恐地跑掉了。她跑到了一条大河边，乞求河神搭救她。河神很同情她，就把她变小，放进一根芦苇管里。悲伤的"潘"为了找到心爱的人，砍倒了许多芦苇，然后把它们粘到一起。从此，"潘"那令人心碎的芦笛声常常萦绕在森林的上空。这种乐器就是"奈"。

"奈"一词来源于突厥语，意思是芦苇。"奈"可以演奏摩尔多瓦的民间乐曲，也可以演奏享有盛誉的经典乐曲，如巴赫和贝多芬的作品。过去认为只能用小提琴演奏的摩尔多瓦传统乐曲"拉克"，用"奈"同样可以演奏得优美动听。

小提琴很早就被用于摩尔多瓦的民间音乐演奏。从19世纪开始，小号、单簧管、长号、低音提琴等乐器广泛用于民乐演奏。

中世纪，官方的音乐会一般在修道院、皇宫和军营举行。19世纪上半叶，音乐会开始在贵族住宅举行。1818年基希讷乌建造了第一座公共剧院供举办音乐会。从19世纪下半叶开始，摩尔多瓦加强了与俄罗斯、乌克兰的音乐交流。俄罗斯等国的音乐团体，一些杰出的演奏家频繁到摩尔多瓦演出，推动了摩尔多瓦民族音乐的发展。1880年，基希讷乌成立爱乐者协会。1900年开办了第一所音乐学校。19世纪，人们开始关注摩尔多瓦的民间音乐，在鲁日兹基、K. 米库尔、T. 布拉德的作品中均可以找到摩尔多瓦民间音乐的旋律。摩尔多瓦音乐界重要人物是作曲家、民乐创作家和合唱指挥家 Г. 穆齐切斯库。20 世纪最杰出的合唱指挥是 M. A. 别列佐夫斯基、A. B. 雅科夫列夫。在 1918～1940 年，室内乐、交响乐、歌剧在摩尔多瓦普及，并成立了许多音乐团体："多依那"合唱团（1930年）、摩尔多瓦音乐剧团（1939 年）、交响乐团（1935 年）。1940 年，摩尔多瓦成立了许多音乐人组织：指挥家联盟、管风琴协会、交响乐协会等。第二次世界大战结束以后，又成立了数个音乐团体：摩尔多瓦民乐团（1946 年）、摩尔多瓦民歌团（1967 年）、摩尔多瓦广播电视乐团、摩尔多瓦广播电视合唱团。1957 年创建的摩尔多瓦歌剧舞剧院，上演了反映摩尔多瓦人民反抗土耳其侵略者的历史歌剧《雷雨》和《多姆尼克的心愿》以及民族交响乐《德涅斯特长诗》、抒情戏剧《格里拉》等。摩尔多瓦民族交响乐的创始人什特·尼亚加创作了一批声乐交响作品，如《斯特凡大公》、《怀念》、清唱剧《复兴之路》等。E. 科卡是摩尔多瓦第一首弦乐四重奏曲和交响史诗《科德鲁尔》的作者。他创作的歌曲《多伊娜·诺乌埃》在摩尔多瓦广为流传。交响音乐创作的代表人物是 Л. C. 古罗夫、B. Л. 波利亚科夫、拉扎连、C. M. 洛别尔、Г. C. 尼亚基等人，摩尔多瓦还拥有一批室内乐作曲家。

三 民族舞和芭蕾舞

摩尔多瓦的民间舞蹈中保留着传统古典舞蹈的成分。"霍拉舞"是摩尔多瓦广为流传的民间舞蹈。从 19 世纪开始，在比萨拉比亚的大多数地区，人们就把手拉手围成圈跳的舞称作"霍拉舞"。实际上，"霍拉舞"已不是仅指一种特定的舞蹈，而是一种乡村艺术形式的代名词。在 19 世纪末，诙谐的"诺克舞"开始广为流传，成为摩尔多瓦民间艺术中的第二朵奇葩。"诺克舞"也是摩尔多瓦民间以集体舞为表现形式的民族舞蹈。该民间舞包括150 多个集体舞动作、独舞和充满幽默感的舞蹈艺术道具和布景。

摩尔多瓦民间舞蹈分为礼仪舞蹈和表现日常生活的普通舞蹈两大类。最著名的礼仪舞蹈有凯卢沙尔舞、德雷加伊卡舞。婚庆舞蹈有奥斯特罗佩

楚尔舞、泽斯特里亚舞、丹苏尔米列谢伊舞。表现日常生活的舞蹈分为两大类，一类是无主题舞蹈，这类舞蹈除霍拉舞以外，还有瑟尔巴舞、摩尔多维尼亚斯卡舞、贝图塔舞、勃雷乌尔舞；另一类是主题舞蹈，这些舞蹈以表现某种劳作为主题，如采摘葡萄、收割、播种等。另外还有以军人、妇女、农民和自然现象为主题编排的舞蹈。摩尔多瓦民间舞蹈通常有乐队伴奏。最流行的舞蹈音乐节拍为2/4、3/8、6/8、7/16。

1936年，摩尔多瓦蒂拉斯波尔无伴奏合唱团中成立了民族舞蹈团。1940年，该舞蹈团迁到基希讷乌，并于1945年改建为摩尔多瓦国家民间舞蹈团。1958年，该团改名为"诺拉"舞蹈团。摩尔多瓦职业芭蕾舞剧在苏联时期快速发展起来，摩尔多瓦第一部芭蕾舞剧是波利亚科夫编排的《古老的故事》（1938年在摩尔多瓦话剧院演出），以后摩尔多瓦的芭蕾舞编舞者又把 B. 阿萨弗耶夫的《千金农姑》、C. H. 瓦西连科的《米兰多利娜》搬上舞台。1957年，摩尔多瓦歌剧和芭蕾舞剧院落成以后，上演了阿萨弗耶夫的《巴赫切萨拉伊的泪碑》、柴可夫斯基的《天鹅湖》。剧院十分注重民族芭蕾舞的创作。1959年，芭蕾舞剧导演 B. B. 鲍伊琴科成功地将 Л. Л. 科甘表现当代摩尔多瓦乡村生活的《姐妹》搬上芭蕾舞台。之后，又有一批以表现摩尔多瓦人民反抗民族压迫为主题的芭蕾舞剧奉献给广大观众。一些经典芭蕾舞剧，如《睡美人》、《吉赛尔》和《灰姑娘》是摩尔多瓦歌剧和芭蕾舞剧院的保留节目。

四　民间口头文学

摩尔多瓦民间口头文学的主旋律是歌颂维护国家独立、反对异族统治斗争中的可歌可泣的人物和事件。民间歌曲、故事、叙事诗等作品中颂扬最多的英雄人物是摩尔多瓦公国的斯特凡大公。"多依那"中的抒情诗歌、民间故事和壮士歌、谚语均生动地描绘了民众的喜怒哀乐。摩尔多瓦民间口头创作的特殊体裁是礼仪作品，这些诗歌一般只在洗礼、婚礼、葬礼等重大活动中演唱。摩尔多瓦口头文学中最优秀的是古代传说巴拉达诗体抒情叙事诗《米奥里查》，叙述了氏族社会至封建关系产生后的重大历史事件。民间口头文学作品的主要内容还有对摩尔多瓦自然风光的描述。每一首"多依那"均以"绿色的叶子"开头。摩尔多瓦人民的口头文学作品代代相传,直到18世纪末,一部分民间口头文学作品才被摩尔多瓦杰出的编年史作者进行艺术加工收入自己的作品《民间诗集》中。

第五节 体育

摩尔多瓦独立时,全国有2700个体育文化团体(约50万人)、23个体育场、800座体育馆、900个体育活动站、14个游泳池、88个射击场、7000个运动场。在65所少年儿童运动体校中有32000名学员进行训练。在苏联时期,全国培养出1250名运动健将,其中有30名国际级运动健将,4名功勋运动健将,6人获得苏联功勋教练员称号,7人被评为摩尔多瓦功勋体育运动活动家,70名教练员受到摩尔多瓦国家奖赏。1969~1973年间,有100多名运动员荣获全苏冠军。

摩尔多瓦独立以后,社会经济变革对体育事业产生了负面影响。由于国家不再向体育部门拨款,摩尔多瓦体育部门资金严重短缺,运动员很少参加国际比赛。政府撤销了体育的中央管理部门——体育局,成立了摩尔多瓦青年体育部,同时由于对来自银行和商业机构的赞助款疏于管理,许多体育设施毁坏严重,或挪作他用。许多优秀运动员和体育明星流失国外。国家预算对体育的拨款不多,每年约为1600万列伊。

每年的5月15日是摩尔多瓦全国体育日。1999年,国际奥委会主席萨马兰奇参加了摩尔多瓦体育日的活动。在体育部门财政十分困难的情况下,摩尔多瓦仍派出由57人组成的体育代表团征战2000年悉尼奥运会。在奥运会上,摩尔多瓦的32名运动员参加了田径、游泳、举重、摔跤、柔道、射击和拳击7个项目的比赛。备战及参加奥运会的所需费用(约100万美元)由政府拨款(约10万美元)、企业赞助和国际奥委会资助等方式予以解决。此次摩尔多瓦代表团的礼仪服装由阿迪达斯赞助,运动员参赛装备全部由德国政府根据摩德两国奥委会有关协议提供。

  虽然摩尔多瓦没有世界级体育明星，但全国人民热爱体育活动，全国各城市都成立了足球队。现在，网球运动也成为一种时尚运动，全国性的篮球比赛丰富了民众的业余生活，成为摩尔多瓦人的一种生活方式。2014年，摩尔多瓦国立体育学院更名为摩尔多瓦国立体育大学。摩尔多瓦联合会正在实施在农村学校建设小足球场计划，改变农村缺少必要体育设施的现状，为农村孩子创造开展体育活动的条件。

第八章

外　交

1990 年，摩尔多瓦人民以和平议会方式实现了国家独立。1991 年 8 月，摩尔多瓦以独立的主权国家身份登上国际舞台，很快得到世界各国的承认。摩尔多瓦已和世界上 100 多个国家建立了外交关系。摩尔多瓦在罗马尼亚、美国、德国、俄罗斯、法国、英国、加拿大、中国等世界重要国家开设了大使馆。这些国家同样在摩尔多瓦首都基希讷乌开设了大使馆。摩尔多瓦独立以后，以中立国家身份积极参与国际事务，从 1991 年 12 月起成为独联体成员国。继 1992 年 3 月 2 日被正式接纳为联合国第 178 位成员国以后，又先后加入了欧安组织、欧洲委员会、国际货币基金组织、世界银行、欧洲复兴开发银行、黑海经济合作组织、"古阿姆"非正式国家联盟集团，参与北约《和平伙伴关系计划》，与欧盟签署《伙伴关系与合作协议》（1998 年 7 月），2001 年摩尔多瓦正式加入世界贸易组织，2007 年加入中欧自由贸易联合会。

另外，摩尔多瓦还在布加勒斯特和莫斯科设立了经贸中心，在美国和德国设立了经贸代表处，同时与韩国、朝鲜、以色列、意大利、比利时、英国、荷兰、法国、土耳其、塞浦路斯、希腊、埃及、叙利亚、芬兰、德国、中国、捷克、匈牙利、波兰、印度、奥地利等国签订了经济合作协议。

第一节　外交基本方针与基本构想

摩尔多瓦奉行独立自主、广交朋友的中立外交政策。摩尔多瓦独立宣言表示，愿意同欧洲和世界上的一切国家，根据国际法准则及国际现行惯例建立政治、经济、文化和其他联系。摩尔多瓦独立以后，其对外政策有两个重要的方向：实现欧洲一体化和与独联体国家发展传统友好关系。摩尔多瓦是欧洲国家，回归欧洲，实现与欧盟的一体化始终是摩尔多瓦外交政策的优先方向。同时，摩尔多瓦还和近邻罗马尼亚、乌克兰及俄罗斯保持密切的联系。

一 对外政策与国家安全

摩尔多瓦是欧洲贫困国家。在政治、经济、安全等诸多方面均有求于西方大国，对国际紧张局势的承受能力有限，容易受到来自大国、强国等外部压力的伤害。在这种情况下，摩尔多瓦奉行什么样的对外政策，一直是国内政界争论不休的话题，主要有三种意见：第一种意见主张摩尔多瓦的对外政策构筑在与世界上所有国家互利合作的基础之上，放弃与罗马尼亚合并的计划，以消除诱发国家分裂的根源，全面巩固国家独立，保持国家统一，恢复和发展同独联体国家的传统经济关系，使国家走出经济困境。第二种意见主张摩尔多瓦的对外政策应构筑在尽快实现摩尔多瓦和罗马尼亚合并的原则基础之上，反对加入独联体，反对与俄罗斯的合作。第三种意见主张摩尔多瓦全面加入独联体，进入卢布区，实行双重国籍，和俄罗斯重新结盟。

1995 年摩尔多瓦议会批准《摩尔多瓦对外政策构想》，2008 年出台《摩尔多瓦国家安全构想》，这两个文件构成了摩尔多瓦对外政策的基础。《摩尔多瓦对外政策构想》的主要内容如下。

第一，为保障摩尔多瓦周边邻近区域的稳定，应与位于摩尔多瓦地缘政治利益区域内的国家，首先是周边邻国进行合作。这些国家包括罗马尼亚、乌克兰、巴尔干－喀尔巴阡山和黑海－多瑙河地区的国家。

第二，为保障国内政治稳定，摩尔多瓦应和与国内少数民族保持种族血缘关系、语言、历史和文化联系，或者与有大量的摩尔多瓦侨民的国家（保加利亚、德国、以色列、俄罗斯、罗马尼亚、乌克兰、美国、土耳其）开展合作。另外，摩尔多瓦还应与拉丁语国家发展友好往来。

第三，与西方经济发达国家，首先是欧洲国家和欧盟成员国发展互利合作关系；重建并扩展与中欧、东欧国家（原经互会国家）的传统经济合作；加入独联体的经济和文化空间，摩尔多瓦与苏联解体后的新独立国家有着共同的经济利益、政治文化精神和历史命运，应以此为基础开展富有成效的合作。在独联体框架内相互协作是摩尔多瓦外交活动优先考虑的重要方向。

第四，摩尔多瓦不参与军事同盟。摩尔多瓦认为与国际组织和大国进行合作是摩尔多瓦独立与安全的保障。

摩尔多瓦的对外政策构想建立在与所有国家进行合作，不依其社会政治制度，不干涉他国内政、中立、全人类共同认同的道德原则基础之上。摩尔多瓦是中立国家，但其境内驻扎着俄罗斯的军队（1300 名士兵和 2 万吨装备）。摩尔多瓦对外政策中的两个主要问题是保持领土完整和实现欧洲一体化。

《摩尔多瓦国家安全构想》（2008 年 5 月 22 日）的主要内容如下。

第一，摩尔多瓦奉行永久中立地位。摩尔多瓦共和国是主权和独立、统一和不可分割的国家。根据宪法规定，摩尔多瓦奉行中立政策，即不参加军事同盟，禁止他国军队和武装力量驻扎在本国境内。

第二，摩尔多瓦国家安全的目标是保证和维护摩尔多瓦共和国独立、主权、领土完整、宪法秩序、民主发展和国内安全及加强国家体制。在这方面维护和推进国家的价值观、利益和目标占有特殊的地位。国家安全不仅是国家的安全，而且是摩尔多瓦社会和境内外公民的安全。

第三，摩尔多瓦与欧盟的一体化道路，拥有良好的双边和区域关系并参与多边合作是维护摩尔多瓦利益、实现国家安全目标的重要因素。摩尔多瓦奉行以下原则：保证遵守永久中立国地位；恢复国家领土完整，消除外国军事存在，加强国家独立和主权；支持欧洲一体化进程；保证社会民主发展和加强国内安全；通过加快政治、经济和机构改革推动国家的经济和社会发展；发展和充分利用人力资源，更加有效地保护国内外公民的利益和权利；加强经济、社会、能源和生态层面的安全。

第四，对摩尔多瓦国家安全的主要威胁来自"德左"地区冲突和其境内存在的分离制度，发生各族冲突的风险；摩尔多瓦是多民族国

家，存在着民族主义和分离主义；国际恐怖主义的威胁，化学武器、生化武器、核武器的扩散对摩尔多瓦的国家安全构成了现实的威胁；经济性质的威胁，全球经济危机和区域动荡严重影响到摩尔多瓦国家经济；摩尔多瓦能源对外国的严重依赖，导致了国家经济的脆弱；社会性的威胁，毒品、艾滋病等随着摩尔多瓦劳动移民增加对社会安全的威胁也逐渐加大，出生率下降威胁到国家和社会的稳定；信息技术的威胁；人类活动对生态环境的破坏与自然和人为的灾难；有组织犯罪和腐败。

第五，保证国家安全的途径是加强国际合作。国际合作是摩尔多瓦国家安全政策的组成部分，其目标是根据本国利益影响国际安全环境。通过对外政策加强国际合作，减少国家利益和国家安全所遭受到的威胁。摩尔多瓦对外政策的稳定性、可预测性、继承性是保证摩尔多瓦成为民主的、经济发达的、高度安全的欧洲国家条件之一。

第六，对外政策中的经济内容是保证国家安全的补充因素，出口多元化、保证能源安全、吸引外资，在摩尔多瓦贸易活动中落实世贸组织和西方国家的原则标准以及扩大自由贸易区是摩尔多瓦对外政策中的经常性任务。

实现与欧盟一体化和获得欧盟成员国地位可以让摩尔多瓦加强本国安全，保证国家稳定和繁荣。与北约的合作具有务实性质，摩尔多瓦不追求加入北约组织。摩尔多瓦愿意与所有国家发展友好合作关系。

摩尔多瓦与俄罗斯的双边关系建立在摩俄友好合作条约的基础之上。摩尔多瓦与美国拥有各个级别积极的政治对话、交换信息情报、对国际安全问题进行磋商，为实现对摩尔多瓦重要领域的计划进行合作。

摩尔多瓦与罗马尼亚交界，建立长期的建设性伙伴关系，两国签署了边界条约和基础政治条约。摩尔多瓦在国际舞台上的最重要伙伴国是罗马尼亚、乌克兰和俄罗斯。罗马尼亚加入北约以后，北约成为摩尔多瓦西部边界的邻居。在这种情况下，摩尔多瓦需要与北约合作解决"德左"问题。

二 外交方向的选择

1991 年 12 月 21 日，摩尔多瓦成为独联体成员国。1993 年 10 月 26 日，摩尔多瓦议会批准《关于建立独联体宣言》和《创建经济联盟的协议》，同时摩尔多瓦议会明确表示不参与独联体国家的政治和军事活动。1994 年 1 月 22 日签署《独联体国家章程》；1994 年 4 月 8 日，摩尔多瓦议会批准《关于创建独联体条约》。1994 年 4 月 9 日，摩尔多瓦议会以 80 票同意、18 票反对的绝对优势批准 1991 年摩尔多瓦第一任总统米尔恰·斯涅古尔签署的宣告独联体成立的《阿拉木图宣言》和《独联体经济联盟条约》，摩尔多瓦正式加入独联体。

摩尔多瓦加入独联体最重要的考量有两点：一是缓和"德左"地区冲突，二是加强与独联体国家的经济合作。独联体国家在摩尔多瓦对外经济活动中占到 60% 的份额，2005 年摩尔多瓦对独联体国家的出口额为 5.51 亿美元（60.9%），对欧盟国家的出口额为 3.24 亿美元（27.6%）。摩尔多瓦对外经济活动的首要任务是保证居民的能源消费（天然气、煤、电力、石油产品），这些产品的主要供应商是俄罗斯和乌克兰。摩尔多瓦依赖俄罗斯的能源供应，2003 年摩尔多瓦进口能源总额为 2.32 亿美元，从乌克兰进口占 41.4%，从俄罗斯进口占 36%，从白俄罗斯进口占 7.5%。另外，摩尔多瓦有 50 万人在俄罗斯、乌克兰、白俄罗斯和哈萨克斯坦谋生。但是独联体并没有帮助摩尔多瓦解决"德左"问题，也没有促进摩尔多瓦经济形势好转。俄罗斯还试图利用"德左"问题牵制摩尔多瓦与欧盟的一体化进程，利用在"德左"的驻军要求摩尔多瓦与俄罗斯实现在独联体框架内更深度的一体化。

1997 年 10 月 10 日，摩尔多瓦、乌克兰、阿塞拜疆、格鲁吉亚建立国家联合组织——古阿姆，促进四国间的经济、贸易、运输、社会、金融、边境、科学和文化合作，实现"欧洲 – 高加索 – 里海运输走廊"的建设。但是古阿姆并没有建立起有效的合作机制，直到 2003 年古阿姆国家一致同意对外政策的优先方向和成员国的战略目标是加强与欧盟的关系和返回欧洲，为组织注入了活力。

2001 年沃罗宁任总统后，宣布退出古阿姆，但是 2004 年 12 月 6～7 日欧安组织索菲亚峰会之后情况发生了变化。俄罗斯继续支持"德左"地区分离运动，拒绝从"德左"地区撤军，在这种情况下，摩尔多瓦改变了对古阿姆的态度。摩尔多瓦议会于 2005 年 4 月 15 日批准创建古阿姆的一系列法律文件，其中包括《关于创建自由贸易区的协议》、《关于建立古阿姆信息中心的协议》。2004 年 12 月 10 日公布了摩尔多瓦政府关于成立工作组制定和实施简化古阿姆国家间贸易和运输的国家计划（该计划于 2005 年 2 月 25 日公布）的决议。2005 年 4 月 22 日，古阿姆基希讷乌峰会成员国更加坚定地维护本国的主权和独立，应对与俄罗斯的复杂关系，摆脱俄罗斯的影响。古阿姆是独联体地区唯一没有俄罗斯参加的区域组织，成员国希望通过该组织保持黑海地区稳定，加强与波罗的海国家的合作。

在 2005 年 3 月 6 日举行的议会选举中，摩尔多瓦政坛的亲欧力量获得更多的支持，包括共产党人党在内都选择以欧洲标准实现国家改革，争取摩尔多瓦商品进入欧洲市场，实现摩尔多瓦公民自由进入欧盟国家，实现免签证制度，接受欧洲的文化和教育。一些政党甚至主张加入北约和欧盟。当然也有许多政党主张加入独联体框架内的政治经济机构，加强与俄罗斯的关系，但这些政党的影响力比较薄弱。国家主要政治力量都主张实现与欧盟的一体化。

纵观摩尔多瓦的外交活动，1994～1997 年，欧洲一体化与独联体一体化并列为摩尔多瓦对外政策的优先方向。1993 年末，摩尔多瓦与欧盟还没有任何政治和司法合作。1994 年初，摩尔多瓦开始加强与欧盟的联系，1994 年 1 月 28 日，摩尔多瓦向欧盟派出常驻代表。1995 年 7 月 13 日，摩尔多瓦加入欧洲理事会。以后，与欧盟的一体化成为摩尔多瓦各届政府对外政策中的战略任务之一。同时欧盟也出台了一系列针对摩尔多瓦的计划，帮助摩尔多瓦按照欧盟标准完善法律，发展私人企业和小商业，推动工业、海关、社会、教育合作。2001 年 5 月 8 日摩尔多瓦成为世界贸易组织第 142 个成员。2001 年 6 月 28 日，摩尔多瓦加入《东南欧国家稳定公约》。《1999～2002 年政府行动计划》更加坚定地沿着欧洲一体化的道路前进，同时摩尔多瓦与欧盟展开积极的对话。2004 年摩尔多瓦政府明确指出，实现与欧盟一体化的目的是要推行欧洲的经济、民主和社会价值观及标准。2005 年 2 月 22 日，摩尔多瓦与欧盟签署《摩尔多瓦与欧盟单独行动计划》，确定了为期三年的合作任务。

2005 年 10 月 7 日，摩尔多瓦与欧盟签署关于欧盟特别代表协助监管摩尔多瓦南部与乌克兰交界地段的备忘录，欧盟开始在摩尔多瓦国家安全方面发挥作用，进一步推进摩尔多瓦与欧盟的一体化进程。

与此同时，独联体的发展不尽如人意，处于名存实亡的状态。摩尔多瓦在 2005 年正式奉行加入欧洲组织的方针，这一年格鲁吉亚、乌克兰、阿塞拜疆宣布对独联体不感兴趣，加强古阿姆内的活动。这实际上意味着摩尔多瓦改变了对外政策，与俄罗斯拉开距离，选择了加强与欧盟和北约关系的政策。随着对外政策的改变，摩尔多瓦采取了一系列外交行动：加入《东南欧国家稳定公约》、加入世界贸易组织、解除对来自国际金融机构资金的限制、摩尔多瓦领导人开始与西方国家领导人进行频繁和有成效的接触，并与西方国家签署大量的双边和多边合作协议。2002 年 12 月 17～20 日应美国总统布什邀请，时任摩尔多瓦总统沃罗宁正式访问美国。2003 年摩尔多瓦领导人确定了实现与欧洲一体化的战略方针，并于 2005 年初与欧盟签署单独行动计划。2014 年，摩尔多瓦与欧盟签署《联系国协议》，其外交方向和国家发展方向基本明确。

三　对外经济关系

摩尔多瓦独立以后，拓展对外经济活动空间一直是政府工作的重点。摩尔多瓦的主要贸易伙伴是俄罗斯、乌克兰、罗马尼亚、德国、白俄罗斯、保加利亚和意大利。摩尔多瓦的进口主要来自俄罗斯、乌克兰、罗马尼亚、德国、保加利亚、白俄罗斯、意大利、美国、匈牙利和波兰。

摩尔多瓦是欧洲国家，非常重视欧盟市场，奥地利、法国、荷兰、德国、希腊、英国都是摩尔多瓦的重要贸易伙伴。2012 年对德国的贸易在摩尔多瓦对外贸易中居第四位，摩尔多瓦境内有 150 多家企业有德国资本参与。德国企业在摩尔多瓦的主要活动领域是运输和通信、加工和采矿业。摩尔多瓦是独联体国家中第一批得到欧盟海关优惠体系准入证的国家之一。这样，摩尔多瓦贝尔兹市的一些企业和农工企业可以增加对欧盟的产品出口量。2001~2004年，摩尔多瓦与西方国家的贸易额增速（25%~28%）超过了与独联体国家的贸易额增速（1.7%~2%）。摩尔多瓦经过多年的努力，于2014年6月与欧盟签署自由贸易区协议。

与此同时，摩尔多瓦还与罗马尼亚、乌克兰、俄罗斯、白俄罗斯、亚美尼亚、哈萨克斯坦、乌兹别克斯坦、吉尔吉斯斯坦、土库曼斯坦、格鲁吉亚和阿塞拜疆签订了双边自由贸易协定；同乌克兰、奥地利、土耳其、中国、匈牙利、印度、爱沙尼亚、伊朗、保加利亚、瑞士、捷克、俄罗斯、立陶宛、白俄罗斯、乌兹别克斯坦、哈萨克斯坦、以色列、波兰、阿塞拜疆签订了商业协定和经济合作协定（相互提供贸易最惠国待遇）；摩尔多瓦同土耳其、波兰、德国、罗马尼亚、美国、中国、瑞士、乌克兰、乌兹别克斯坦、荷兰、比利时–卢森堡经济联盟、芬兰、科威特、匈牙利、伊朗、保加利亚、英国、以色列、法国、意大利、格鲁吉亚和阿塞拜疆签订了相互鼓励和保护投资协定。

摩尔多瓦独立以后，于1992年取消了国家的外贸垄断权。1993年4月，政府取消统一发放出口许可证制。葡萄酒、果蔬罐头（不含果汁和番茄酱）的出口许可证由地方政府发放。但是，政府明确规定，出口商品的总量不得超过同类商品年产总量的45%，其中原料生产基地的出口数量不能超过年总产量的10%，加工企业的出口产品不能超过年总产量的35%。出口到独联体地区的商品（含劳务）定价不能低于国内和国际的同类商品价格。1994年，摩尔多瓦实行自由贸易制。1995年，政府又取消了出口配额和限制。这以后，除了部分特殊商品（武器、贵金属、爆炸物、毒药以及药品、医疗器械）外，其他商品均可以自由贸易，进出口关税维持在20%左右。

随着摩尔多瓦国内市场经济的建立，对外经济活动日趋自由化，外贸交易的区域不断扩大，交易额不断增多，参与贸易的公司也越来越多。摩尔多瓦的经济代理人同世界上100多个国家有外贸业务，年业务量超过10万项，其中50%的业务与独联体国家进行。

摩尔多瓦的经济极其依赖外部市场。它的国内市场对大宗进口或出口的货物十分敏感。

摩尔多瓦的主要出口商品有：农副产品、葡萄酒、水果、烟草（占出口商品的65%）、机械和电器产品（占出口的7%）、纺织品（占出口的5%）、金属制品（占出口的5%）。烟酒和农副产品是摩尔多瓦的主要出口产品，其中葡萄酒是摩尔多瓦最主要的出口产品，出口额占全国工业出口总额的70%。摩尔多瓦葡萄酒和香槟酒销往世界各国，主要销往俄罗斯、乌克兰、白俄罗斯、保加利亚、波罗的海三国、捷克、德国、美国和土耳其。90年代以后，坚果成为摩尔多瓦的重要出口商品。根据摩尔多瓦农业和加工工业部的统计资料，进口这些产品的主要国家是法国、德国、意大利、希腊、叙利亚、葡萄牙和罗马尼亚。

摩尔多瓦的主要进口商品有：天然气、重油、柴油、汽油、煤（上述产品占进口商品的50%），机械和电器产品（占进口的12%）、化工产品（占进口的7%）、纺织品（占进口的5%）、谷物产品（占进口的5%）。

在摩尔多瓦外贸中，进口最多的是能源，出口最多的是农产品、酒和烟草。摩尔多瓦独立以后的外贸形势受国内外因素的影响起伏不定。1992年的外贸总额不足1989年的一半。1994年的外贸总额恢复到1989年的74%。1996年，摩尔多瓦的对外贸易额比上一年增加18%，达到18.799亿美元。出口增加7%，达8.015亿美元；进口增加28.3%，达10.784亿美元。外贸逆差增加1.817亿美元，达2.769亿美元。农产品仍占出口产品的2/3以上，机器制造业和轻工业制品只占10%。

1998年受俄罗斯金融危机的影响，摩尔多瓦外贸再次陷入困境。1999年头6个月的贸易总额为4.473亿美元，出口额为1.961亿美元，同比减少40%，进口额为2.512亿美元，同比减少40%，贸易赤字为5510万美元。对欧盟国家的出口增加了10.5%，对东南欧国家的出口增加16.8%。2000年，摩尔多瓦的外贸出现增长。根据摩尔多瓦经济和改革部提供的统计资料，2000年1~10月，摩尔多瓦对70个国家的出口总额达到3.742亿美元，同比增长2.3%。

截至 2000 年，摩尔多瓦的外贸活动依然保持着易货交易方式。统计显示，摩尔多瓦对独联体国家的出口增长了 11.5%，其中对俄罗斯和哈萨克斯坦出口的增幅分别达到 14.7% 和 33.3%。摩尔多瓦对欧盟国家的出口也增长了 10.9%，其中对德国和意大利的出口增长最多。葡萄酒在摩尔多瓦对独联体国家出口中占重要地位，而服装来料加工在摩尔多瓦对西欧国家的贸易中占相当大的比重。这一年，摩尔多瓦农牧业遭受 50 年不遇的旱灾而严重减产，对保加利亚、匈牙利、捷克、波兰和罗马尼亚等东欧国家的农副产品出口量大大减少，对这些国家的出口总额同比下降了 28.9%。

2008 年摩尔多瓦受到世界经济危机的影响，对外出口总额下降。2012 年摩尔多瓦出口总额比上一年下降 2.5%，进口增长 0.4%，保持了原来的水平，贸易逆差增加 2.8%。同时，摩尔多瓦向欧盟国家的出口减少了 6.4%，向独联体国家的出口增长了 1%。同时，摩尔多瓦从独联体国家的进口减少了 5.2%，从欧盟国家的进口增加了 2.8%。独联体国家在摩尔多瓦出口额中所占比重从 41.5% 提高到 43%，欧盟国家从 49% 降至 47%。同时，独联体国家在摩尔多瓦进口总额中所占比重从 33% 降至 31%，欧盟所占比重从 44% 升至 45%。摩尔多瓦与欧盟国家的贸易逆差从 2.6% 增至 11.3%，与独联体国家的贸易逆差降至 12.4%。

2012 年，欧盟和独联体国家在摩尔多瓦外贸中所占比重增加，占到了 20%。近 10 年来，摩尔多瓦的外贸结构保持稳定。2012 年，摩尔多瓦农产品占出口产品的 20%，农工综合体的产品超过了 40%，机器设备的出口额不足出口总额的 1/3，摩尔多瓦本土生产的成衣和鞋的出口额约占出口总额的 13%。

2013 年，摩尔多瓦的出口总额为 23.99 亿美元，比 2012 年增加 11%，其中向欧盟国家出口额为 11.409 亿美元，比 2012 年增长 12.5%。独联体国家在摩尔多瓦出口总额中所占比重从 42.9%（2012 年）降至 38.5%。2013 年摩尔多瓦的进口总额为 54.927 亿美元，比 2012 年增长 5.4%。其中从欧盟国家进口总额为 16.719 亿美元，比 2012 年增长 3.0%。

第二节 与俄罗斯的关系

摩尔多瓦与俄罗斯都曾是苏联的成员，两国间有着共同的历史命运，两国人民之间保持着密切的感情，两国人民之间的交流没有语言障碍。苏联解体以后，摩俄国家关系不同于一般的国家间关系，双方认为彼此是对外关系中最重要的国家。俄摩关系发展分为三个阶段，第一阶段是 1991～2002 年，第二阶段是 2003～2013 年，第三阶段为 2013 年摩欧签署《联系国协议》之后。

第一阶段两国关系发展顺利，1991 年 12 月俄摩相互承认为独立国家，1992 年 4 月 6 日两国建立外交关系，两国关系发展较好。2001 年 11 月 19 日两国总统在莫斯科签署《友好合作条约》，条约于 2002 年 5 月生效。条约确定两国关系为战略伙伴关系，俄罗斯参与政治解决"德左"问题并作为调解国保证摩尔多瓦领土完整。"德左"问题仍然是摩俄双边关系中最重要的问题。俄罗斯在"德左"地区派驻有第 14 集团军，并与摩尔多瓦签署《关于解决"德左"武装冲突的原则协议》。虽然战事平息，但问题依旧。

第二阶段摩俄双边关系急速降温，起因是 2003 年摩尔多瓦时任总统沃罗宁采纳了欧安组织的意见，拒绝了俄罗斯提出的解决"德左"冲突的计划。摩尔多瓦开始大力加强与欧盟和北约的关系。

第三阶段（2013 年至今）摩俄关系因摩尔多瓦与欧盟于 2014 年 6 月 27 日签署《联系国协议》，并将与欧盟国家建立自由贸易区而陷入对立状态。

一 政治关系

历史上，摩尔多瓦和俄罗斯并不接壤。两国间隔着波兰－立陶宛公国和克里米亚汗国。但是，两国间保持着密切的宗教联系。摩尔多瓦的教会和俄国教会共同隶属于拜占庭。两国的宗教人士来往频繁。19 世纪，俄国的领土扩张到摩尔多瓦，两个国家开始成为邻居。俄国在与弱小国家相处时表现出来的霸气，破坏了两个国家之间的感情基础。特别是1812年沙俄对比萨拉比亚地区的兼并，苏联1940年重新占领摩尔多瓦时造成的百万人大逃亡及俄罗斯人对摩族人的歧视和成千上万名摩族知识分子被苏联当局流放到西伯利亚等事件均严重伤害了两个民族的感情。

苏联解体以后，1991年12月18日，俄罗斯政府承认摩尔多瓦共和国独立。1992年4月6日，摩尔多瓦与俄罗斯建立大使级外交关系。1992年8月7日，摩尔多瓦和俄罗斯两国总理就双边关系等问题举行了会谈。摩尔多瓦方面强调在互利与平等原则基础上同俄罗斯发展双边关系，通过文明的途径在不搞任何过火行为的情况下解决一切问题。1995年2月10日两国签署《关于俄摩国家间关系原则条约》；2001年11月19日摩俄两国签署《摩俄友好合作条约》，条约明确指出两国为战略伙伴关系，俄罗斯在解决"德左"地区冲突过程中享有调解国地位。但到目前为止，俄罗斯从"德左"地区撤走驻军问题仍然是影响两国关系和谐发展的主要问题。

摩尔多瓦独立以后，回归欧洲是其对外政策的优先方向。在独联体事务中，摩尔多瓦总是站在乌克兰一边充当反对派角色，抵制俄罗斯在独联体中的统治地位。造成这一局面的重要原因之一是俄罗斯迟迟不从摩尔多瓦"德左"地区撤走苏联时期驻扎在该地区的第14集团军。摩尔多瓦独立以后，一再敦促俄罗斯撤走这支部队，俄方一直拖延不撤军。在德涅斯特河沿岸地区爆发大规模武装冲突之后，俄罗斯以保护德涅斯特河沿岸地区俄族人的利益为由留驻下来。在德涅斯特河沿岸地区的战火平息以后，摩尔多瓦政府再次要求俄罗斯撤走第14集团军，俄罗斯则认为第14集团军可以在德涅斯特河沿岸地区起到维和部队的作用。经过艰苦的谈判，1992年5月29日，俄罗斯总统叶利钦终于决定从德涅斯特河沿岸地区撤走第14集团军，但提出的附加条件是，解决俄罗斯第14集团军的撤离问题必须和解决"德涅斯特河沿岸共和国"的法律地位问题同步进行。

摩尔多瓦政府重申，摩方将在维护国家主权和领土完整的基础上政治解决这一问题。在双方无法就俄罗斯从摩尔多瓦撤军问题达成一致的情况下，摩尔多瓦政府将这一问题提交给欧安会，寻求帮助。在欧安会的干预下，1994 年 10 月 21 日摩尔多瓦与俄罗斯签订《关于俄罗斯临时驻扎摩尔多瓦境内军事人员的法律地位、撤出程序和日期的协议》。

1994 年 10 月 25 日，摩尔多瓦和俄罗斯两国总统签订协议，确定了俄罗斯第 14 集团军在摩尔多瓦的法律地位、撤出方法和撤出日期。条约规定，驻扎在摩尔多瓦境内的俄军队将在 3 年内撤走。部队撤走之前，驻扎在摩尔多瓦境内的俄军队在任何情况下不得被用于解决摩尔多瓦国内问题以及参与反对其他国家的行动。该协议遭到了德涅斯特河沿岸地区俄族居民的反对。他们于 1995 年 3 月就"俄第 14 集团军的命运问题"举行了全民公决，参加投票的人大多数反对俄第 14 集团军撤出该地区。4 月 7 日，俄罗斯国家杜马通过关于不从德涅斯特河沿岸地区撤走俄罗斯第 14 集团军的决议。两国有关这一问题的谈判陷入僵局。6 月 28 日，两国总统在莫斯科会晤。双方一致认为，应在不破坏摩尔多瓦独立和领土完整的前提下解决德涅斯特河沿岸地区的地位问题；俄罗斯第 14 集团军应根据 1994 年 10 月 25 日签订的协议撤走。

1996 年 1 月 26 日，装满军事装备的火车从摩尔多瓦东部蒂拉斯波尔开往俄罗斯。俄罗斯第 14 集团军开始撤出摩尔多瓦，但俄罗斯的撤军速度极其缓慢，到 2000 年，俄军仍然留驻在摩尔多瓦境内。同时，摩尔多瓦领导人与"德左"地区领导人进行了多次接触，寻求解决方案。1998 年，摩尔多瓦、德涅斯特河沿岸地区、俄罗斯、乌克兰签署了《摩尔多瓦和德涅斯特河沿岸地区采取信任措施和发展关系协定》。

2000 年 1 月，欧安会伊斯坦布尔峰会再次通过文件，要求俄罗斯在 2001 年以前必须从摩尔多瓦撤出或销毁常规武器装备，这是俄罗斯在 2002 年以前无条件从摩尔多瓦领土撤军的一部分。这项文件还明确指出，俄罗斯撤军和解决德涅斯特河沿岸地区冲突是两个互不矛盾的平行进程，从而否定了俄罗斯提出的"同步"解决上述两个问题的要求。

2000 年 6 月 20 日，普京访问摩尔多瓦时表示，俄罗斯一直认为摩尔多瓦是唯一的国际法主体，俄罗斯将履行《伊斯坦布尔协议》。但这是一项十分复杂的工作。俄罗斯将建立由普里马科夫领导的国家委员会来推动德涅斯特河沿岸地区问题圆满解决。卢钦斯基总统说："没有俄罗斯的参

与，许多问题，尤其是德涅斯特河沿岸地区问题就无法解决。"① 2003 年俄罗斯正式提出解决"德左"地区问题的"克扎科计划"，该计划建议成立包括"德左"在内的摩尔多瓦联邦制国家，"德左"地区有权在任何时候退出联邦并获得独立地位。摩尔多瓦于 2003 年 10 月签署该计划，但在与欧安组织代表会晤以后，拒绝批准该计划，使摩俄关系受到打击。从 2006 年开始，作为对摩尔多瓦拒绝"克扎科计划"的报复，俄方不断提高对摩尔多瓦的天然气出口价格。同时，俄罗斯丝毫没有从"德左"地区撤军的意思。2013 年 10 月 25 日俄联邦总统特别顾问罗戈津访问"德左"地区，并与该地区领导人 E. 舍甫丘克会晤，确定双方的合作优先方向是社会经济、人文和科学教育，同时重申俄罗斯在解决"德左"地区问题中的关键调解国的作用不可改变。显然，"德左"地区与俄罗斯的安全相关，是俄罗斯的安全底线，守住"德左"地区就是守住俄罗斯的安全底线。

在摩俄关系中，俄罗斯缺少类似西方国家的机制维护本国传统地区利益并保证实现建立在力量均衡基础上的地区稳定，更没有能力遏制摩尔多瓦的亲西方政策。2003 年摩尔多瓦领导人宣布与欧盟一体化的战略方针，2005 年初签署摩尔多瓦与欧盟个别行动计划。2009 年摩尔多瓦亲西方派掌权以后，力量的天平向欧美倾斜，摩尔多瓦与西方国家的贸易额高于与独联体国家的贸易额，2001～2009 年摩尔多瓦与独联体国家的贸易额年均增长为 1.7%～2%，与西方国家为 25%～28%。

摩尔多瓦独立以后，一直致力于与俄罗斯发展伙伴关系，但没有取得预期的效果。摩俄两国相互不信任。从 2004 年起，摩尔多瓦逐渐远离俄罗斯，2005～2006 年俄摩两国关系陷入低谷，几乎对立。2007 年 6 月 11 日、6 月 30 日、10 月 4 日，摩俄两国总统进行会晤，讨论了两国关系中的所有重大问题。2008 年 1 月 21～22 日、2 月 21～22 日、8 月 25 日两国总统进行了三次工作会晤。2009 年 3 月 18 日，摩俄领导人进行双边谈判，并邀请"德左"地区领导人与会。但是，摩俄两国领导人的频繁会

① 〔摩〕《摩尔多瓦独立报》2000 年 6 月 20 日。

晤，并没有解决两国间的根本分歧，摩尔多瓦坚决地实行与欧盟的一体化政策。俄罗斯对摩尔多瓦关闭葡萄酒和香烟市场，提高能源价格，实行签证制度。在世界经济危机的影响下，俄摩两国关系才逐渐缓和。与此同时，摩尔多瓦与欧美国家的关系越来越紧密。

2010 年以后，摩尔多瓦试图与俄罗斯在务实的原则基础上建立战略伙伴关系，但仍然没有取得实质性的成果。摩尔多瓦想从俄罗斯得到廉价的天然气，希望俄罗斯向摩尔多瓦商品开放市场，但俄罗斯的条件是控制摩尔多瓦的天然气管线，要求摩尔多瓦放弃欧洲一体化政策，这显然违背了《摩尔多瓦对外政策构想》和《摩尔多瓦国家安全构想》中规定的基本原则。但是，俄罗斯是摩尔多瓦能源需求的主要来源地，摩尔多瓦有数百万人在俄罗斯打工，摩尔多瓦"德左"问题的解决也在很大程度上依赖于俄罗斯的态度，上述因素迫使摩尔多瓦慎重对待与俄罗斯的关系。

2014 年 6 月 27 日，摩尔多瓦与欧盟签署《联系国协议》，这意味着摩尔多瓦更加远离了俄罗斯的影响，进一步加强与欧盟的全方位合作，摩俄关系也因此进入了更加复杂的阶段。

二　经贸关系

尽管摩尔多瓦和俄罗斯之间存在着民族隔阂，但是两国在苏联时期形成的经济联系又将两国密切联系在一起。俄罗斯是摩尔多瓦的战略伙伴，在摩尔多瓦的对外经贸关系中占第一位。2012 年，俄罗斯在摩尔多瓦对外贸易中占 40% 的份额。俄罗斯重视与摩尔多瓦的合作是因为摩尔多瓦发达的农工综合体和轻工业、电力、通信业及进入西欧和巴尔干地区的通道。摩尔多瓦需要俄罗斯的能源、木材、汽车、建材等。长期以来，独联体地区是摩尔多瓦农副产品出口和能源进口的传统市场。苏联时期，摩尔多瓦与俄罗斯经贸往来频繁，摩尔多瓦所需要的主要工业原料和能源全部来自独联体国家。现在，摩尔多瓦外贸总额的 2/3 来自与俄罗斯的贸易，每年要从俄罗斯进口 30 亿立方米的天然气。在摩尔多瓦正式加入独联体前，不仅享受不到进出口商品的优惠关税，而且所需能源也难以保障供应。摩尔多瓦为解决进口能源和工业原材料问题，必须尽量维持与俄罗斯

的正常易货贸易关系。摩尔多瓦"列伊不仅需要美元的支持，也需要俄罗斯卢布的支持"。摩尔多瓦各届政府均表示，要在互利与平等的原则基础上继续发展和俄罗斯的合作，特别要发展几十年来形成的经济联系。两国达成了关于就苏联的债务和遗产谈判的协议。

在两国经济关系中，能源债务问题始终是一个痼疾。摩尔多瓦是继乌克兰之后俄罗斯的第二大能源债务国。到 2000 年，摩尔多瓦欠俄罗斯的债务约 5.70 亿美元。1997 年至 1999 年初，俄罗斯连续两年没有得到摩尔多瓦的天然气款。摩尔多瓦所需 70% 的电能依赖俄罗斯赊账提供。据摩尔多瓦"浪潮"通讯社报道，仅 1999 年 1 月，摩尔多瓦就拖欠俄罗斯1400 万美元的天然气款。到 1999 年 10 月，摩方长年拖欠的俄罗斯天然气款累计已达 4.39 亿美元。1999 年 2 月 8～9 日，摩尔多瓦政府代表团对莫斯科进行工作访问，并签署了一系列文件，其中有摩尔多瓦偿还1996～1997年总额为 9000 万美元的天然气欠款协议，摩方保证现付和清偿 2000 年天然气债务的纲要，支付和调整 1994～1999 年欠款罚款的议定书，为期 2 年的文化合作协定和为期 1 年的两国国防部合作计划。根据摩俄两国达成的还债协议，到 1999 年 10 月 1 日以前，摩尔多瓦应偿还 900万美元的能源债务，实际上，摩尔多瓦仅偿还了该数额的 1/3。在这种情况下，俄方决定对摩尔多瓦的供气量减少 50%，直至摩方正常付款为止。双方经过谈判商定，摩尔多瓦欠俄罗斯债务的 15% 以货币偿还，其余的将用商品、劳务及企业的股份偿还。另外，摩尔多瓦政府向俄罗斯天然气公司转让摩尔多瓦天然气公司 50% 的股份来偿还所欠俄罗斯天然气公司的债务。

普京出任俄罗斯总统以后，视摩尔多瓦为俄罗斯维护在巴尔干影响的重要国家，积极修复俄摩两国关系。2000 年 6 月 16 日，普京正式访问摩尔多瓦。访问期间，俄方同意重组摩尔多瓦欠俄罗斯的天然气债务，偿还期延至 20 年，并同意以货物抵债。同时，俄方还同意以比原价低 10 美元的价格向摩尔多瓦提供天然气。同时俄罗斯恢复向摩尔多瓦提供电力，并积极参与摩尔多瓦恢复工业和能源的工作。

两国总统商定建立俄摩金融工业集团，首先两国共同恢复摩尔多瓦水电站的工作,这可以保证摩尔多瓦得到廉价的电能,并能向乌克兰、罗马尼亚、保加利亚、土耳其输电。另外,还将建设新的俄罗斯—摩尔多瓦—罗马尼亚—西方国家输气管道,这不仅可以增加摩尔多瓦的国库收入,还将使摩尔多瓦中部地区、温格内和贝尔兹的居民用上天然气。

摩、俄、白俄联合恢复基希讷乌拖拉机厂的生产,同时还按国际标准联合改造摩尔多瓦的铁路,使之成为连接东西方的重要环节。摩俄建立农工联合企业,使摩尔多瓦成为俄罗斯农产品,尤其是各种蔬菜、水果以及葡萄酒和白兰地的最大供应商。两国计划建立摩俄大学。在其他经济领域,两国的合作也有条不紊地展开。

1999 年 5 月 25 日,由俄罗斯三零石油公司投资在摩尔多瓦贝尔兹按国际标准兴建的石油生产基地投入使用。该基地的设计生产能力为年产清油和黑色石油产品 64.8 万吨,可同时装运 7 油罐车清油、2 油罐车石油。贝尔兹石油基地于 1997 年开工,总投资额约 500 万美元。一期工程完工以后,已生产价值为 500 万列伊的产品。1998 年底,二期工程开工,现已竣工。贝尔兹石油生产基地可以保证摩尔多瓦北部地区的汽油和柴油供应。近两年内,该基地可以向摩尔多瓦农业部门提供 7 万吨柴油,200 多个新的工作岗位,对国民经济的投资将超过 1200 万美元。这是摩尔多瓦和俄罗斯众多经济合作项目中的范例。三零石油公司还计划在摩尔多瓦建立符合国际标准的现代化加油站。

为进一步深化两国的经济合作,1999 年 9 月 2 日,俄罗斯总统叶利钦和摩尔多瓦总统卢钦斯基在克里姆林宫签署了《1999～2008 年摩俄经济合作条约》。条约规定,两国为恢复和发展在获得独立地位后削弱的经济关系,将使外贸法规和税制相互接近,制定两国经济合作规划,在农业等领域建立合资企业,发展企业间的生产合作,保证能源供应不间断。俄罗斯总统办公厅副主任普里霍季科对报界说,两位总统都指示本国政府在加强两国经贸合作方面积极开展工作,对签署俄摩国家条约的前景表示乐观。叶利钦指出,俄罗斯希望同摩尔多瓦建立战略伙伴关系,尊重其统一和领土完整。卢钦斯基表示,摩俄两国有历史渊源,不论环境如何变化,摩尔多瓦都要同俄罗斯发展关系。

2000 年 5 月，摩尔多瓦议会批准了摩尔多瓦和俄罗斯于 1998 年 10 月 30 日签订的关于两国生产合作的协议。协议规定，两国对双方合作生产的进出口产品免征海关税、劳务税、消费税。两国海关不限制由合作生产渠道提供的进出口商品的数量和品种。文件还规定，合作生产的产品不得向第三国出口，两国另有文件约定的除外。两国总统的会谈为全面巩固摩俄友谊和互利关系奠定了牢固的基础。俄总统普京不止一次地表示，俄罗斯始终认为摩尔多瓦是可靠和善良的朋友。

2004 年，摩俄两国政治领域出现分歧，波及经济领域的合作。摩尔多瓦禁止转播俄罗斯电视台的节目，加强了与北约和欧盟的关系。2005 年俄罗斯禁止进口摩尔多瓦的牛肉、葡萄酒、水果和蔬菜，摩尔多瓦因此损失超过 1 亿美元。随后，摩尔多瓦进一步加强了与欧盟的关系。俄罗斯是摩尔多瓦重要的经济伙伴，2006 年摩俄贸易额为 9.869 亿美元，俄罗斯向摩尔多瓦出口额为 6.636 亿美元，进口为 3.233 亿美元。俄罗斯当年向摩尔多瓦的投资超过 2 亿美元。

为保持摩俄经济关系正常发展，两国政府于 2008 年 11 月 14 日签署《2009～2020 年摩尔多瓦与俄罗斯经济合作纲领》。

俄罗斯是摩尔多瓦主要的贸易伙伴，在摩尔多瓦的外贸中居第一位。摩尔多瓦主要向俄罗斯出口食品和农产品原料（占 60%）、机器设备、金属制品、纺织品。摩尔多瓦主要从俄罗斯进口能源（超过进口总额的 75%），其次是食品、化工产品和机器设备。根据摩尔多瓦国家统计局的资料，2012 年两国贸易额（不包括"德左"地区）为 14.719 亿美元，比 2011 年增长 1.6%，摩尔多瓦向俄罗斯出口为 6.550 亿美元（比 2011 年增长 4.7%），进口为 8.169 亿美元（比 2011 年减少 0.7%）。根据摩尔多瓦银行的资料，2013 年初，俄罗斯向摩尔多瓦的投资超过了 1.88 亿美元。在摩尔多瓦境内，有俄罗斯资本参与的公司有 812 家。摩尔多瓦对俄罗斯的投资额不大，总额约为 600 万美元。2013 年，摩俄两国贸易额达到 14.20 亿美元，摩尔多瓦向俄罗斯出口额为 6.32 亿美元，从俄罗斯进口为 7.88 亿美元。

2008～2012 年摩尔多瓦与俄罗斯贸易基本数据见表 8 - 1。

表 8 – 1　2008～2012 年摩尔多瓦与俄罗斯基本贸易情况

单位：百万美元

类别＼年份	2008	2009	2010	2011	2012
贸易总额	979.8	661.0	990.5	1448.5	1471.9
指数（%）	134.0	67.5	150.2	146.2	101.6
出口额	313.7	286.5	404.0	625.5	655.0
指数（%）	134.8	91.3	141.0	154.8	104.7
进口额	666.1	374.5	586.5	823.0	816.9
指数（%）	133.6	56.2	156.6	140.3	99.3
贸易逆差	－352.4	－88.0	－182.5	－197.5	－161.9
指数（%）	132.5	25.0	210.3	108.2	82.0

资料来源：根据摩尔多瓦国家统计局资料汇总，不含"德左"地区。

　　摩俄之间签署了政府间和部门间经济条约、协议和协定。摩俄主要的双边经贸协议有：1993 年 2 月 9 日《俄联邦政府与摩尔多瓦共和国政府关于自由贸易的协议》；2003 年 6 月 27 日《俄联邦政府与摩尔多瓦共和国政府关于根据自由贸易规则分阶段取消税率的协议》；1998 年 3 月 17 日《促进和相互保护投资的协议》、2001 年 3 月 15 日《关于合作打击非法进出口文物的协定》等。

　　2011 年 10 月 18 日，"德左"地区签署条约加入独联体自由贸易区。2014 年 6 月 27 日摩尔多瓦与欧盟签署《联系国协议》，2014 年 7 月 3 日摩尔多瓦议会批准摩尔多瓦与欧盟签署《联系国协议》。俄罗斯对此明确表示，这将影响到俄摩两国的经济关系。截至 2014 年 7 月 8 日，俄罗斯宣布只允许 300 名摩尔多瓦水果供应商向俄罗斯出口水果。从 2014 年 7 月 18 日起，俄罗斯禁止从摩尔多瓦进口水果和蔬菜。2013 年 9 月 10 日，俄罗斯已经禁止从摩尔多瓦进口葡萄酒。

第三节　与罗马尼亚的关系

　　摩尔多瓦和罗马尼亚是"同宗同文"的邻国。两国人民有共同的血统、文化、语言和历史。1991 年 8 月 29 日，摩尔多瓦和罗马尼亚两国外长在布加勒斯特签署协议，宣布两国建立外交关系，同时还签订了关于两国公民凭护照或其他官方文件自由互访的政府间议定书。1992 年 3 月，摩尔多瓦开通了与罗马尼亚的国家直拨电话，以便于两国官方机构和公共事务部门之间的密切联系。

摩尔多瓦和罗马尼亚建交以后，两国领导人一致奉行相互接近、在经济和文化方面逐步实现一体化，在外交方面加强磋商和配合的政策。双方在政治、经济、文化等各方面的交流日趋活跃，来往密切。摩尔多瓦政府已把发展同罗马尼亚的关系列为对外关系中的重点工作，两国在经济和文化领域的一体化已经迈出了重要的步伐。两国政府在政治、经济、军事、文化、教育等领域均建立了联系。两国的科学文化、教育卫生、新闻等单位和各级企业间均建立了对口合作关系。两国政府已在两国边境地区建立起自由经济区。2000 年伊始，摩尔多瓦的行政区域设置已和罗马尼亚接轨。罗马尼亚投入大量资金帮助摩尔多瓦发展文化教育，每年向摩尔多瓦公民提供数百个赴罗马尼亚大专院校学习的名额。

一　政治关系

摩尔多瓦和罗马尼亚是近邻，两国人民在感情上亲近，但两国间仍然存在着影响两国政治关系深入发展的暗礁。

第一，关于摩尔多瓦和罗马尼亚合并问题。历史上，摩尔多瓦和罗马尼亚曾组建过共同的国家。摩尔多瓦独立以后，和罗马尼亚的合作日益密切。两国总统、议会虽已换届，对内对外政策也在进行调整，但是两国接近的政策一直未变。1999 年，两国政府决定在普鲁特河上建立连接两国的大桥，进一步拉近了两国的关系。摩尔多瓦和罗马尼亚两国关系的发展前景引起人们的关注。摩尔多瓦和罗马尼亚的合并问题一直是两国关系中的热点，也是两国媒体经久不衰的话题。

罗马尼亚方面一直希望两国合并，支持摩尔多瓦国内的"合并派"。罗马尼亚总统伊利埃斯库明确表示罗马尼亚"与摩尔多瓦共和国的统一应当按照德意志民主共和国的模式进行"。① 摩尔多瓦领导人和广大群众不同意与罗马尼亚合并。摩尔多瓦的两任总统米尔恰·斯涅古尔和扬·卢钦斯基均明确表示不同意"摩尔多瓦是第二个罗马尼亚，两国总有一天要合并"的说法，认为这种提法非常不利于国内的安定团结。1993 年 1 月，摩尔多瓦议会曾因讨论摩尔多瓦和罗马尼亚合并的问题而导致主张合并的议长莫沙努、议会主席团第一副主席哈德尔凯及主席团两位成员涅杰利丘克和马太提出辞职。1994 年 3 月 6 日，摩尔多瓦就摩尔多瓦和罗马尼亚合并问题进行全国民意测验，结果表明，全国 90% 以上的人支持建立独立的主权国家的主张，一批在摩尔多瓦当代文坛上颇具影响力的知识分子，如拉里认为，摩尔多瓦民族解放运动的新阶段的标志就是与罗马尼亚分离。全国要求摩尔多瓦加入罗马尼亚的人不到 10%，他们的口号是，"借助罗马尼亚进入欧洲，借助欧洲加入罗马尼亚"。1996 年罗马尼亚向摩尔多瓦提出分阶段联合的计划，罗马尼亚政府认为两国具有语言、历史和文化的共性，是两个罗马尼亚人的国家。摩尔多瓦国内出现了两个文化方向，即罗马尼亚化与摩尔多瓦化。

1999 年，在罗马尼亚开始加入欧盟谈判和摩尔多瓦国内能源危机的背景下，摩尔多瓦政界有人再次提出摩罗合并问题，并建议按俄罗斯和白俄罗斯模式组成联盟。该建议是由摩尔多瓦民族自由党提出的。他们认为，摩尔多瓦社会经济中的突出问题是能源危机、"德左"地区冲突、国家拖欠居民的工资和养老金，这些问题是亲东方国家政策造成的，因此挽救国家的出路是与西方合作，与罗马尼亚联盟。前总统斯涅古尔、民主力量党领袖 B. 马杰伊认为，与罗马尼亚结盟不是拯救摩尔多瓦社会经济的"灵丹妙药"。议会议长 D. 迪亚科夫对该建议持中立态度，他认为，摩罗结盟将会再次引起摩尔多瓦国内的民族冲突。摩尔多瓦经济每况愈下，越来越多的居民希望前往罗马尼亚定居。2000 年初，摩尔多瓦国家档案馆因前来要求证明自己的双亲是罗马尼亚人的摩公民爆满而暂停工作。有 8 名摩尔多瓦议员和 7 名罗马尼亚议员致函两国总统、议会、政府和奥委

---

① 〔罗〕《每日事件报》1996 年 1 月 25 日。

会，建议两国组建一个体育代表团出席 2000 年悉尼奥运会。上述两件事表明，"合并派"在国内尚有一定的社会基础。

罗马尼亚积极地向摩尔多瓦公民颁发罗马尼亚国籍护照，2009 年罗马尼亚政府颁发了 2.2 万个国籍护照，2010 年为 4.1 万个，2011 年达到 10 万个。2012 年，罗马尼亚简化了摩尔多瓦公民获得罗马尼亚国籍的程序并允许拥有双重国籍，致使许多摩尔多瓦议员和部级领导人拥有罗马尼亚国籍。现任总统蒂莫夫蒂奉行与罗马尼亚加强关系的对外方针。2013 年 10 月 23 日，摩尔多瓦外长 H. 盖尔曼在接受媒体采访时，明确表示摩尔多瓦和罗马尼亚追求同一价值空间。

第二，关于摩罗签订基本条约问题。摩尔多瓦和罗马尼亚两国从 1992 年开始第一次磋商基础条约的基本原则至 1999 年 11 月最后一轮谈判讨论条约草案，历时数载。两国的主要分歧在于：其一，罗马尼亚方面希望在条约文本中使用"普鲁特河两岸的罗马尼亚人"和"罗马尼亚语"等字眼，摩方认为不妥。其二，两国在条约的名称上各持己见，罗方依据两国民族文化同源的事实，建议基础条约为"联盟条约"或者是"政治、经济和文化兄弟情谊条约"。摩尔多瓦方面坚持该条约的名称应为"双边友好合作条约"。最终，两国间基础条约的名称定为《罗马尼亚和摩尔多瓦双边特殊伙伴与合作条约》。

为尽快弥补两国间缺少基础条约的缺憾，双方在一些长期干扰形成基础条约文本的问题上做了妥协。摩尔多瓦和罗马尼亚在条约中放弃了多年来一直坚持的原则条款。第一，罗方不再坚持在条约中对苏联外长莫洛托夫和法西斯德国外长里宾特洛甫当年签订的《苏德互不侵犯条约》进行谴责。1939 年 8 月 23 日签订的这一条约规定，包括现今摩尔多瓦共和国领土在内的比萨拉比亚地区划归苏联，最终导致罗马尼亚领土的流失。摩尔多瓦反对把谴责这一条约的话写入两国关系条约，认为这样做只会意味着要承认摩尔多瓦是罗马尼亚的一部分，给两国合并埋下伏笔。第二，摩尔多瓦反对两国再次统一。第三，为使两国基础条约能够顺利获得两国议会批准，罗马尼亚方面放弃了用"罗马尼亚语"签署基础条约的主张。摩尔多瓦独立后，在制定新宪法时，将本国官方语言从罗马尼亚语改为摩尔多瓦语，因此双方在条约使用的语言问题上发生了争执。罗马尼亚强调罗摩是"两个罗马尼亚国家"，属同一个民族——罗马尼亚族，双方讲同一种语言——罗马尼亚语，不存在单独的摩尔多瓦民族，也不存在单独的摩尔多瓦语。摩尔多瓦承认摩罗是"两个姐妹国家"，是"兄弟加邻居"，但摩尔多瓦人不是罗马尼亚人，而是一个单独的民族，使用的是摩尔多瓦语。因此，摩尔多瓦不同意用罗马尼亚文书写条约，主张用摩罗两种文字书写。第四，有关两国敏感的语言问题，条约中既未用"罗马尼亚语"，也未用摩尔多瓦宪法中规定的官方语言"摩尔多瓦语"的字眼，而是定义不清的"共同语言"。第五，摩尔多瓦和罗马尼亚多年争执的国界划分和双重国籍问题仍然悬而未决，条约对这两个问题没有表述。

在对外政策方面，两国间亦有分歧。摩尔多瓦认为俄罗斯和乌克兰是自己的邻国，必须丢开历史旧账同他们搞好关系，特别是俄罗斯是摩尔多瓦所需能源（石油、天然气、电力）98%的供应商和农副产品的主要销售市场，摩尔多瓦在经济上对俄罗斯的依赖性很大。罗马尼亚不反对摩尔多瓦同乌克兰和俄罗斯保持友好关系，但必须保持自己的独立性。在对待加入北约问题上双方立场各异。罗马尼亚坚决要求加入北约，主张北约东扩，认为北约东扩"不会与俄罗斯为敌"。摩尔多瓦不谋求加入北约，尽管它参加了北约《和平伙伴关系计划》的一些活动，摩尔多瓦宪法明确规定摩尔多瓦是中立国。

尽管存在上述分歧，两国外长仍于2000年4月28日在基希讷乌草签了《罗马尼亚和摩尔多瓦双边特殊伙伴与合作条约》。据媒体透露，条约中有许多摩尔多瓦、罗马尼亚两国同其他邻国双边基础条约所没有包含的内容，规定两国将保持一种特殊的双边关系，并在欧洲一体化的进程中相互支持。在摩尔多瓦与"德左"地区的冲突中，罗马尼亚全面援助摩尔多瓦政府，1998～2000年罗马尼亚民主公约党执政，摩尔多瓦争取民主与改革联盟执政，双方加强国家领导人、议会和政府之间的对话。1998年两国总统进行了三次会晤，1998年6月～1999年4月，摩尔多瓦议会议长对罗马尼亚进行两次工作访问。2000年4月罗马尼亚参议院主席访问基希讷乌。1999年5月两国总理进行互访，罗马尼亚成为摩尔多瓦第

二重要的贸易伙伴。但共产党人沃罗宁任总统以后，摩罗关系冷淡，摩尔多瓦的对外政策从亲西方政策转向亲俄罗斯政策。但从 2005 年沃罗宁拒绝俄罗斯提出的《克扎科备忘录》之后，摩尔多瓦开始积极与罗马尼亚修复关系，支持加强与欧盟和北约的关系，要求俄罗斯从"德左"地区撤军，认为俄罗斯驻军是对摩尔多瓦国家安全的威胁。罗马尼亚方面表示愿意积极参与解决"德左"问题，但摩罗关系发展并不顺利，2007 年摩尔多瓦驱逐两名罗马尼亚外交官，并宣布他们为不受欢迎的人。直到 2010 年"欧洲一体化联盟"执政以后，摩罗关系才积极发展起来。罗马尼亚在摩尔多瓦开通了两个电视频道，加强了媒体的宣传力度。摩罗两国军事合作密切，两军交换情报、使用共同的演习场和军用地图、共同参加维和行动等。

二　经贸关系

罗马尼亚是摩尔多瓦主要的经济合作伙伴，两国之间进行经济合作有许多便利条件。摩尔多瓦商人可以早上穿过普鲁特河，到罗马尼亚做生意，晚上返回家中。两国政府已签订了经济合作和易货贸易协议、相互保护投资协议及在科学、教育、文化、旅游、交通等方面的合作协议。两国贸易十分活跃。

罗马尼亚也是摩尔多瓦能源的主要供应国。从 1999 年开始，罗马尼亚增加对摩尔多瓦的电力和各种石油产品的出口，从而成为摩尔多瓦主要的能源供应国。罗马尼亚总理瓦西里 1999 年 8 月 30 日在和来访的摩尔多瓦总理斯图尔扎的会谈中明确表示，罗马尼亚把向摩尔多瓦提供能源视为一个长期的计划。两国领导人一致认为，两国必须加强在经济和文化等各个领域的合作与交流，加强在本地区各区域性组织中的合作。双方认为，两国经贸合作还大有潜力可挖，特别需要进一步推动在投资领域的合作。

1999 年 8 月 30 日，摩尔多瓦总理斯图尔扎访问罗马尼亚时提出希望取消两国间的一切贸易壁垒，进一步加强双边贸易自由化。据罗新社报道，斯图尔扎是在当天举行的罗摩两国商贸洽谈会上发表讲话时做这一表示的。他的这一提议当即得到了与会的罗马尼亚工业和贸易部国务秘书贝林德的赞同。贝林德透露，罗方也正在考虑实现罗摩贸易完全自由化的可能性。1999 年 9 月，横跨科斯捷什水库的公路大桥通车，将摩尔多瓦和罗马尼亚连接起来。这座长 3 公里多的大桥建成以后，方便两国边境居民的往来，他们不必绕行 50~70 公里的路程就可以过境从事商业活动。

摩尔多瓦独立以来，在摩罗边境上，民间贸易往来日益兴旺活跃，逐渐发展成立两国合资贸易公司，并开始向第三国开展转口贸易业务。为了促进贸易发展，方便两国边民从事商业活动，两国政府联合建立 3 个大规模的边境自由贸易区。专家选定了以下三个比较合适的地区。

温盖尼地区 它地处罗马尼亚雅西市和摩尔多瓦西北部的边境地带。此地拥有罗马尼亚、摩尔多瓦和独联体国家之间最多的铁路线，有通用轨和苏联时期使用的宽距轨的换轨设备。从这个意义上讲，这里是独联体国家和西方的分界地。国际客、货列车的布加勒斯特—基辅—基希讷乌—莫斯科线路经过这个地区，这条铁路线几乎是通向巴尔干国家唯一的线路。雅西市工业发达，具有很强的竞争力。

阿尔比察地区 它地处罗马尼亚瓦斯卢伊县和摩尔多瓦的西部边境地区。此地有摩罗两国间最活跃的公路线和通向独联体国家的便利公路运输线。

加拉茨地区 它包括罗马尼亚的加拉茨县、摩尔多瓦的西南部和乌克兰的列尼市，有公路、铁路和渡船连接三地。此处是多瑙河和普鲁特河的交汇处，通过美茵河—莱茵河运河进入北海，直接到达西欧。这里距黑海只有 100 公里的路程。摩尔多瓦专家在一项技术报告中说，此处可以建成年吞吐量为 450 万吨的码头，可以由多瑙河进出吃水在 6 米以下的轮船。

2010 年摩尔多瓦与罗马尼亚建立摩尔多瓦欧洲一体化战略伙伴关系，罗马尼亚政府在 2010~2014 年向摩尔多瓦提供总额为 1 亿欧元的援助。摩罗两国共同建设雅西—温格内天然气管线，加强摩尔多瓦天然气来源多元化。该项目于 2014 年 8 月完工，总投资额为 2650 万列伊，全长为 42 公里，连接罗摩两国，每年可输送天然气 15 亿立方米，可保证摩尔多瓦北部地区的天然气消费，约满足摩尔多瓦 1/3 的天然气需求。雅西—温格内天然气管线投入使用以后，先期年输气量为 5 亿立方米。在未来 5 年

内，摩尔多瓦政府还计划加长该管线，摩尔多瓦每年需要天然气 12 亿立方米。

第四节 与乌克兰的关系

在摩尔多瓦对外关系中，乌克兰处于优先发展的地位。1991 年 12 月 21 日，乌克兰承认摩尔多瓦独立。摩尔多瓦与乌克兰接壤，两国于 1992 年 3 月 10 日建立大使级外交关系，截至 2014 年 1 月 1 日，摩尔多瓦与乌克兰已签署了 128 项确定两国关系原则的重要协议，其中最主要的有：《摩尔多瓦共和国与乌克兰睦邻友好合作基础条约》（1992 年 10 月 23 日）、《摩尔多瓦共和国与乌克兰领事公约》（1995 年 8 月 29 日）、《摩尔多瓦共和国与乌克兰关于国家边界的条约》（1999 年 8 月 18 日）。但是，摩尔多瓦与乌克兰的关系发展并非一帆风顺，影响两国关系深入发展的障碍还没有完全消除。

一 勘定国界问题

两国建交后，阻碍两国关系深入发展的主要问题是勘定国界问题。摩尔多瓦和乌克兰曾是苏联的加盟共和国。20 世纪 90 年代初，两国独立时根据苏联最高苏维埃 1940 年 11 月 14 日《关于划定乌克兰苏维埃共和国和摩尔达维亚苏维埃社会主义共和国边界》的第 45 号命令，临时确定了两国的边界。该文件规定摩尔多瓦与乌克兰的边界长度为 985 公里，摩尔多瓦多瑙河河岸线长 1200 米。摩尔多瓦和乌克兰独立以后，两国开始正式勘界谈判，长期没有取得进展。主要原因是，摩尔多瓦认为乌克兰多占了摩尔多瓦 400 米长的河岸线领土，乌方予以否认。由于摩尔多瓦方面丢失了上述文件的正本，所以无法证明乌克兰方面多占了摩方领土，两国勘界谈判因此搁浅。

1995 年，摩尔多瓦和乌克兰成立政府间混合委员会解决两国间有争议的问题。混合委员会第一次勘界谈判于 1995 年 7 月 14 日召开。当时两国之间有争议的边界长度为 1202 公里，经过反复谈判，到 1998 年 7 月，

两国已就 1172.9 公里（97.6%）的边界达成协议，只剩下 29.1 公里
（2.4%）边界线仍有争议，争议的焦点集中在如何划分铁路沿线和河口
的土地问题上。在有争议的边界线上，摩乌两国需要对 3 个居民点——帕
兰卡村、比萨拉比亚村和朱朱列什蒂的归属问题达成协议，其中最棘手的
是朱朱列什蒂的归属问题。朱朱列什蒂位于普鲁特河河口摩尔多瓦一方。
根据苏联时期的行政区划，摩乌两国的边界以普鲁特河划分，该地区应属
于摩尔多瓦。这样，摩乌两国边界的南部起点应该位于朱朱列什蒂和普鲁
特河河口之间。但是在边界土地的使用问题上出现了比较复杂的局面。朱
朱列什蒂拥有的土地沿铁路线一直扩展到了 1335/1336 号界碑。这块由苏
联和罗马尼亚勘界委员会建立的界碑刚好也位于普鲁特河河口，而河口地
区的土地属于乌克兰。根据苏联最高苏维埃 1940 年 11 月 4 日的命令，摩
尔多瓦和乌克兰之间的边界终点在普鲁特河河口。如果这样划分，摩尔多
瓦就失去了通往多瑙河的直接口岸。

1996 年 1 月，摩尔多瓦提出建议，希望乌克兰同意其边界线从普鲁
特河河口后撤 1800 米，摩方认为这片土地应属于朱朱列什蒂。乌克兰方
面没有同意这一方案。乌方认为，1940 年只在原则上划定了摩乌之间的
边界，即只是确定了两国边界走向上的几个主要点，并没有依据地形特点
来明确其边界走向。而且，1940 年的划界决议并没有在地图上最终标定，
因此不能认定朱朱列什蒂属于摩尔多瓦。两国在该问题上的分歧导致双方
的勘界谈判陷入僵局。

1997 年 3 月 11 日，时任乌克兰总统库奇马访问摩尔多瓦，摩尔多瓦
同意为换取 400 米长的多瑙河河岸线，将帕兰卡附近长 7.7 公里敖德萨至
列尼的公路划归乌克兰，该公路将敖德萨州南部与敖德萨州中心连接在一
起。1998 年 3 月 2 日，乌克兰政府同意摩方的这一建议。

1999 年，两国均希望摩乌友好睦邻关系继续发展，本着互谅的原则，
双方重开谈判。1999 年 6 月 1 日，摩尔多瓦和乌克兰终于就两国边界勘
定问题达成最后协议，基本解决了两国独立以来争执了 7 年之久的边界问
题。1999 年 8 月 18 日，摩尔多瓦总统卢钦斯基对乌克兰进行为期两天的
正式访问。访问期间，两国总统签署了《摩尔多瓦共和国与乌克兰关于

国家边界的条约》。根据该条约的补充协定，摩尔多瓦同意将位于帕兰卡居民区附近，长7.7公里的敖德萨—列尼公路划归乌克兰所有；同时，摩尔多瓦获得朱朱列什蒂区的多瑙河河口，并开始建设石油港口。这样，多瑙河流经摩尔多瓦的长度从原来的700米增加到800米，从而确保了正在施工的一个多瑙河油港的正常工作。两国还在巴萨拉贝亚斯市附近交换同等面积的土地，以确保两国在当地铁路线的正常运行。1999年8月摩俄签署补充协定，摩尔多瓦将敖德萨至列尼的公路所有权移交给乌克兰，摩尔多瓦从乌克兰获得多瑙河岸边的一块土地，使摩尔多瓦成为多瑙河流域国家。2000年4月6日，乌克兰议会批准了这项条约，2001年7月12日，摩尔多瓦议会批准这项条约。

2001年5月，摩尔多瓦总统沃罗宁首次出访乌克兰，签署一系列重要文件，确定了两国合作的主要优先方向。2002年2月，摩尔多瓦与乌克兰两国交通部长举行了土地交换仪式。

但是，朱朱列什蒂的归属问题仍然悬而未决。朱朱列什蒂位于摩尔多瓦最南端，与罗马尼亚和乌克兰交界处，扼守普鲁特河进入多瑙河河口，朱朱列什蒂是摩尔多瓦在多瑙河上唯一的港口，河岸线长约480米。1996年，摩尔多瓦在朱朱列什蒂开始建设成品油码头并于2006年竣工。2014年，摩乌两国在朱朱列什蒂的归属问题上再起风波。乌克兰政府代表认为只能将多瑙河边，朱朱列什蒂村附近的弓形地段划给摩尔多瓦。乌克兰认为，根据摩乌签署的国家边界条约，摩尔多瓦应该获得430米长的多瑙河河岸线。摩尔多瓦方面否认了乌克兰的这一说法，认为两国边界条约中并没有确定摩尔多瓦在朱朱列什蒂地区具体的河岸长度。两国边界条约规定，摩尔多瓦共和国和乌克兰之间的国家边界需要根据勘界文件确定，勘界文件是两国边界条约不可分割的一部分。

除了上述问题以处，在摩乌勘界问题中，如何划定乌克兰与"德左"地区386公里长的边界线成为特殊的复杂问题。在乌克兰看来，"德左"地区是本国的战略和经济利益区，"德左"地区80%的进口货物来自乌克兰，50多家乌克兰企业与"德左"地区的30家企业保持着密切的合作关系。"德左"地区经乌克兰过境运输到独联体国家的货物每年可为乌克兰创造 8000 万美元的利润。同时，"德左"地区也为乌克兰的安全带来极大的隐患。以 2003 年为例，运往乌克兰毒品的 83% 来自"德左"地区，79% 的非法进入乌克兰的偷渡客来自"德左"地区。为解决这一复杂的问题，摩尔多瓦、欧盟、乌克兰三方成立了磋商机制。在 2004 年 10 月 15 日举行的磋商会议上，摩尔多瓦决定停止经"德左"地区向乌克兰出口货物。由于"德左"地区的地位未定，摩尔多瓦与乌克兰在该地区的勘界工作搁浅。

摩尔多瓦与乌克兰的勘界问题还包括确认边界地区的财产归属问题，这一问题比确定边界走向还要复杂，双方在新德涅斯特水利枢纽的归属问题上陷入困境。该水利枢纽建于苏联时期，由两个水电站和一个核电站组成，横跨德涅斯特河，部分位于摩尔多瓦境内。苏联解体时，这一建设项目并没有竣工。乌克兰一直没有停止对该水利枢纽的建设投资，2011 年投入 10.9 亿格里夫纳建设一个容积为 3200 万立方米的水库。2012 年乌克兰政府又向该水利枢纽投资 24 亿格里夫纳。鉴于上述事实，摩尔多瓦政府原则上同意新德涅斯特水利枢纽的产权归乌克兰，但对于该水利枢纽的 2 号水电站的归属，双方分歧未消。

二 经贸关系

摩尔多瓦和乌克兰同为奉行与欧盟经济一体化政策的国家，两国对加强经贸合作持积极态度，乌克兰一直是摩尔多瓦重要的贸易伙伴。1996 年，两国的贸易额为 4 亿美元，两国的经贸关系进一步发展。1996 年 6 月 3 日，乌克兰根据《2005 年前摩尔多瓦和乌克兰经济合作协定》的规定，减少向摩尔多瓦过境商品征收商品过境税，并向摩尔多瓦方面提供 2 万个商品过境许可证。乌克兰是在白俄罗斯之后同意向摩尔多瓦农产品提供"绿色通道"的又一个国家。2000 年 6 月 9 日，摩尔多瓦总理布拉吉什和乌克兰总理尤先科商定简化货物过境手续以促进两国商业和贸易的发展。同年 10 月 22 日，两国总统签署了《2007 年前摩乌经济合作协定》。

2000 年，摩尔多瓦和乌克兰开始共同启动"下多瑙河"、"上普鲁特河"和"列尼—加拉茨—朱朱列什蒂"自由贸易区的建设工作。上述工作完成以后，将大大促进两国边境合作及地方之间的合作。

摩乌两国在与欧盟经济一体化问题上的立场一致，两国建立了经贸合作混合委员会，于 2011 年 11 月 10～11 日在基希讷乌开会，两国愿意在实现与欧盟的一体化方面进行合作，并就乌克兰、摩尔多瓦、罗马尼亚三方合作进行磋商。摩尔多瓦和乌克兰还将建立海关联盟。

2013 年，乌克兰是摩尔多瓦的第三大贸易伙伴。根据乌克兰国家统计局的数据，2013 年摩乌两国贸易总额为 11.089 亿美元，其中商品出口为 9.692 亿美元；商品进口为 1.397 亿美元，乌克兰方面为顺差。摩尔多瓦从乌克兰进口的主要商品有石油产品、面粉、小麦、香烟、煤、冶金产品、电力、化肥；摩尔多瓦向乌克兰出口的主要商品有葡萄酒、向日葵籽、烟草、水果、蔬菜。摩尔多瓦电力消费的 20% 需要从乌克兰进口。2005～2013 年乌克兰与摩尔多瓦贸易情况见表 8 - 2。

表 8 - 2　2005～2013 年乌克兰与摩尔多瓦贸易额一览

单位：百万美元

类别 \ 年份	2005	2006	2007	2008	2009	2010	2011	2012	2013
出口	718.8	706.5	964.7	1240.6	747.4	780.6	940.7	895.8	969.2
进口	99.4	147.5	198.0	216.7	74.7	102.7	164.3	158.5	139.7
总额	818.2	854.0	1162.7	1457.3	822.1	883.3	1105.0	1054.2	1108.9

资料来源：根据乌克兰国家统计局公布的数据汇总。

2011 年，在摩尔多瓦注册登记的乌克兰入股的企业超过 600 家，资本总额为 1500 万美元。摩尔多瓦在乌克兰入股的企业超过 140 家。截至 2013 年 10 月 1 日，摩尔多瓦向乌克兰的直接投资额为 3560 万美元，投资主要集中在工业、农业、建筑业、批发零售业、汽车销售和售后服务。同时，乌克兰向摩尔多瓦的直接投资为 1690 万美元，投资主要集中在批发零售业、汽车修理、家用电器生产、面向企业家的服务。

2014 年，摩尔多瓦因与欧盟签署《联系国协议》，在经济上受到俄罗斯的制裁。在这种情况下，摩尔多瓦与乌克兰在经贸领域加强合作和相互支持，进一步扩大双边经贸关系。乌克兰方面表示将增加从摩尔多瓦进口水果和蔬菜。同时，摩尔多瓦一直寻求与乌克兰加强边界地区贸易合作的机会。

三　科学技术合作

摩尔多瓦与乌克兰于 1996 年签署两国科学院合作协议，1999 年两国又签署了政府间在教育、科学、文化领域的合作协议，在此基础上由两国科学院、青年和体育部牵头开展合作。摩乌两国的物理研究所和化学研究所保持着长期的友好合作关系，并联合进行了一系列重要的科学研究项目。

2013 年 7 月 18 日，在基希讷乌召开第 5 次摩乌两国科学技术合作委员会会议，研究两国科学合作项目和 2014 ~ 2015 年资助项目，确定在 2013 ~ 2017 年两国主要将在创新和信息技术方面进行科学技术合作。2016 ~ 2017 年的科学合作优先方向为环保、信息技术、新材料、生物技术、能源、节能、医学。

2013 年摩乌两国科学家在研究黑海地区的气候、环境保护、能源等领域开展合作，并得到欧盟的资助。同年，两国科学家举办了"跨境河流的管理与欧盟有关水的框架指示"、"知识社会：科学与社会的相互影响与干预"和"摩尔多瓦黑土地：规划、保护与恢复"等国际科学研讨会。

在人文领域，摩乌合作主要体现在保护和尊重居住在摩尔多瓦的乌克兰族人的风俗与节日，如举办乌克兰民族传统的艺术节，上演乌克兰民族的歌舞剧等。摩尔多瓦每年会举办乌克兰文化节，在 2012 年 9 月举办的乌克兰文化节期间，乌克兰国家民族乐团在基希讷乌演出成功。

在教育方面，摩乌于 1993 年签署教育、科学、文化合作协议，2008 年两国相互承认学历和学位证书。2010 年 6 月，两国签署了 2010 ~ 2011 年、2011 ~ 2012 年、2012 ~ 2013 年教育合作协定。根据这些文件，每年有 105 名摩尔多瓦的乌克兰裔青年享受乌克兰政府奖学金前往乌克兰学校学习乌克兰语，作为交换，每年有 105 名居住在乌克兰的摩尔多瓦族学生前往摩尔多瓦学校学习。

第五节　与欧美国家的关系

摩尔多瓦十分重视同欧美国家发展合作关系，并将在政治、经济、社会等方面实现与欧洲国家的一体化列为国家对外政策的总目标。同时，欧美国家也是摩尔多瓦外部资金的主要来源。摩尔多瓦独立以来，各届领导人对美国、加拿大、法国、德国等主要欧美国家进行了正式访问。1992年2月，美国国务卿贝克访问了摩尔多瓦。同年2月16日，摩尔多瓦第一任总统斯涅古尔启程去美国，出席接纳摩尔多瓦共和国为联合国成员国的仪式，同时正式访问美国和加拿大。同年8月，以摩尔多瓦总理桑格利为首的政府代表团访问美国。8月12日，桑格利签署了《国际货币基金组织协定》和《国际复兴开发银行协定》，成为国际货币基金组织和世界银行第166名成员国。现在，摩尔多瓦已加入欧洲安全与合作组织、欧洲委员会、中欧倡议组织等欧洲组织，并在欧盟设立了常驻代表机构，与北约签订了《和平伙伴关系计划》。

摩尔多瓦与欧盟建立伙伴关系的三个支柱为政治联合、经济一体化、公民自由旅行。德国、波兰是推动摩尔多瓦与欧盟建立伙伴关系的主要力量。摩尔多瓦决定不仅与俄罗斯，而且要与欧盟、罗马尼亚、乌克兰和美国建立战略伙伴关系。2012年成为摩尔多瓦对外政策的转折点，摩尔多瓦选择与欧盟的一体化。

一　与北约的关系

摩尔多瓦独立以来，与北约的合作不断深化，可分为以下几个阶段。

第一阶段为1991～1994年，为双方相互认知和建立联系的时期。1994年1月6日时任摩尔多瓦总统斯涅古尔宣布加入北约提出的《和平伙伴关系计划》，同年3月16日与北约签署《和平伙伴关系计划》框架性文件。摩尔多瓦是继乌克兰之后第二个签署文件的独联体国家。摩尔多瓦领导层认为，摩尔多瓦凭借《和平伙伴关系计划》，在建立欧洲新的安全和合作关系时，将与其他国家处于相同的地位。另外，摩尔多瓦可以在北约的帮助下，建立一支符合国际标准的现代化的国家军队，扩大与北约的合作是保证本国和本地区及国际安全的必要条件。摩尔多瓦要求俄罗斯驻德涅斯特河沿岸地区的第14集团军立即无条件撤出的要求得到了北约的支持。

第二阶段为1995～2001年，其特点是双方加强了科学技术联系，实行了《和平与安全科学计划》，主要任务是反恐，抵御外来威胁及扩大双方的科学接触。在与北约的合作中，双方的领导人（总统、外长、国防部长）在北约总部会晤已成惯例。北约的高级领导人经常访问摩尔多瓦。1997年2月，北约秘书长索拉纳首次访问摩尔多瓦。之后，北约秘书长又两次访问摩尔多瓦。访问期间，北约秘书长表示，摩尔多瓦是保证东南欧安全的重要国家。北约必须在东南欧建立长期的稳定与和平，并继续关注波西尼亚和科索沃，同时要为上述地区和摩尔多瓦制定出更加广泛的经济复兴、安全、稳定的纲要。在这一点上，北约将进一步深化和摩尔多瓦的伙伴关系。同时，秘书长表示并不要求摩尔多瓦加入北约。双方一致认为，双方的伙伴关系与合作是保证当前欧洲安全和东南欧大陆稳定的关键因素。这正是《和平伙伴关系计划》的价值所在。北约将与摩尔多瓦及其他伙伴关系国家一起探索解决危机的新方式。1997年12月，摩尔多瓦在北约设立常驻代表，由摩尔多瓦驻比利时大使兼任，摩尔多瓦开始参与北约一系列分支机构的活动。1998年1月，时任总统卢钦斯基与北约秘书长实现互访。1999年，北约帮助摩尔多瓦建立起全国信息网和信息中心。2001年6月28日时任摩尔多瓦总统沃罗宁访问北约总部并签署技术合作备忘录。2001年，摩尔多瓦与北约已建立起经常性的定期联系。

摩尔多瓦表示愿意成为北约的维和伙伴。根据《和平伙伴关系计划》，摩尔多瓦承担了相应的义务，如在境内举行训练联合国维和部队的演习，并派出一个摩托化步兵连、一个摩托化步兵营、两架运输机、两架直升机、一个卫生营参加了北约组织的维和演习。另外，摩尔多瓦还为维和演习提供了机场、运输机、直升机及布勒科阿克演习中心和诊所。摩尔多瓦和北约建立和平伙伴关系以来，得到了北约的大力资助。北约承担了摩尔多瓦军人进行军事业务进修、演习、参加维和行动的所需费用，并出资按北约部队标准装备摩尔多瓦的武装力量。摩尔多瓦军人已数十次参加北约组织的多国部队军事演习和军事训练活动，并掌握了先进武器的使用方法（驾驶 AH – 72 型飞机和 MU – 8 型直升机）。摩尔多瓦政府继续和北约开展这方面的合作，以提高摩尔多瓦军人的专业化水平，并使他们的思维方式和军事素质符合北约标准。摩尔多瓦科学院以及其他科学机构和一些科学家获得了北约的资助。北约为摩尔多瓦科学院建立信息网络中心捐资 10 万美元，为科学院计算机中心提供资金购买两套 SUN 型的高性能仪器设备。

1999 年北约轰炸南斯拉夫以后，摩尔多瓦没有疏远北约。在北约成立 50 周年庆典会上，摩尔多瓦同乌克兰、乌兹别克斯坦、阿塞拜疆、格鲁吉亚结成非正式地区联盟（古阿姆），并公开发表声明称，将在北约和平伙伴关系框架内加强国家安全和在国际事务中的相互合作与支持，体现了明显的亲北约倾向。1999 年 8 月 9 日，摩尔多瓦和美国依据《和平伙伴关系计划》举行名为"蓝盾99"的联合军事演习。美方 45 名、摩方 70 名军人参加。演习持续到 8 月 20 日，这次演习由美方出资，演习的目的是训练军人在冲突地区组织并开展维和行动的能力。

第三阶段，2002～2010 年，这期间摩尔多瓦与北约关系进入了新的合作阶段。2002 年建立了由北约资助的专项基金，用于销毁摩尔多瓦境内的弹药、地雷、导弹燃料和苏联遗留的武器等。2003 年 2 月，摩尔多瓦外长杜德乌访问布鲁塞尔，同北约秘书长罗伯逊举行会谈。2004 年 6 月 28～29 日，摩尔多瓦总统沃罗宁出席北约伊斯坦布尔峰会，并与北约领导人会晤，双方开始执行《单独国家行动计划》。2005 年 6 月 7 日，沃罗宁总统访问北约总部，表示将批准与北约的合作计划。从 2006 年开始，摩尔多瓦与北约在伙伴关系计划框架内开展军事合作。2006 年 5 月 24 日摩尔多瓦政府批准与北约的《单独国家行动计划》。这项计划规定双方扩大在安全方面的合作，并将进行联合行动，北约支持摩尔多瓦与欧盟的一体化。2007 年 10 月，在北约公共外交局的支持下，摩尔多瓦国立大学设立了北约信息和文件信息中心。2008 年 4 月 3 日，沃罗宁率团出席北约布加勒斯特峰会，2008 年 10 月 30 日，北约秘书长访问摩尔多瓦。

第四阶段，2011～2014 年，摩尔多瓦获得北约非成员国盟国地位。摩尔多瓦部队根据计划参加了北约 2012～2013 年的国际军事演习，参加了北约在科索沃的维和力量。2009 年 11 月，摩尔多瓦政府批准修订后的《摩尔多瓦与北约单独国家伙伴关系计划》，该计划旨在发展摩尔多瓦第 22 营，解决危机和维护和平，参加北约境外行动，开辟军用机场，联合反恐。与此同时，北约帮助摩尔多瓦治理军队，改革军队机构，完善保证国家安全的途径。2013 年 10 月，北约国家在布鲁塞尔总部举行"28＋1 摩尔多瓦"国家元首峰会，讨论落实《摩尔多瓦与北约单独国家伙伴关系计划》的情况，并确认进一步加强双方军事和安全合作。2014 年 2 月摩尔多瓦外交部部长盖尔曼访问布鲁塞尔时，双方签署扩大政治对话和实际合作的条约。北约承诺向摩尔多瓦提供更多的援助。摩尔多瓦军人参加北约 2014 年 3 月 21 日～4 月 3 日在保加利亚举行的多国军事演习。摩尔多瓦国防部向保加利亚派出维和营、特种营、第一步兵旅和第二步兵旅的士兵参加军演。2014 年 4 月 30 日北约决定赋予摩尔多瓦非北约成员国主要盟国地位。在 2014 年 6 月 3 日举行的北约和摩尔多瓦防长会议上，提出在摩尔多瓦首都基希讷乌开设北约常设代表处，以扩大双方合作。2014 年，摩尔多瓦首次出席于 9 月召开的北约成员国元首峰会。

二 与美国的关系

1991 年 12 月 25 日，摩尔多瓦与美国建立大使级外交关系，二十多年来摩美关系不断发展，一直保持着密切的联系，两国各级官员定期会晤。美国方面多次明确表示，支持摩尔多瓦的政治经济改革，以及摩尔多瓦与欧洲和北约的一体化进程，并向摩尔多瓦提供财政帮助。美国支持摩尔多瓦的改革计划已被列入美国东南欧行动计划之中。摩尔多瓦提出的俄罗斯第 14 集团军立即无条件撤出德涅斯特河地区的要求得到了美国的支持。美国国务卿奥尔布赖特曾就该问题与俄罗斯外长伊万诺夫通话。美国已确认摩尔多瓦正沿着民主改革的道路前进，并提供资金支持小企业、非政府组织和独立舆论机构的发展。

在"德左"冲突中，美国支持摩尔多瓦政府，2000 年 3 月 9 日，美

国国务院独联体国家地区冲突问题谈判代表访问摩尔多瓦时表示，美国支持摩尔多瓦关于俄罗斯从"德左"地区撤军的要求，并向摩提供资金援助。同年 3 月 15 日，摩尔多瓦外长特伯卡鲁访问美国，签署了《摩尔多瓦政府与美国进出口银行合作协定》和《摩尔多瓦与美国研究和发展基金会合作协定》。2000 年 10 月 3～9 日，摩尔多瓦总理布拉吉什访问美国。2002 年 12 月，摩尔多瓦总统沃罗宁对美国进行工作访问，实现了摩尔多瓦独立以来的对美首次总统访问，两国总统发表了联合声明。

美国是向摩尔多瓦提供技术援助的主要国家，摩尔多瓦获得的国外援助中有 50% 来自美国。2014 年摩尔多瓦在全国建立首个信息中心。在未来 3 年至 5 年内，摩尔多瓦政府将投入约 800 万至 1000 万美元发展信息技术产业。美方已经承诺将投入 300 万美元支持这一项目。

从 2007 年 1 月 1 日起，美国公民可以免签证进入摩尔多瓦，同时摩尔多瓦公民可以获得赴美有效期为 5～10 年多次往返签证。2010 年摩尔多瓦与美国就简化摩尔多瓦公民前往美国签证程序达成协议。根据这项协议，摩尔多瓦公民在美国的时间从原来的 3 个月～12 个月延长至 60 个月。

美国支持摩尔多瓦奉行的欧洲一体化政策，大力帮助摩尔多瓦实现公正、自由、现代化和繁荣的社会发展目标，支持摩尔多瓦政府在民主政治和自由市场方面的改革。美国与摩尔多瓦社会各界保持着广泛的联系，为促进经济发展、降低贫困、加强市场经济进行大量的工作。为帮助摩尔多瓦的政治过渡，美国通过具体的计划加强摩尔多瓦各级政府的执政能力和服务水平。同时，美国与摩尔多瓦政党和社会组织保持着密切的联系，提高选举的透明度和公民参与政治进程的积极性。美国还投入了大量的人力和财力支持摩尔多瓦公民社会的建设，加强法律地位、反腐败、改善司法系统的工作、与跨国犯罪集团和贩卖人口进行斗争。在美国与摩尔多瓦合作期间，美国提供的各种援助总额超过了 11 亿美元，其中最大的一笔援助是"千年挑战计划"，总额为 2.62 亿美元，主要用于维修 93 公里长的 M2 道路和摩尔多瓦全国灌溉系统。美国派出专家帮助摩尔多瓦提高政府工作的效率和能力，加强地方政府与公民的联系，解决政治治理过程中出现的问题。根据摩尔多瓦国家银行和国际货币基金组织的数据，美国对摩尔多瓦的直接投资在 2013 年为 1.56 亿美元，比 2013 年多 471 万美元。

2013 年 12 月 4 日，美国国务卿克里首次访问基希讷乌，分别会晤摩尔多瓦总统尼古拉·蒂莫夫蒂、议长伊戈尔·卡尔曼、总理尤里·梁格及亲欧洲执政联盟的其他领导人，表示支持摩尔多瓦国内的民主改革和欧洲一体化努力。同时美国参议院通过《支持与摩尔多瓦共和国加强关系并支持其领土完整》的决议，该文件要求向摩尔多瓦政府提供财政援助，保证摩尔多瓦的欧洲一体化进程，并要求俄罗斯从"德左"地区撤走维和部队，停止向该地区居民发放俄罗斯国家护照，停止支持该地区的分离活动。美方还提出建立美国、摩尔多瓦、欧盟三方合作，向摩尔多瓦提供更加广泛的经济援助。克里访问摩尔多瓦期间表示两国将在葡萄酒生产方面加强合作。

在摩尔多瓦与欧盟签署《联系国协议》之后，美国参议院通过决议表示将加强对摩尔多瓦的援助力度，以加强摩尔多瓦的主权、独立和领土完整，并加强民主改革。美国向摩尔多瓦提供 1000 万美元用于加强边界安全。2014 年 4 月，摩尔多瓦与美国成立安全改革联合工作组，启动全面战略对话，将涉及数个领域，首先是政治对话，其次是建立能源工作组，然后是建立保证安全改革双边工作组。2014 年 7 月 17 日，美国国会二读通过《关于支持摩尔多瓦》的法律草案，该法律文件生效以后，摩尔多瓦将成为美国的战略伙伴。该文件规定了美国、欧洲和亚洲国家在俄罗斯采取地区侵略行动时，在安全方面的战略援助与合作框架。未来，摩尔多瓦军队将与美国军队开展更加积极的合作。2014 年 8 月，美国与摩尔多瓦签署葡萄酒贸易协议。

三 与欧盟的关系

摩尔多瓦长期的战略任务是实现与欧盟的一体化。摩尔多瓦是独联体国家中第一个成为欧洲委员会成员国并与欧盟签订伙伴和合作条约、加入《东南欧国家稳定公约》的国家。这意味着摩尔多瓦将全权参与建设新的、文明的、没有紧张源的欧洲的进程。摩尔多瓦正在履行对欧洲社会的承诺，建立法治公民社会，尊重人权，保护私有财产，保障民主和经济多样性，按照欧洲标准建立国家法治。摩尔多瓦议会已批准欧洲人权公约、保护少数民族协议、关于地方自治的欧洲宪章等欧洲委员会的一系列文件，以保证摩尔多瓦发展为公民社会。从1998年11月1日开始，每一位摩尔多瓦公民都可以自由进入欧洲人权法庭。

1999年6月24日，摩尔多瓦总统在欧洲委员会会议上发言30分钟，介绍国内的政治经济形势，以及作为欧洲委员会成员国所应履行的义务。2005年2月22日摩尔多瓦与欧盟签署为期三年的《单独国家行动计划》，该计划确定了双方合作的战略任务并有利于促进《伙伴关系与合作协议》的落实。根据《单独国家行动计划》，摩尔多瓦将大力进行司法体制改革，采用欧盟标准，为实现摩尔多瓦与欧盟更加深入的经济一体化奠定基础。该文件是摩尔多瓦与欧盟合作的基础和依据。双方合作的主要任务是：第一，在政治方面加强司法部、经济贸易部、交通运输部、教育部之间的合作；第二，合作解决"德左"地区冲突问题；第三，保证摩尔多瓦继续奉行民主价值观，减少贫困人口，改善投资环境。

在能源领域，摩尔多瓦追求在欧盟的帮助下实现能源来源多元化。摩尔多瓦政府根据国际标准出台了一系列法律文件：2005年11月11日议会根据欧盟成员国要求通过《司法行动纲要》，2005年11月24日通过《2005～2009年司法计划》。2006年1月议会成立工作组，制定《根据欧盟标准减少议会议员豁免权法》草案。2006年2月16日议会通过《关于成立地方公共行政部法》。为根据欧洲标准进行司法改革，2005～2006年通过的国家法律均提交欧洲理事会审议。

欧盟一直重视与摩尔多瓦政府的关系，欧盟在摩尔多瓦建立了一系列多层次合作机制，如欧洲邻国政策、东部伙伴关系计划、黑海协作、东南欧合作进程、与欧盟签证制度自由化计划、摩尔多瓦与北约单独国家行动计划等。摩尔多瓦按照欧盟标准通过了约300项国内法律，积极进行有关签署欧盟准成员国协议的谈判。在经济上，欧盟提出了有欧洲投资银行和欧洲复兴与开发银行参与的大规模金融技术援助计划。2011～2013年摩尔多瓦从欧盟得到的无偿援助约为5.5亿欧元，同期还从罗马尼亚得到1

亿美元无偿援助。当前,摩尔多瓦在文化教育、宗教方面已全盘西化,基本被纳入了欧盟的地缘政治影响轨道。2013 年 11 月,摩尔多瓦总统出席在维尔纽斯召开的《东部伙伴关系计划》参与国元首峰会,并批准与欧盟签署《联系国协议》。这样,摩尔多瓦与欧盟的关系从一般的伙伴关系或合作关系提升到联系国关系,事实上进入了欧盟的政治和经济发展轨道,在政治、人文、司法领域将采纳欧盟的价值标准。

2013 年 6 月,经过 15 轮谈判和 7 轮关于建立自由贸易区的专项谈判后,摩尔多瓦与欧盟就《联系国协议》的谈判结束。2013 年 11 月 29 日在维尔纽斯东部伙伴关系国家元首峰会上,摩尔多瓦与欧盟草签了《联系国协议》。2014 年 6 月 27 日,摩尔多瓦与欧盟签署《联系国协议》,该协议共有 850 页,前言主要表述了该协议的目标和基本原则;正文(包括 7 章)的主要内容是共同的原则、政治合作、对外政策和安全政策、司法、自由和安全、经济和部门合作、贸易和与自贸区有关的问题、金融合作、机构;附件及议定书。该协议包括双方建立全面自由贸易区协议,保证摩尔多瓦与欧盟在政治和经济方面的一体化进程。该协议将替代 1998 年摩欧《伙伴关系与合作协议》,作为未来摩尔多瓦与欧盟关系的基本指导文件。

根据《联系国协议》,欧盟将支持摩尔多瓦的关键性改革、经济发展,在能源、交通、环保、工业、发展中小企业、社会保险、平等、保护消费者权益、教育、科研和创新、文化方面进行合作。

《联系国协议》规定,双方奉行共同的价值观、市场经济和稳定发展、遵守民主、人权和自由、法律至上的原则;促进尊重主权和领土完整的原则,边界和独立不可破坏,反对扩散大规模杀伤性武器;有效治理、反腐败,与各种形式的跨国犯罪和恐怖活动进行斗争。上述这些原则是双方关系发展的基础。

在对外政策和安全政策方面,双方进一步展开积极的对话,深化在对外政策和安全政策方面的合作,在有效多边合作的基础上促进国际稳定和安全;加强在国际安全和危机治理方面的合作与对话,尤其是在全球和区域及关键威胁问题上的合作;为保证欧洲和平、安全和稳定进行实际合作;在防止核扩散和裁军、防止冲突和危机控制问题上意见一致。

在司法、自由和安全方面，要求加强法治国家，保护私人信息，治理移民，有效地与洗钱、贩毒、有组织犯罪做斗争。

摩尔多瓦与欧盟自由贸易区协议的范围比普通的自贸区协议更加广泛，双方不仅彼此开放商品和服务市场，而且摩尔多瓦要在标准和规则方面逐渐向欧盟靠拢。双方将在 25 个关键领域进行合作，使之符合欧盟标准，其中包括能源、交通运输、环保、工业企业、国家金融、宏观经济稳定、公司法、银行、保险和其他金融服务业、信息技术和网络、农业、科学技术、保护消费者、社会、医疗卫生、教育、科研和创新、文化、公民社会、跨境和区域合作等。

在贸易方面，欧盟是摩尔多瓦的主要贸易伙伴，与欧盟的贸易额占摩尔多瓦外贸总额的 45%。双方建立自由贸易区将大大促进摩尔多瓦的经济增长，为摩提供更多的商业机会，改善和提高产品和服务质量，提高摩尔多瓦在国际市场上的竞争力。自贸区将使摩尔多瓦的国内生产总值增长率提高。

为保证《联系国协议》的落实，摩尔多瓦与欧盟建立了四个执行机构：第一，联系国理事会，隶属于联系国委员会，从事具体的事务工作。第二，联系国议会理事会，为欧洲议会与摩尔多瓦议会交流意见的平台。第三，公民社会平台，以方便摩尔多瓦公民向联系国委员会提出建议和意见。第四，调解有争议问题的机构。

为支持摩尔多瓦的欧洲选择，欧盟自 2007 年以来一直向摩尔多瓦提供援助。在签署《联系国协议》之前，摩尔多瓦已被纳入欧盟贸易优惠体系"GSP+"，从 2008 年 3 月开始，欧盟对摩尔多瓦出口到欧盟的大部分商品取消关税，这意味着摩尔多瓦有 1.2 万种出口欧盟市场的商品享受免税优惠。

欧盟已成为摩尔多瓦的主要资助国，在 2014 年的 246 项外援计划中，有 84 项是欧盟资助的项目。欧盟方面提供的重要援助计划有：2010 年提出的"支持农业地区经济发展计划"（资金总额为 5900 万欧元）；2011 年"支持能源部门改革政策计划"（资金总额为 4260 万欧元），帮助摩尔多瓦实现能源多元化发展目标；2012 年"支持司法体

系改革政策计划"，总额为 6000 万欧元，促进摩尔多瓦根据欧盟标准
建立有效、独立、透明和职业化的司法体系；2013 年"发展职业教育
和免签制度行动计划"。2014～2020 年，欧盟还将继续向摩尔多瓦提供
援助，主要帮助摩尔多瓦发展农业生产、改革警察系统、边界管理等
领域实现现代化管理。

2007～2013 年欧盟援助摩尔多瓦情况见表 8－3。

表 8－3　　2007～2013 年欧盟援助摩尔多瓦一览

年份	2007	2008	2009	2010	2011	2012	2013
数额（百万欧元）	40	62.3	57	66	78.6	122	100

资料来源：2014 年摩尔多瓦与欧盟《联系国协议》。

摩尔多瓦与欧盟签署《联系国协议》之后，从 2014 年 5 月开始
摩尔多瓦居民可以在 90 天内享受欧盟国家免签证待遇。与此同时，
《联系国协议》意味着摩尔多瓦放弃参与欧亚地区的一体化进程。摩
尔多瓦与独联体国家的贸易额大幅度减少，2013 年摩尔多瓦进口总额
52.129 亿美元，其中从独联体国家进口额为 16.723 亿美元，从欧盟
国家进口额为 24.721 亿美元，从其他国家进口额为 10.685 亿美元。
外贸逆差连年增长，2005 年为 12.014 亿美元，2013 年达到了
30.641 亿美元。摩尔多瓦是农业国家，农业是其经济发展的主要依赖
部门。摩尔多瓦与欧盟签署《联系国协议》，建立自由贸易区的重要
目标是要打开欧盟市场。2012 年欧盟从摩尔多瓦进口小麦指标为 5 万
吨，2013 年为 5.5 万吨、糖为 3.4 万吨、酒为 2.4 万吨，2014 年欧
盟市场将不再对上述产品设限。从 2014 年初开始，摩尔多瓦向俄罗
斯的出口减少了 40%，与独联体国家的贸易额下降，与欧盟国家的贸
易额增加。2014 年前 6 个月摩尔多瓦的出口总额为 9.694 亿美元，与
去年同期相比上涨了 2%，进口总额下降了 2%，为 20.949 亿美元。
2014 年前 6 个月摩尔多瓦向独联体国家的出口同比减少 18.8%，为
3.084 亿美元，同时摩尔多瓦向欧盟国家的出口增加了 22.5%，为

5.851 亿美元。摩尔多瓦从独联体国家的进口减少 13.3%，为 5.851
亿美元，从欧盟国家的进口增加 8.2%，超过 10 亿美元。

第六节　与中国的关系

1992 年 1 月 30 日，摩尔多瓦和中国建立了大使级外交关系，同年 6
月中国在摩尔多瓦首都基希讷乌设立大使馆。1996 年 3 月，摩尔多瓦在
中国开设大使馆。中国是第一个承认摩尔多瓦的亚洲国家，也是世界上最
早承认摩尔多瓦的国家之一。中摩关系具有良好的开端，并通过签署一系
列官方文件为两国关系的长期发展奠定了法律基础。

一　政治关系

中摩两国建交以来，国家关系发展良好，国家领导人之间保持着定期
的接触，中摩两国国家领导人的互访及所发表的文件为两国关系的友好发
展确定了原则基础。中国与摩尔多瓦的关系建立在互相尊重、完全平等、
互不干涉内政等原则基础上，两国在维护国家独立、主权和领土完整的事
业中相互理解、相互支持。中国尊重摩尔多瓦根据本国国情选择的发展道
路和制定的内外政策，对于摩尔多瓦致力于同欧洲一体化表示理解。摩尔
多瓦政府多次重申将始终如一地坚持一个中国的原则，摩尔多瓦的历届领
导人均主张发展与中国在各个领域的友好合作关系。

《中华人民共和国和摩尔多瓦共和国建交联合公报》（1992 年 1 月 30
日）明确了两国关系的主要原则。首先，两国在相互尊重主权和领土完
整、互不侵犯、互不干涉内政、平等互利、和平共处原则基础上，发展两
国之间的友好合作关系；其次，摩尔多瓦政府承认中华人民共和国政府是
中国的唯一合法政府，台湾是中国领土不可分割的一部分，摩尔多瓦政府
确认不和台湾建立任何形式的官方关系；最后，中国政府支持摩尔多瓦政
府维护民族独立、发展经济和成为国际社会享有完全权利的成员所做的
努力。

1992 年 11 月 6～10 日，摩尔多瓦第一任总统米尔恰·斯涅古尔应中

国国家主席杨尚昆的邀请正式访华。这是摩尔多瓦独立以来第一位国家元首来华访问，实现了中摩两国高级领导人之间的第一次会晤，中摩两国领导人发表的《中华人民共和国和摩尔多瓦共和国联合公报》对中摩两国关系的发展具有重要意义，更加明确了中摩两国相互关系的原则。

第一，中摩两国将按照《联合国宪章》，在互相尊重主权和领土完整、互不侵犯、互不干涉内政、平等互利、和平共处等原则基础上发展关系。

第二，双方将促进两国政府、政府部门及民间组织之间的接触。两国外交部将就双方共同关心的问题进行磋商。

第三，双方将在政治、立法、科技、文化等方面进行平等和互利合作。

第四，双方一致认为，经济合作和贸易是两国相互关系的重要组成部分。双方将努力寻求新的经济合作和贸易交流形式，并优先发展在电子、电机、仪表、通信、农业、轻工业、食品工业等方面的合作。双方鼓励对方在自己领土上投资并加强保护。

第五，双方将在环境保护和合理利用自然资源方面进行合作。为此双方将加强有关信息交流并在相互信任、平等互利的基础上努力发展合作的新领域。

第六，摩尔多瓦政府承认中华人民共和国政府是中国的唯一合法政府，台湾是中国领土不可分割的一部分。摩尔多瓦确认不和台湾建立官方关系。

第七，中国支持摩尔多瓦巩固其独立和主权的努力。

第八，两国在和平与发展、裁军、防止军备竞赛和反对在国际事务中推行霸权主义和强权政治等基本问题上立场相近。双方认为，各国都有权根据本国的特点选择社会制度、意识形态、经济模式和发展道路，这方面的差异不应妨碍各国之间的正常关系与合作。国家不分大小、强弱、贫富，都有权支配自己的命运，在参加讨论和解决世界事务方面都具有平等的权利。

第九，双方重申恪守《联合国宪章》的宗旨与原则，尊重普遍接受的国际法准则，支持扩大联合国在和平解决国际争端和地区冲突以及维护世界安全方面的作用，主张在和平共处和平等互利原则的基础上建立公正的国际政治和经济新秩序。

访华期间，斯涅古尔总统与中共中央总书记江泽民和国务院总理李鹏进行了亲切的交谈，并访问了厦门和上海。双方发表了关于两国合作原则的联合公报，还签署了一系列其他重要文件，如互免公务和旅游团体签证、开辟北京至基希讷乌航线等协定。

1995 年 4 月，钱其琛外长访问了摩尔多瓦，并代表中国政府向摩尔多瓦提供了价值 50 万元人民币的人道主义援助物资。1996 年 8 月 9 日，以中国全国人民代表大会常务委员会副委员长吴阶平为团长的中国全国人大代表团访问摩尔多瓦。卢钦斯基议长在会见中国代表团时高度评价中国政府奉行的大小国家一律平等和不干涉别国内政的政策。吴阶平说，摩尔多瓦是一个值得我们信赖的朋友，中摩两国对争取和平、发展的认识是一致的，主导思想也是相同的。

1997 年 5 月，摩尔多瓦首都基希讷乌市市长访问中国，签订了《北京－基希讷乌友好合作条约》。摩尔多瓦第二任总统彼得·卢钦斯基先后两次来华访问。第一次是在 1996 年 3 月，卢钦斯基以摩尔多瓦议会议长的身份应中国全国政协的邀请于 24 日抵京访问。江泽民主席会见了代表团成员。在这次访问中，卢钦斯基议长真诚地表示，摩中关系堪称大小国家之间关系的典范。2000 年 6 月 9 ～ 11 日，卢钦斯基以总统身份应江泽民主席的邀请第二次正式访问中国。访问期间，卢钦斯基总统和江泽民主席、朱镕基总理、李鹏委员长进行了会谈，讨论了双边关系和合作的前景。两国签订了一系列协议，其中包括避免双重征税、民航、保健、贸易合作协议，以及基希讷乌市和北京市友好城市备忘录。

2000 年 6 月 7 日，江泽民主席和卢钦斯基总统签署了指导两国关系发展的重要文件——《中华人民共和国和摩尔多瓦共和国关于在 21 世纪继续加强全面合作的联合声明》，声明重申了恪守 1992 年 11 月 7 日中国与摩尔多瓦联合公报，在相互尊重主权和领土完整、不干涉内政的基础上发展并深化两国和两国人民之间友好关系的必要性。

第一，国家不分大小、强弱、贫富，都有权主宰自己的命运，在参与讨论和解决国际问题方面都享有平等的权利。

第二，各国有权根据自己的特点选择社会制度、意识形态、经济模式和发展道路。两国愿意为建立公正合理的国际政治经济新秩序开展合作，两国外交部将就共同关心的问题继续进行双边磋商。

第三，两国领导人在会谈中就双边关系和共同关心的国际问题达成高度谅解表示非常满意，认为深入发展两国关系和两国人民之间的友谊符合两国的国家利益，决定继续巩固并扩大两国在各领域的互利合作，愿意为参与世界经济一体化而共同努力。

第四，摩尔多瓦重申世界上只有一个中国，中华人民共和国政府是中国的唯一合法政府，台湾是中国领土不可分割的一部分。摩尔多瓦政府重申不与台湾建立任何形式的官方关系或进行官方往来，不支持台湾加入只有主权国家才能加入的国际组织。

第五，中国在尊重摩尔多瓦主权与领土完整的基础上，支持摩尔多瓦解决其东部冲突的努力，主张联合国及有关国际组织做出的关于摩尔多瓦的决议得到切实履行。中国重申理解和尊重摩尔多瓦与欧盟一体化的选择。

第六，两国政府积极鼓励各部门和地方建立直接联系，以继续推动两国在各个领域的合作。双方将在平等互利的基础上促进在政治、立法、科技、农业、教育、文化、卫生、新闻等领域的合作。两国政府支持两国商业公司、经济实体、银行、大型企业建立直接联系，为开展各种形式的互利合作提供便利，包括通过共同制定与实施投资项目，创建投资公司等。双方愿意加强在农业与农产品加工业方面的合作，并在果树、葡萄和蔬菜种植、作物选种等方面进行技术交流，并共同开发合作项目。

同时，中摩两国还签订了《避免双重征税和防止偷漏税协定》《民用航空运输协定》《卫生和医学科学合作协定》《动物检疫及动物卫生合作协定》《植物检疫合作协定》等。

2001年7月19~20日，时任中国国家主席江泽民应摩尔多瓦总统弗拉迪米尔·沃罗宁的邀请，对摩尔多瓦进行国事访问，并发表了《中华人民共和国和摩尔多瓦共和国联合声明》，强调保持双边关系持续、务实和稳定发展，符合两国和两国人民的现实和长远利益，也有利于地区和世界的和平与发展。中摩两国领导人重申了两国关系的原则基础，同时强调，两国签署的协议是双方合作的坚实基础，为促进中摩合作，双方将继续完善双边法律基础。双方继续鼓励和支持两国政府、民间组织、企业家之间的接触和互访，以进一步增进相互了解，巩固中摩传统友谊。双方还签署了中国政府向摩尔多瓦政府提供无偿援助的换文、两国政府教育合作协议、两国文化部 2002～2004 年文化合作计划。同年 11 月 20～24 日，摩尔多瓦总理塔尔列夫正式访问中国，两国签署了开展葡萄种植和葡萄酒加工合作备忘录和司法部合作协议。2002 年 8 月 25 日～9 月 1 日，摩尔多瓦议长欧金尼娅·奥斯塔普丘克正式访问中国。

2003 年，中国和摩尔多瓦继续保持高层接触，不断巩固两国各领域的友好合作关系。2 月 23～27 日，时任摩尔多瓦总统沃罗宁对中国进行国事访问。访问期间，双方签署了《中华人民共和国和摩尔多瓦共和国联合公报》、《中华人民共和国政府向摩尔多瓦共和国政府提供援助的换文》、《中摩两国卫生部关于提高卫生专业人员技能合作的议定书》、《中国国家中医药管理局和摩尔多瓦卫生部传统医药合作的谅解备忘录》和《中国科学技术部和摩尔多瓦农业和食品工业部关于在星火技术领域开展合作的谅解备忘录》。双方表示将继续保持高层交往，支持两国政府、党际、地方和民间交流，充分利用两国的潜力，深化两国在政治、经贸、科技、文化、教育、军事、旅游等领域的交往与合作，把两国关系提高到新水平。双方认为，经贸合作关系是两国关系的重要组成部分，两国愿意在市场经济条件下及在世贸组织框架内，充分发挥政府经济主管部门的宏观指导作用，有效利用混委会制度，为企业扩大合作创造条件，提供便利。

中国与摩尔多瓦相距遥远，但两国建立了友好的国家关系。首先，中国和摩尔多瓦两国相互尊重、平等、顾及对方的利益，不会将本国的意志强加给对方。中国尊重摩尔多瓦的独立、主权、领土完整和所选择的发展道路。摩尔多瓦在一些涉及中国根本利益的重大国际问题上，支持中国的立场。中摩两国在国家发展和建设事业中进行真诚合作。中摩两国建交以来，两国高层领导人互访不断。2004~2012 年，共有 11 位中国领导人，其中包括时任中央书记处书记李源潮等先后访问摩尔多瓦。这期间，摩尔多瓦的议会议长、农业部部长、国防部部长、财政部部长、外交部部长等约 20 名高官和议会代表团及政党代表团到访中国，加强了两国友好关系。

中摩两国政治关系的平稳发展，促进了两国军队间的交往。从 2012 年开始，中国开始向摩尔多瓦武装力量提供帮助，2014 年 8 月中国向摩尔多瓦提供价值 100 万列伊的军事装备。

二 经贸关系

中国视摩尔多瓦为中东欧地区和独联体地区的重要伙伴，两国在基础设施建设、高新技术、通信、能源替代产品生产、农业和农产品加工方面的合作潜力巨大。中国和摩尔多瓦的贸易往来始于 1992 年。1992 年 1 月 16 日，由中国外经贸部部长助理刘山率领的中国政府贸易代表团访问摩尔多瓦，并签订经济贸易协定。这以后，两国的经贸关系发展平稳。摩方一再希望两国的经贸关系不断增加新的内涵，明确表示愿在中国与欧洲发展经贸关系中起桥梁作用。中摩两国本着平等互利的原则有条不紊地开展经济合作。

1999 年 8 月，中国与摩尔多瓦经济贸易合作委员会在基希讷乌成立，签署《中摩经济贸易合作委员会工作条例》。截至 2013 年 11 月，该委员会已经召开六次会议，就中摩经贸合作进行磋商。

1999 年 9 月 16 日，中摩两国签订科学技术合作协议。中国农业代表团参观了基希讷乌布库利亚股份公司，以及一些农业科研院所，了解摩农业部门科研工作的经验。中国代表团还参观了贝尔兹葡萄酒－白兰地厂和克里科夫斯克香槟酒联合企业，出席了葡萄酒节开幕式，并且会晤了摩尔多瓦第一副总理尼古拉·安德罗尼克。1999 年 7 月，中国向摩尔多瓦基希讷乌定购两个（每个重 500 公斤）水下原子能船使用的泵，总额为 66 万美元。

2000 年 6 月 8 日，中摩经贸洽谈会在京举行，摩尔多瓦总统希望把两国经贸关系发展到与两国政治关系相适应的水平。摩方希望两国共同发展葡萄种植业，合资组建儿童食品联合企业，这是摩尔多瓦的优势经济行业。中国十分有兴趣和摩尔多瓦在葡萄种植和加工、蔬菜种植、园艺、畜牧业方面进行合作。摩方建议中方参加摩尔多瓦农工综合体的私有化进程，对摩投资。同年10月18~21日，中共中央政治局常委、中央书记处书记尉健行应摩尔多瓦总统卢钦斯基的邀请正式访问摩尔多瓦，并向摩尔多瓦提供2000吨粮食。

2002年9月4~8日，中国贸易展览会在基希讷乌举行，来自中国18个省市的67家企业参加。为加强中摩经贸合作，中摩举办经济论坛，有约50家摩尔多瓦地方企业代表和19家中国企业代表参加，他们来自银行、农业、生态、旅游、基建等行业。截至2014年，摩尔多瓦有15家企业有中国资本加入，中国的计划投资额为1.8亿列伊。

自1992年以来，中摩两国的贸易额呈现增长态势。据中国海关署统计，1992年两国贸易额仅有6万美元，2000年中摩双边贸易额增至812万美元，2001年两国贸易额为1479万美元，2004年为2410万美元，2005年为5163万美元，2008年为7382.4万美元，2009年为7583万美元，2010年为8723万美元，中国在摩尔多瓦的对外贸易伙伴中居第6位。2011年两国贸易额达到了1.1亿美元，2012年为1.43亿美元，2013年为1.3亿美元。中国向摩尔多瓦主要出口产品为冻鸡、纺织品、金属加工机床、轻工产品、鞋等。中方主要进口产品为钢坯及粗锻件、军用仪器仪表等。

中国向摩尔多瓦红酒开放市场，自2005年11月25~27日第一届"摩尔多瓦葡萄酒节"在北京成功举办以来，摩尔多瓦的葡萄酒已在中国打开销路，2012年摩尔多瓦向中国出口的红酒达到511万美元，根据中摩两国的经济协议，2012年摩尔多瓦向中国出口100万瓶葡萄酒。2014年，摩尔多瓦在中国成都双流园区设立首个国家葡萄酒展馆，总面积450平方米，主要开展中高端原装葡萄酒的进口、展销和销售业务，同时展销摩尔多瓦果酱、精油、原生态小牛肉等特色农产品及精致酒具。

为加强中国与摩尔多瓦的经济合作，2014年7月1~8日，摩尔多瓦派出11家公司的代表参加在中国满洲里举办的第11届工业贸易展览会，中方帮助摩尔多瓦建立了展馆，设立生物和医药制品、冶金产品、新能源、建筑材料、汽车、农业机器、服装、食品和饮料等展台。2014 年 7 月，中摩开始就两国签署自由贸易协议及中摩合作相关的问题进行对话。摩尔多瓦方面强调，签署自由贸易协议的最终目标是发展摩中两国的经贸关系，中方强调了两国发展合作和伙伴关系的重要性。双方商定继续就所有领域进行政府间对话，特别强调两国开始就签署自由贸易协议进行谈判。根据摩尔多瓦国家统计局的资料，2005～2013 年，摩尔多瓦向中国出口的产品增加了 10 倍，从 60 万美元提高到 650 万美元。

自 1992 年以来，中国向摩尔多瓦提供无偿援助为 2.8 亿元人民币，用于治理和改善基希讷乌的交通系统，落实扶贫计划，建立中国医疗中心，提供教学和医疗设备。中国在摩尔多瓦的投资总额为 211 万美元，总额为 100 万美元的投资项目已在摩尔多瓦的一个工业园中启动。2013 年 7 月 10 日，中摩两国政府签署经济技术合作协定和办公用品交接证书，中方向摩尔多瓦提供 5000 万元人民币的经济技术援助，并无偿援助 1200 台计算机和 220 台打印机等办公用品。2013 年 7 月 10 日，摩尔多瓦政府通过决议，将中国提供的 5000 万元人民币（约合 800 万美元）用于经济和技术合作及民生项目。为进一步推动中摩经济和贸易合作，2014 年，中摩两国政府开始就签署建立自由贸易区协议进行谈判。

三 文化交往

文化交流是中国与摩尔多瓦双边关系中的重要组成部分。1992 年 11 月，中国与摩尔多瓦签署中国政府与摩尔多瓦政府文化合作协定，两国文化交流绵延不断。摩尔多瓦体育、舞蹈、音乐、民族歌舞代表团相继来华演出，中国文艺代表团也应邀赴摩尔多瓦演出并参加摩尔多瓦举办的"迎春花"国际艺术节，中国代表团的演出获得好评。1998 年中国国庆节前夕，在摩尔多瓦国家历史博物馆举办了《中国珍藏工艺品展》，并获得摩尔多瓦各界的好评。

中国和摩尔多瓦从 1997 年开始交换留学生和专家。1997 年，6 名摩尔多瓦大学生获得中国政府提供的奖学金，来中国学习经济、国际法、雕塑、针灸和化学。2001 年 7 月，中摩签署教育合作协定，中方开始向摩尔多瓦派出汉语教师。2005 年，摩尔多瓦在中国享受中国政府奖学金的人数增至 10 人。近些年来，摩尔多瓦人学习中文的热情有增无减，摩尔多瓦国立大学外语系设立了中文班。2009 年中摩两国合办的第一所孔子学院开学，孔子学院教授汉语和宣传中国文化，并在摩尔多瓦举办中国电影节，向摩尔多瓦高校和图书馆赠书。截至 2014 年，摩尔多瓦的孔子学院中有 230 名学生学习汉语。2014 年 4 月 14 日，中国与摩尔多瓦签署《中国教育部和摩尔多瓦教育部教育合作协议》。

2000 年 6 月，中国与摩尔多瓦签署卫生和医学科学合作协定。2003 年 2 月，两国签署《中国卫生部和摩尔多瓦卫生部关于提高卫生专业人员技能合作的议定书》及《中国中医药管理局和摩尔多瓦卫生部传统医药合作谅解备忘录》。中摩两国开始在中医药方面进行合作，2004 年 5 月，中国中医药管理局代表团访问摩尔多瓦。2013 年 4 月 18 日，在摩尔多瓦首都基希讷乌设立了中国传统医学中心，中国政府为中心投入约 50 万美元，并向该中心派出三名专家培训摩尔多瓦医学人员。该中心是根据中摩两国政府间协议创办，设针灸、经络治疗、中国和当地的草药治疗三大门类。开业至今，该中心接待的病人已超过 1.4 万人。

截至 2012 年，中国和摩尔多瓦在教育、文化、科技领域已经签署了 45 项合作协定。

大事纪年

1359 年，摩尔多瓦民族在民族军事统领博格丹的领导下，摆脱了匈牙利封建主的统治，建立起独立的摩尔多瓦公国。

1387 年，摩尔多瓦公国在彼得·穆沙特大公统治下沦为波兰的附属国，两国间的附属关系持续了近 100 年。

1400 年，善人亚历山德鲁登上摩尔多瓦公国的王位。在他统治时期（1400~1431 年），摩尔多瓦进入历史鼎盛时期。

1457 年，斯特凡大公登上王位，他是中世纪摩尔多瓦大公中继善人亚历山德鲁之后最强有力的执政者。

1485 年，土耳其军队占领了摩尔多瓦。

1489 年，摩尔多瓦与土耳其签订和约。

1526 年，摩尔多瓦开始处于奥斯曼土耳其帝国的统治之下，长达 300 年之久。

1538 年，土耳其苏丹巡视摩尔多瓦。

1711 年 4 月，摩尔多瓦大公德米特里·坎捷米尔和俄国沙皇彼得一世在卢克缔结了反奥斯曼土耳其同盟条约。

1711 年 5 月 30 日，俄国军队进入摩尔多瓦，大败土耳其军队。

1749 年 4 月 6 日，摩尔多瓦君主康斯坦丁·马申罗科尔达特下令进行土地所有制改革。这项改革的核心是废除农奴制和重新分配土地所有权。

1768 年 11 月 9 日，土耳其向俄国投降，被迫放弃在摩尔多瓦公国拥有的特权。

1858 年 8 月 7 日，摩尔多瓦和瓦拉几亚两公国合并成立联合公国。

1902 年 12 月，俄国社会民主工党委员会在基希讷乌成立，它开展了反对沙皇专制制度的大量活动。

1917 年 11 月 29 日，基希讷乌苏维埃主席团选举产生。摩尔多瓦著名的无产阶级革命领导人 E. M. 维涅季克特当选为摩尔多瓦苏维埃主席团主席。

1924 年 10 月 2 日，摩尔达维亚苏维埃社会主义自治共和国宣告成立。

1940 年 8 月 2 日，摩尔达维亚苏维埃社会主义共和国宣告成立，首都设在基希讷乌，成为苏联的第 15 个共和国。

1990 年 6 月 5 日，摩尔达维亚最高苏维埃会议通过决议，定摩尔多瓦语为国语。

1990 年 6 月 23 日，摩尔达维亚苏维埃社会主义共和国最高苏维埃会议通过共和国主权宣言。

1990 年 9 月，在摩尔多瓦东部成立"德涅斯特河沿岸共和国"（简称"德左"地区）。摩尔多瓦政府对其进行多次干预，爆发了举世瞩目的"德左"地区大规模流血冲突。

1991 年 1 月 22 日，摩尔多瓦议会通过《财产法》，其中规定私有财产受到国家法律的保护。

1991 年 5 月 23 日，摩尔达维亚最高苏维埃决定再次更改国名为摩尔多瓦共和国。

1991 年 7 月 6 日，摩尔多瓦议会通过《私有化法》，确定了摩尔多瓦私有化的基本概念、内容和程序。

1991 年 8 月 23 日，摩尔多瓦最高苏维埃通过《关于摩尔多瓦共产党》的决议，禁止共产党在境内活动，没收其一切财产。

1991 年 8 月 27 日，摩尔多瓦宣布独立，成为政治、经济、军事、外交完全独立的国家。

1991 年 9 月 3 日，时任摩尔多瓦总统米尔恰·斯涅古尔颁布《关于组建武装力量》的第 193 号令，摩尔多瓦共和国武装力量宣告成立，这一天成为摩尔多瓦建军节（摩尔多瓦共和国国家军队日）。

1991 年 12 月 9 日，51 岁的米尔恰·斯涅古尔当选为摩尔多瓦共和国独立以后的首位民选总统。

1992 年 1 月 30 日，摩尔多瓦和中国建立了大使级外交关系，同年 6 月中国在摩尔多瓦首都基希讷乌设立大使馆。

1992 年 3 月 2 日，摩尔多瓦共和国被正式接纳为联合国第 178 位成员国。

1992 年 3 月 17 日，摩尔多瓦议会通过《国防法》、《武装力量法》、《摩尔多瓦公民兵役法》和《军队和接受军训的公民及其家属的社会保障和法律保障法》。同日，摩尔多瓦总统斯涅古尔就任摩尔多瓦武装力量总司令，宣布苏联驻摩尔多瓦的军队、装备和设施归摩尔多瓦共和国所有，并在此基础上组建摩尔多瓦国民军。

1992 年 5 月 27 日，摩尔多瓦政府与"德左"地区领导人签署停火协定。

1992 年 6 月 25 日，俄罗斯、乌克兰、罗马尼亚、摩尔多瓦 4 国首脑在伊斯坦布尔会晤，商讨落实停火协议的问题。

1992 年 7 月 21 日，俄摩两国总统在莫斯科签署《关于和平解决摩尔多瓦共和国德涅斯特河沿岸地区武装冲突原则的协定》和《德涅斯特河沿岸地区成立维持和平部队的协定》。

1994 年 1 月 6 日，摩尔多瓦宣布加入北约提出的《和平伙伴关系计划》。

1994 年 1 月 22 日，摩尔多瓦签署《独联体国家章程》。

1994 年 3 月 6 日，摩尔多瓦与北约签署《和平伙伴关系计划》框架性文件。

1994 年 4 月 8 日，摩尔多瓦议会批准《关于创建独联体条约》。

1994 年 4 月 9 日，摩尔多瓦议会批准第一任总统米尔恰·斯涅古尔签署的宣告独联体成立的《阿拉木图宣言》和《独联体经济联盟条约》，摩尔多瓦正式加入独联体。

1994 年 7 月 29 日，摩尔多瓦议会通过《摩尔多瓦共和国宪法》。

1995 年 2 月 8 日，摩尔多瓦议会通过《摩尔多瓦共和国对外政策构想》。

1995 年 6 月 6 日，摩尔多瓦议会通过《摩尔多瓦共和国军事学说》。

1996 年 11 月 17 日，摩尔多瓦举行总统大选，彼得·卢钦斯基获得53.14% 的选票，当选摩尔多瓦第二任总统。

1997 年 10 月 10 日，摩尔多瓦、乌克兰、阿塞拜疆、格鲁吉亚建立国家联合组织——古阿姆。

2000 年 5 月 16 日，摩尔多瓦政府通过《"德左"地区居民点特别法律地位基本条款》，赋予"德左"地区在摩尔多瓦境内自治区地位。

2000 年 7 月 5 日，摩尔多瓦议会通过《摩尔多瓦共和国宪法》修正案，规定摩尔多瓦为议会制国家。

2001 年 7 月，摩尔多瓦正式加入世界贸易组织。

2001 年 11 月 19 日，摩尔多瓦与俄罗斯总统在莫斯科签署《友好合作条约》，条约于 2002 年 5 月生效。

2004 年 5 月，摩尔多瓦政府通过《摩尔多瓦"葡萄之路"旅游项目国家计划》。

2006 年 5 月 24 日，摩尔多瓦政府批准与北约《单独国家行动计划》。这项计划规定双方扩大在安全方面的合作，并将进行联合行动，北约支持摩尔多瓦与欧盟的一体化。

2007 年，摩尔多瓦发生特大早灾，经济损失超过 120 亿列伊。

2007 年 8 月 16 日，摩尔多瓦政府通过《关于批准国防部组织和职能及核心机关的结构与编制的条款》的第 939 号决议，摩尔多瓦武装力量组织建设基本定型。

2007 年 10 月，摩尔多瓦国立大学设立了北约信息和文件信息中心。

2008 年，向欧盟出口的农产品（肉、奶制品、小麦、葡萄酒等）获得专项优惠，这项措施有效期至 2017 年。

2009 年，在全球经济危机中，摩经济遭受严重打击，国内生产总值下降 6.5%。

2010 年 4 月 23 日，议会通过《确定国旗日的决议》，规定每年 4 月27 日为国旗日。

2011 年 1 月 1 日，公民开始使用安全性更高的生物特征护照。

2012 年 3 月 23 日，尼古拉·蒂莫夫蒂就任摩尔多瓦总统。

2012 年 4 月，摩尔多瓦宪法法院颁布禁止在政治活动中使用镰刀和斧头的共产主义标志。

2013 年 11 月 29 日，在维尔纽斯"东部伙伴关系"计划参与国国家元首峰会上，摩尔多瓦与欧盟草签了《联系国协议》。这项文件决定了国家未来的发展道路和发展方向。

2014 年 4 月 30 日，北约决定赋予摩尔多瓦非北约成员国主要盟国地位。

2014 年 6 月 27 日，摩尔多瓦与欧盟签署《联系国协议》。

参考文献

一　中文文献

剑汇编著《罗马尼亚人民共和国》，世界知识出版社，1956。

李毅夫、赵锦元主编《世界民族大辞典》，吉林文史出版社，1994。

林芳声等：《罗马尼亚：地理、经济、历史》，世界知识出版社，1958。

〔罗〕安德烈·奥采特亚：《罗马尼亚人民史》，徐文德等译，商务印书馆，1981。

〔罗〕米隆·康斯坦丁内斯库等主编《罗马尼亚通史简编》，陆象淦等译，商务印书馆，1976。

罗竹风主编《中国大百科全书》宗教分册，中国大百科全书出版社，1988。

泽夫·卡茨主编《苏联主要民族手册》，费孝通等译，人民出版社，1992。

二　外文文献

〔俄罗斯〕《独立报》，1997～2014。

〔俄罗斯〕《独联体国家统计手册》，1993～2013。

《摩尔多瓦独立报》，1991～2012。

《摩尔多瓦共和国社会经济发展报告》，1998～2013。

《摩尔多瓦与世界》杂志，1992、1993、1994。

Д. А. 尚德鲁：《发展摩尔多瓦共和国社会伙伴关系：问题与解决方式》，《劳动与社会关系》2011 年第 8 期。

瓦列里·莫什尼亚加：《摩尔多瓦居民登记移民》，科研总结，2012 年 9 月，http：//www. carim – east. eu。

M. 利夫申、A. 波多梁、B. 图利亚努：《摩尔多瓦：繁荣的边疆区》（俄文），基希讷乌，1970。

扎杰列伊·柳德米拉·基里勒廖夫娜、切尔文斯基·瓦西里·费多罗维奇：《摩尔多瓦经济》（俄文），莫斯科，1967。

伊·达拉霍夫斯基：《摩尔多瓦的工业联合体》（俄文），基希讷乌，1977。

И. И. 鲍久尔：《苏维埃摩尔多瓦》（俄文），莫斯科，1978。

Т. D. 莫祖尔：《发达社会主义时期的摩尔多瓦》（俄文），基希讷乌，1982。

В. И. 查拉诺夫：《摩尔多瓦苏维埃共和国历史》（俄文），基希讷乌，1982。

И. Г. 乌斯季扬：《摩尔多瓦的农工综合体》（俄文），基希讷乌，1981。

Г. И. 古尔恰克：《摩尔多瓦的林业经济》（俄文），基希讷乌，1982。

A. В. 西蒙诺夫：《摩尔多瓦苏维埃共和国农业经济的数学图表模拟》（俄文），基希讷乌，1981。

М. П. 蒙强：《摩尔多瓦苏维埃共和国的社会主义和共产主义建设》（俄文），基希讷乌，1978。

A. A. 古迪姆：《摩尔多瓦的国民经济综合体》（俄文），基希讷乌，1979。

Я. С. 格罗苏尔：《摩尔多瓦苏维埃国民经济史 1917～1918》（俄文），基希讷乌，1974。

Я. С. 格罗苏尔：《摩尔多瓦苏维埃国民经济史 1959～1975》（俄文），基希讷乌，1978。

Я. С. 格罗苏尔：《摩尔多瓦苏维埃国民经济史 1812～1917》（俄文），基希讷乌，1977。

A. 列皮达：《摩尔多瓦的教育》（俄文），基希讷乌，1989。

И. B. 塔巴克：《摩尔多瓦的俄罗斯居民》（俄文），基希讷乌，1990。

A. M. 普罗霍罗夫：《苏联大百科全书》（俄文），莫斯科，1974。

A. 克瓦斯尼科夫：《基希讷乌一日游》（俄文），基希讷乌，1984。

三 主要官方网站

摩尔多瓦总统府官网：http：//www. presedinte. md

摩尔多瓦国家统计局官网：http：//www. statistica. md

摩尔多瓦议会官网：http：//www. parlament. md

摩尔多瓦政府官网：http：//www. gov. md

摩尔多瓦外交部官网：http：//www. mfa. gov. md

摩尔多瓦经济贸易部官网：http：//www. mec. gov. md

摩尔多瓦贸易工业部官网：http：//www. chamber. md

摩尔多瓦科学院官网：http：www. asm. md

四 主要媒体网站

http：//www. moldova. org

http：//www. traditio – org

http：//www. moldova. mid/ru/

http：//www. e – cis. info

http：//www. km. press. md

http：//www. kommersant. md

http：//www. mfa – pmr. org

http：//www. nesmoldova. ru

http：//www. tdinform. com

http：//www. moridofmoldova. com

http：//www. ria. ru

索 引

285

新版《列国志》总书目

越南

非洲

阿尔及利亚

埃及

埃塞俄比亚

安哥拉

贝宁

博茨瓦纳

布基纳法索

布隆迪

赤道几内亚

多哥

厄立特里亚

佛得角

冈比亚

刚果共和国

刚果民主共和国

吉布提

几内亚

几内亚比绍

加纳

加蓬

津巴布韦

喀麦隆

科摩罗

科特迪瓦

肯尼亚

莱索托

利比里亚

利比亚

卢旺达

马达加斯加

马拉维

马里

毛里求斯

毛里塔尼亚

摩洛哥

莫桑比克

纳米比亚

南非

南苏丹

尼日尔

尼日利亚

塞拉利昂

塞内加尔

塞舌尔

圣多美和普林西比

斯威士兰

苏丹

索马里

坦桑尼亚

突尼斯

乌干达

西撒哈拉

赞比亚

乍得

中非

欧洲

阿尔巴尼亚

爱尔兰

爱沙尼亚

安道尔

奥地利

白俄罗斯

保加利亚

比利时

冰岛

波黑

波兰

丹麦

德国

俄罗斯

法国

梵蒂冈

芬兰

荷兰

黑山

捷克

克罗地亚

拉脱维亚

立陶宛

列支敦士登

卢森堡

罗马尼亚

马耳他

马其顿

摩尔多瓦

摩纳哥

挪威

葡萄牙

瑞典

瑞士

塞尔维亚

圣马力诺

斯洛伐克

斯洛文尼亚

乌克兰

西班牙

希腊

匈牙利

意大利

英国

美洲

阿根廷

安提瓜和巴布达

巴巴多斯

巴哈马

巴拉圭

巴拿马

巴西

玻利维亚

伯利兹

多米尼加

多米尼克

厄瓜多尔

哥伦比亚

哥斯达黎加

格林纳达

古巴

圭亚那

海地

洪都拉斯

加拿大

美国

秘鲁

墨西哥

尼加拉瓜

萨尔瓦多

圣基茨和尼维斯

圣卢西亚

圣文森特和格林纳丁斯

苏里南

特立尼达和多巴哥

危地马拉

委内瑞拉

乌拉圭

牙买加

智利

大洋洲

澳大利亚

巴布亚新几内亚

斐济

基里巴斯

库克群岛

马绍尔群岛

密克罗尼西亚

瑙鲁

纽埃

帕劳

萨摩亚

所罗门群岛

汤加

图瓦卢

瓦努阿图

新西兰

当代世界发展问题研究的权威基础资料库和学术研究成果库

国别国际问题研究资讯平台

列国志数据库 www.lieguozhi.com

列国志数据库是以"十二五"国家重点图书出版规划项目、中国社会科学院创新工程学术出版资助项目《列国志》丛书为基础，全面整合国别国际问题核心研究资源、研究机构、学术动态、文献综述、时政评论以及档案资料汇编等构建而成的数字产品，是目前国内唯一的国别国际类学术研究必备专业数据库、首要研究支持平台、权威知识服务平台和前沿原创学术成果推广平台。

从国别研究和国际问题研究角度出发，列国志数据库包括国家库、国际组织库、世界专题库和特色专题库4大系列，共175个子库。除了图书篇章资源和集刊论文资源外，列国志数据库还包括知识点、文献资料、图片、图表、音视频和新闻资讯等资源类型。特别设计的大事纪年以时间轴的方式呈现某一国家发展的历史脉络，聚焦该国特定时间特定领域的大事。

列国志数据库支持全文检索、高级检索、专业检索和对比检索，可将检索结果按照资源类型、学科、地区、年代、作者等条件自动分组，实现进一步筛选和排序，快速定位到所需的文献。

列国志数据库应用范围广泛，既是学习研究的基础资料库，又是专家学者成果发布平台，其搭建学术交流圈，方便学者学术交流，促进学术繁荣；为各级政府部门国际事务决策提供理论基础、研究报告和资讯参考；是我国外交外事工作者、国际经贸企业及日渐增多的广大出国公民和旅游者接轨国际必备的桥梁和工具。

数据库体验卡服务指南

※100元数据库体验卡目前只能在列国志数据库中充值和使用。

充值卡使用说明：

第1步 刮开附赠充值卡的涂层；

第2步 登录列国志数据库网站（www.lieguozhi.com），注册账号；

第3步 登录并进入"会员中心"→"在线充值"→"充值卡充值"，充值成功后即可使用。

声明

最终解释权归社会科学文献出版社所有。

数据库服务热线：400-008-6695

数据库服务QQ：2475522410

数据库服务邮箱：database@ssap.cn

欢迎登录社会科学文献出版社官网（www.ssap.com.cn）

和列国志数据库（www.lieguozhi.com）了解更多信息

图书在版编目(CIP)数据

摩尔多瓦/顾志红编著.—2版.—北京:社会科学文献出版社,2015.8
(列国志:新版)
ISBN 978 - 7 - 5097 - 7290 - 4

Ⅰ.①摩… Ⅱ.①顾… Ⅲ.①摩尔多瓦 - 概况 Ⅳ.①K951.15

中国版本图书馆 CIP 数据核字(2015)第 058699 号

·列国志(新版)·

摩尔多瓦(Moldova)

编　　著/顾志红

出　版　人/谢寿光
项目统筹/张晓莉
责任编辑/叶　娟

出　　版/社会科学文献出版社·人文分社(010)59367215
　　　　　　地址:北京市北三环中路甲 29 号院华龙大厦　邮编:100029
　　　　　　网址:www.ssap.com.cn
发　　行/市场营销中心(010)59367081　59367090
　　　　　　读者服务中心(010)59367028
印　　装/三河市尚艺印装有限公司

规　　格/开　本:787mm×1092mm　1/16
　　　　　　印张:20　插页:0.75　字数:301 千字
版　　次/2015 年 8 月第 2 版　2015 年 8 月第 1 次印刷
书　　号/ISBN 978 - 7 - 5097 - 7290 - 4
定　　价/69.00 元